O CÓDIGO DO CÂNCER

TAMBÉM DE JASON FUNG

Life in the Fasting Lane

O Código do Diabetes

The Complete Guide to Fasting

O Código da Obesidade

DR. JASON FUNG

O CÓDIGO DO CÂNCER

UMA NOVA COMPREENSÃO
REVOLUCIONÁRIA SOBRE UM
MISTÉRIO DA MEDICINA

ALTA LIFE
EDITORA

Rio de Janeiro, 2022

O Código do Câncer

Copyright © 2022 da Starlin Alta Editora e Consultoria Eireli.
ISBN: 978-65-5520-493-3

Translated from original The Cancer Code. Copyright © 2020 by Fung Health Consultants, Inc. ISBN 978-0-0628-9400-7. This translation is published and sold by permission of Harper Wave, an imprint of HarperCollins Publishers, the owner of all rights to publish and sell the same. PORTUGUESE language edition published by Starlin Alta Editora e Consultoria Eireli, Copyright © 2022 by Starlin Alta Editora e Consultoria Eireli.

Impresso no Brasil — 1ª Edição, 2022 — Edição revisada conforme o Acordo Ortográfico da Língua Portuguesa de 2009.

Todos os direitos estão reservados e protegidos por Lei. Nenhuma parte deste livro, sem autorização prévia por escrito da editora, poderá ser reproduzida ou transmitida. A violação dos Direitos Autorais é crime estabelecido na Lei nº 9.610/98 e com punição de acordo com o artigo 184 do Código Penal.

A editora não se responsabiliza pelo conteúdo da obra, formulada exclusivamente pelo(s) autor(es).

Marcas Registradas: Todos os termos mencionados e reconhecidos como Marca Registrada e/ou Comercial são de responsabilidade de seus proprietários. A editora informa não estar associada a nenhum produto e/ou fornecedor apresentado no livro.

Erratas e arquivos de apoio: No site da editora relatamos, com a devida correção, qualquer erro encontrado em nossos livros, bem como disponibilizamos arquivos de apoio se aplicáveis à obra em questão.

Acesse o site www.altabooks.com.br e procure pelo título do livro desejado para ter acesso às erratas, aos arquivos de apoio e/ou a outros conteúdos aplicáveis à obra.

Suporte Técnico: A obra é comercializada na forma em que está, sem direito a suporte técnico ou orientação pessoal/exclusiva ao leitor.

A editora não se responsabiliza pela manutenção, atualização e idioma dos sites referidos pelos autores nesta obra.

Dados Internacionais de Catalogação na Publicação (CIP) de acordo com ISBD

F981c   Fung, Dr. Jason
         O código do câncer: uma nova compreensão revolucionária sobre um mistério da medicina / Dr. Jason Fung ; traduzido por Vivian Sbravatti. – Rio de Janeiro : Alta Books, 2022.
         368 p. ; 16cm x 23cm.

         Tradução: The Cancer Code.
         Inclui índice.
         ISBN: 978-65-5520-493-3

         1. Câncer. I. Sbravatti, Vivian. II. Título.

2022-1191   CDD 616.994
                            CDU 616-006.6

Elaborado por Odílio Hilario Moreira Junior - CRB-8/9949

Índice para catálogo sistemático:
1. Câncer 616.994
2. Câncer 616-006.6

Produção Editorial
Editora Alta Books

Diretor Editorial
Anderson Vieira
anderson.vieira@altabooks.com.br

Editor
José Ruggeri
j.ruggeri@altabooks.com.br

Gerência Comercial
Claudio Lima
claudio@altabooks.com.br

Gerência Marketing
Andrea Guatiello
marketing@altabooks.com.br

Coordenação Comercial
Thiago Biaggi

Coordenação de Eventos
Viviane Paiva
comercial@altabooks.com.br

Coordenação ADM/Finc.
Solange Souza

Direitos Autorais
Raquel Porto
rights@altabooks.com.br

Produtor da Obra
Thiê Alves

Produtores Editoriais
Illysabelle Trajano
Maria de Lourdes Borges
Paulo Gomes
Thales Silva

Equipe Comercial
Adriana Baricelli
Daiana Costa
Fillipe Amorim
Heber Garcia
Kaique Luiz
Maira Conceição

Equipe Editorial
Beatriz de Assis
Betânia Santos
Brenda Rodrigues
Caroline David
Gabriela Paiva
Henrique Waldez
Kelry Oliveira
Marcelli Ferreira
Mariana Portugal
Matheus Mello

Marketing Editorial
Jessica Nogueira
Livia Carvalho
Marcelo Santos
Pedro Guimarães
Thiago Brito

Atuaram na edição desta obra:

Tradução
Vivian Sbravatti

Copidesque
Maíra Meyer

Revisão Técnica
Giselle Brunoro
Doutora em bioquímica com linha de pesquisa em câncer

Revisão Gramatical
Luciana Ferraz
Hellen Suzuki

Diagramação
Lucia Quaresma

Capa
Joyce Matos

Editora afiliada à:

Rua Viúva Cláudio, 291 – Bairro Industrial do Jacaré
CEP: 20.970-031 – Rio de Janeiro (RJ)
Tels.: (21) 3278-8069 / 3278-8419
www.altabooks.com.br – altabooks@altabooks.com.br
Ouvidoria: ouvidoria@altabooks.com.br

Dedicado à minha linda esposa, Mina, e aos meus filhos, Jonathan e Matthew, por todo o amor, apoio e paciência. Não teria conseguido sem vocês.

SUMÁRIO

PARTE I: CÂNCER COMO UM CRESCIMENTO EXCESSIVO
(Paradigma do Câncer 1.0)

Capítulo 1:	Guerra de Trincheiras	3
Capítulo 2:	A História do Câncer	15
Capítulo 3:	O que É o Câncer?	27
Capítulo 4:	Cancerígenos	41
Capítulo 5:	O Câncer Viraliza	53

PARTE II: CÂNCER COMO DOENÇA GENÉTICA
(Paradigma do Câncer 2.0)

Capítulo 6:	Teoria da Mutação Somática	69
Capítulo 7:	O Leito de Procusto do Câncer	83
Capítulo 8:	O Problema do Denominador	99
Capítulo 9:	Um Falso Amanhecer	109

PARTE III: TRANSFORMAÇÃO
(Paradigma do Câncer 3.0)

Capítulo 10:	A Semente e o Solo	121
Capítulo 11:	As Origens da Vida e as Origens do Câncer	131
Capítulo 12:	Evolução Tumoral	149
Capítulo 13:	Transformação Cancerosa	167

viii   O CÓDIGO DO CÂNCER

PARTE IV: PROGRESSÃO
(Paradigma do Câncer 3.0)

Capítulo 14: Nutrição e Câncer   181

Capítulo 15: Hiperinsulinemia   199

Capítulo 16: Fatores de Crescimento   205

Capítulo 17: Sensores de Nutrientes   213

PARTE V: METÁSTASE
(Paradigma do Câncer 3.0)

Capítulo 18: O Retorno de Warburg   225

Capítulo 19: Invasão e Metástase   235

Capítulo 20: A Estranha História do Câncer   247

PARTE VI: IMPLICAÇÕES DO TRATAMENTO

Capítulo 21: Prevenção e Triagem do Câncer   259

Capítulo 22: Determinantes Dietéticos do Câncer   281

Capítulo 23: Imunoterapia   291

Epílogo   309

Notas   313

Índice   351

PARTE I

CÂNCER COMO UM CRESCIMENTO EXCESSIVO

(Paradigma do Câncer 1.0)

1

GUERRA DE TRINCHEIRAS

CERTA VEZ ESTIVE em uma reunião no hospital na qual o diretor de um novo programa apresentou as conquistas do ano anterior. Mais de 1 milhão de dólares tinham sido arrecadados pela comunidade para esse novo programa, e havia muita esperança nele. Ao contrário de muitos na sala, eu não estava impressionado com os resultados que eram apresentados, mas fiquei quieto — porque eu, na verdade, não tinha nada a ver com isso e porque minha mãe me ensinou que, se não tenho nada de bom a dizer, não devo falar nada. Ainda assim, não parei de pensar no tempo e nos recursos preciosos que esse programa tinha gastado.

Ao meu redor, os outros participantes expressavam seu apoio. *Ótimo trabalho! Parabéns! Excelente!* Embora fosse óbvio para todos que havia pouco valor para mostrar em relação ao ano anterior, a maioria dos profissionais da saúde entrou na onda do sentimento de que tudo estava ótimo. Ninguém, inclusive eu, levantou e gritou: "O imperador está nu!"

Esse problema não é exclusivo do meu hospital, mas é difundido em toda a saúde pública; é assim que a burocracia funciona. Guardar as críticas para si é geralmente útil em relações pessoais, mas não é útil quando estamos discutindo

O CÓDIGO DO CÂNCER

o avanço da ciência. Para que possamos resolver problemas, precisamos saber que eles existem. Só então compreendemos as fraquezas das soluções atuais para poder melhorá-las. Afinal, vidas dependem disso. Mas, nas pesquisas médicas, opiniões que divergem da narrativa especificada não são bem-vindas. Esse problema afeta áreas de estudo inteiras, como pesquisas sobre obesidade, diabetes tipo 2 e, sim, câncer.

OBESIDADE

Estamos testemunhando a maior epidemia de obesidade da história do mundo. Olhe quaisquer estatísticas sobre obesidade global e perceberá como são desoladoras. Em 1985, nem um único estado norte-americano tinha prevalência de obesidade acima de 10%. Em 2016, o Centro de Prevenção e Controle de Doenças (CDC) reportou que nenhum estado tinha prevalência de obesidade abaixo de 20%, e essa prevalência estava abaixo de 25% em apenas três estados.[1] Credo! Não podemos simplesmente culpar uma genética ruim, porque essa mudança ocorreu nos últimos 31 anos: uma única geração. Claramente precisamos de intervenções e soluções sustentáveis para ajudar as pessoas a perderem peso e então manterem um peso saudável.

Durante décadas nos enganamos ao acreditar que temos uma prescrição contra a obesidade: contar calorias. O CDC sugere: "Para perder peso, você deve usar mais calorias do que consome. Como 500g de gordura corporal contêm aproximadamente 3.500 calorias, você precisa reduzir 500–1.000 calorias por dia para perder cerca de 0,5–1kg por semana." Esse é um conselho relativamente padrão, repetido por médicos e nutricionistas e relatado em revistas, livros didáticos e jornais. É o mesmo conselho dietético que aprendi na faculdade de medicina. Qualquer médico que sugere que há outras maneiras para perder peso é considerado charlatão. Mas o foco obsessivo da comunidade médica nas calorias não tem tido nenhum sucesso contra a epidemia da obesidade. Se não pudermos reconhecer que nossas soluções são muitíssimo inadequadas, não teremos forças para combater a onda cada vez maior de obesidade.

Poucos admitem que o conselho de "comer menos e se movimentar mais" não funciona. Mas o primeiro passo crucial em direção à resolução da epidemia de obesidade é admitir nossas falhas. O conselho de contar calorias não é nem útil nem eficaz. Em vez disso, como argumentei, devemos reconhecer que a obesidade é um desequilíbrio hormonal, não calórico. Vamos aceitar a verdade e seguir em frente para que possamos desenvolver intervenções que realmente funcionem. Só assim teremos uma chance de contornar a onda dessa crise de saúde pública. Como dizem que o brilhante economista John Maynard Keynes falou: "A dificuldade não está tanto em desenvolver novas ideias, mas escapar das antigas."

DIABETES TIPO 2

A terrível epidemia do diabetes tipo 2 é bem parecida com a da obesidade. De acordo com o CDC, cerca de um em cada dez norte-americanos sofre de diabetes tipo 2. E, o pior, esse número vem aumentando constantemente nas últimas décadas, sem nenhuma luz no fim do túnel (veja a Figura 1.1).

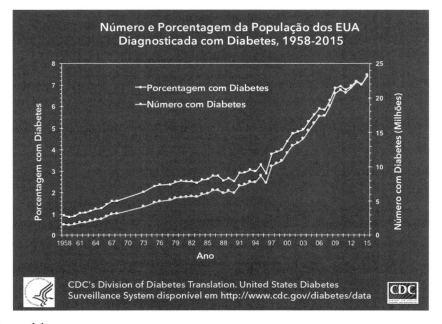

Figura 1.1

Medicamentos que diminuem a glicose no sangue, como a insulina, são o tratamento-padrão para o diabetes tipo 2. Geralmente, com o tempo, os pacientes precisam de doses cada vez mais altas desses medicamentos. Se você está usando mais insulina, então é bem óbvio que seu diabetes tipo 2 ficou mais severo. Ainda assim, nós, da comunidade médica (pesquisadores, médicos), insistimos que o diabetes tipo 2 é uma doença crônica e progressiva, e não há o que fazer.

Nada disso é verdade. Quando um paciente perde peso, seu diabetes tipo 2 quase sempre melhora. Não precisamos prescrever mais remédios para o diabetes; precisamos consertar a dieta deles. Mas não queremos admitir que nosso tratamento é ineficaz, pois isso significaria desviar da narrativa já aceita de que nossos pesquisadores e médicos estão progredindo bravamente no combate a uma terrível doença. Admitir o problema? De jeito nenhum. O resultado? Uma epidemia contínua. Mais uma vez, se não pudermos admitir que o protocolo de tratamento prevalecente está muito longe do aceitável, então continuaremos impotentes para auxiliar quem está sofrendo.

CÂNCER

Isso nos traz, finalmente, ao câncer. Certamente, estamos tendo um excelente progresso no combate ao câncer, certo? Quase todos os dias, ficamos sabendo de artigos sobre importantes descobertas relacionadas ao câncer ou de milagres médicos descobertos por nossos cientistas pioneiros. Infelizmente, um olhar sério nos dados disponíveis indica que o progresso nas pesquisas sobre o câncer está tão lento quanto em todos os outros ramos da medicina.

No início do século XX, o câncer não atraía tanta atenção. As maiores ameaças à saúde pública eram doenças infecciosas, como pneumonia, infecções gastrointestinais e tuberculose. Mas houve uma melhora no saneamento básico, e, em 1928, o pesquisador britânico Alexander Fleming descobriu a penicilina, o que mudou o mundo. A expectativa de vida dos norte-americanos começou a escalar, e o foco mudou para doenças crônicas, como as cardíacas e o câncer.

Nos anos 1940, a American Society for the Control of Cancer (ASCC, que depois se tornaria a American Cancer Society) enfatizou a importância da detecção prematura e do tratamento agressivo. A ASCC defendeu a aplicação rotineira do teste de papanicolau, um exame ginecológico para o câncer cervical. Os resultados foram um sucesso esplêndido: com a detecção muito mais precoce, as taxas de morte por câncer cervical caíram dramaticamente. Foi um início próspero, mas as taxas de morte por outros tipos de câncer continuaram a crescer.

Decidido a dar um basta, o então presidente dos Estados Unidos Richard Nixon declarou guerra ao câncer em seu discurso sobre o Estado da União em 1971, propondo "uma campanha intensiva para encontrar a cura do câncer". Ele assinou a National Cancer Act e investiu cerca de U$1,6 bilhão na pesquisa sobre o câncer. O otimismo estava em alta. Os Estados Unidos tinham dado início à era atômica com o Projeto Manhattan. O país tinha acabado de levar o homem à Lua com o programa Apollo. Câncer? Certamente seria vencido também. Alguns cientistas previram com entusiasmo que o câncer estaria curado a tempo de celebrar o bicentenário dos Estados Unidos em 1976.

O bicentenário chegou e passou, mas a cura para o câncer não estava nem perto de se tornar realidade. Em 1981, no 10º aniversário da "guerra ao câncer", o *New York Times* questionou se essa guerra pública que já durava 10 anos "teve progresso real contra essa terrível doença ou... tinha sido um erro extravagante de US$7,5 bilhões?"[2]. As mortes por câncer continuaram a escalada implacável; os esforços da última década não tinham nem diminuído a ascensão. A guerra ao câncer, até agora, foi uma completa derrota.

Isso não era nenhuma novidade aos insiders, como o Dr. John Bailar III, do National Cancer Institute (NCI), que também tinha sido consultor do *New England Journal of Medicine* e palestrante na Faculdade de Saúde Pública de Harvard. Em 1986, o Dr. Bailar questionou a eficácia de todo o programa de pesquisa sobre o câncer em um editorial do *New England Journal of Medicine*.[3] No artigo, o Dr. Bailar observou que, de 1962 a 1982, o número de norte-americanos que morreram de câncer tinha aumentado em 56% (veja a Figura 1.2).

Fazendo um ajuste com o crescimento populacional, isso ainda representava um *aumento de 25%* na taxa de morte por câncer, em um momento em que as taxas de morte de quase todas as outras doenças estavam diminuindo rapidamente; as taxas brutas de morte que não foram causadas por câncer tinham diminuído 24%. O Dr. Bailar observou que os dados "não fornecem nenhuma evidência de que esses 35 anos de esforços intensos e crescentes para melhorar o tratamento de câncer tiveram muito efeito na medida mais fundamental do resultado clínico — a morte. Na verdade, falando sobre o câncer como um todo, nós perdemos terreno aos poucos". Ele se perguntou: "Por que o câncer é a única causa principal de morte cujas taxas de mortalidade relacionadas com a idade ainda estão crescendo?"

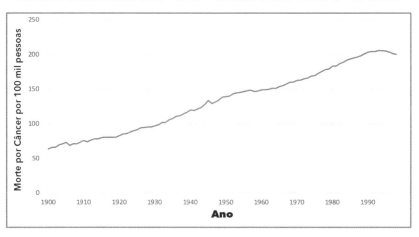

Figura 1.2: Mortes por câncer, 1900-2000.

Como um insider na guerra ao câncer publicou na mais proeminente revista médica do mundo, o Dr. Bailar efetivamente gritou: "O imperador está nu!" Ele reconheceu a necessidade de estimular uma nova maneira de pensar no imbróglio das pesquisas sobre o câncer, que têm ficado presas em reiterações dos mesmos paradigmas do câncer que falharam completamente. Ao reconhecer as falhas da comunidade médica, o Dr. Bailar bravamente deu o primeiro passo em direção ao progresso na guerra ao câncer.

Infelizmente, o restante das fundações do câncer ainda não estava pronto para admitir o problema. O artigo do Dr. Bailar recebeu muitas críticas; foi chamado no mínimo de "errôneo" e "repreensível". No mundo educado da academia, esse linguajar é comparável à mais grave profanidade.[4] O Dr. Bailar se tornou quase que universalmente um pária na comunidade que liderou um dia. Seus motivos e sua inteligência eram constantemente questionados.

Vincent DeVita Jr., então diretor do NCI, chamou o editorial do Dr. Bailar de irresponsável e enganoso, e implicou que o próprio médico estava "fora da realidade".[5] O presidente da American Society of Clinical Oncology chamou o Dr. Bailar de "o pior pessimista da nossa época". Havia inúmeros ataques *ad hominem*, mas simplesmente não tinha como negar as estatísticas. O câncer estava piorando, mas ninguém queria reconhecer. A comunidade de pesquisa respondeu à mensagem matando o mensageiro. *Está tudo muito bem*, disseram, mesmo com corpos se empilhando.

Pouco mudou onze anos depois, quando o Dr. Bailar publicou um artigo de sequência intitulado "Cancer Undefeated".[6] A taxa de morte por câncer tinha aumentado *mais* 2,7% de 1982 a 1994. A guerra ao câncer tinha resultado não somente em uma derrota, mas um massacre. E nem assim o mundo do câncer admitiu que havia algo de errado. Sim, houve alguns sucessos notáveis. As taxas de câncer infantil caíram cerca de 50% desde os anos 1970. Mas o câncer é tipicamente uma doença do envelhecimento, então essa foi uma grande vitória em uma pequena batalha. Das 529.904 mortes causadas pelo câncer em 1993, apenas 1.699 (3%) eram crianças. O câncer estava nos punindo com vários ganchos no nosso rosto, e nós tínhamos conseguido apenas despenteá-lo um pouco.

A guerra ao câncer era revigorada pelas contínuas revelações do estudo da genética ao longo dos anos 1980 e 1990. *A-há*, pensamos, o *câncer é uma doença genética*. Uma nova frente de batalha tinha se aberto na guerra ao câncer, concentrando nossos esforços na busca pelas fraquezas genéticas da doença. Em 2003, uma gigante colaboração internacional multimilionária supervisionou a realização do Projeto Genoma Humano. A comunidade de pesquisadores tinha certeza de que esse mapa genético traria um plano de batalha que venceria a guerra ao câncer. Agora temos um diagrama completo de todo o genoma humano mas, surpreendentemente, isso pouco nos levou mais perto de vencer o câncer. Em 2005, um programa ainda mais ambicioso, o Atlas do Genoma do Câncer (TCGA), foi iniciado. Centenas e centenas de genomas humanos foram mapeados na tentativa de descobrir a fraqueza do câncer. Esse esforço de pesquisa massivo também aconteceu e foi concluído sem que o progresso do câncer fosse impedido.

Trouxemos nossa ingenuidade humana, orçamentos imensos de pesquisa e esforços de captação de recursos para criar novas armas para penetrar a casca impassível do câncer. Acreditamos que a guerra ao câncer seria uma batalha high-tech com armas inteligentes. Em vez disso, parecia-se mais com a guerra de trincheiras da 1ª Guerra Mundial. As frentes de batalha nunca se moviam, a guerra se arrastava sem um progresso notável e os corpos se empilhavam.

O beco sem saída do câncer contrasta com o progresso vertiginoso em outras áreas da medicina. De 1969 a 2014, o total de mortes nos Estados Unidos causadas por doenças cardíacas caiu aproximadamente 17% apesar da população crescente. Mas e o câncer? Durante esse mesmo período, as mortes por câncer cresceram arrepiantes *84%* (veja a Figura 1.3).

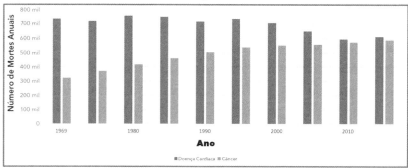

Figura 1.3

Em 2009, o *New York Times* publicou uma manchete que refletia essa realidade: "Advances Elusive in the Drive to Cure Cancer",[7] observando que a taxa ajustada de morte por câncer tinha caído apenas 5% de 1950 a 2005, se comparada com as mortes por doenças cardíacas, que tinham caído 64%, e à gripe e pneumonia, que tinham diminuído em 58%. Mais uma vez, um presidente norte-americano, dessa vez Barack Obama, prometeu "lançar novos esforços para combater uma doença que tocou a vida de quase todos os norte-americanos, inclusive eu, buscando a cura para o câncer na nossa era".[8] Em 2009, o ganhador do Prêmio Nobel James Watson, codescobridor da dupla hélice do DNA, lamentavelmente publicou em um artigo de opinião do *New York Times* que o câncer matou 560 mil norte-americanos em 2006, 200 mil a mais do que em 1970, o ano antes de a "guerra" ter começado.[9]

A guerra ao câncer não ficou estagnada por falta de investimento. O orçamento de 2019 do National Cancer Institute foi de US$5,74 bilhões, tudo derivado dos impostos.[10] Organizações sem fins lucrativos proliferaram como cogumelos depois de uma tempestade. Há mais ONGs dedicadas ao câncer do que a doenças cardíacas, AIDS, Alzheimer e AVC combinadas. A American Cancer Society gera mais de US$800 milhões por ano em doações para financiar "a causa".

Talvez agora você esteja pensando: *Mas e todas essas notícias a respeito de descobertas inovadoras sobre o câncer? Todo esse financiamento provavelmente está salvando vidas!* É verdade que houve avanços nos tratamentos, e eles certamente fizeram diferença. No entanto, não estão salvando tantas vidas quanto você pensa.

Os remédios para câncer são aprovados pela Food and Drug Administration (FDA) se mostram eficácia com uma toxicidade mínima. Mas a eficácia pode ser definida de várias maneiras — nem todas incluem salvar vidas. Infelizmente, de 1990 a 2002,[11] 68% das aprovações da FDA foram para remédios para o câncer que não necessariamente mostram uma melhora na expectativa de vida. Se não melhoram a sobrevivência, o que eles *fazem*? O motivo mais comum para aprovação é chamado de "taxa parcial de resposta do tumor", o que significa que os remédios encolhiam mais de 50% do volume do tumor. Isso parece muito bom, exceto quando você considera que essa medida é quase completamente irrelevante para a sobrevivência.

O câncer é mortal por causa de sua propensão a se espalhar, a metástase. O câncer é mortal porque ele se move, não porque é grande. Os cânceres que não formam metástases são chamados de "benignos" porque raramente causam uma doença significativa. Os cânceres que *formam* metástases são chamados de "malignos" por causa de sua tendência a matar.

Por exemplo, o lipoma, que é muito comum e afeta aproximadamente 2% das pessoas de 50 anos, é um câncer benigno das células de tecido adiposo. Pode crescer e pesar até 22kg. Mas, apesar de ser enorme, não é uma ameaça à vida. Um melanoma maligno (um tipo de câncer de pele), no entanto, pode pesar apenas 40g e ser milhares de vezes mais mortal por causa de sua predisposição a se espalhar. Quando desencadeados, muitos cânceres se tornam irrefreáveis.

Por esse motivo, tratamentos de câncer locais como cirurgia ou radiação têm eficácia limitada quando o câncer sofreu metástase. Os cirurgiões vão a fundo na tentativa de "tirar tudo". Cortam pedaços imensos de tecido normal em pacientes com câncer para remover até mesmo a menor possibilidade de haver células de câncer. A cirurgia para o câncer acontece para prevenir a metástase, não porque o câncer é muito grande. A habilidade que a medicação para câncer tem de diminuir o tumor é irrelevante para a sobrevivência do paciente, porque um remédio que destrói metade do tumor não é melhor que uma cirurgia para remover metade do câncer — em outras palavras, quase completamente inútil. Tirar metade do câncer não é melhor do que não tirar nada.

Ainda assim, a maioria dos novos remédios para câncer foram aprovados com base apenas nesse marcador questionável de "eficácia". De 1990 a 2002, 71 novas aprovações de medicamentos foram concedidas para 45 novos medicamentos. Destes, somente 12 salvavam vidas, e a maioria estendia a vida por apenas algumas semanas ou meses. Nesse mesmo tempo, a frase "novas descobertas para o câncer" apareceram em 691 artigos publicados. A estranha conta é mais ou menos assim: 691 novas descobertas = 71 medicamentos para o câncer aprovados = 45 novos medicamentos = 12 medicamentos que mal estendiam a vida dos pacientes.

Todas essas novas armas brilhantes na guerra ao câncer equivaliam à empunhadura cravejada de uma espada quebrada. Em meados dos anos 2000, a esperança para a guerra contra o câncer estava desvanecendo rapidamente. Então, algo estranho aconteceu. Começamos a vencer.

UM NOVO AMANHECER

Entre toda a desgraça e melancolia, emergiram sinais esperançosos. As mortes por câncer, ajustadas por idade e crescimento populacional, atingiram um pico no início dos anos 1990 e agora estão firmemente decrescendo. O que mudou? Devemos um pouco dos créditos aos esforços da cessação do fumo que tem sido consistentemente defendida por agentes da saúde pública desde os anos 1960. Mas nosso paradigma da compreensão do câncer tem sofrido uma revolução vagarosa, e isso contribuiu para novos tratamentos, o que nos trouxe ao nosso progresso recente e, espero, contínuo.

A questão mais urgente na pesquisa sobre o câncer é a mais elusiva: o que *é* o câncer? Nessa guerra que dura décadas, simplesmente não conhecíamos nosso antigo inimigo. O Projeto Manhattan tinha um objetivo claro: dividir o átomo. A Segunda Guerra Mundial tinha um inimigo claro: Adolf Hitler. O projeto Apollo tinha uma tarefa concreta: colocar o homem na Lua e trazê-lo de volta, vivo, se tudo corresse bem. Mas o que era o câncer? Era um adversário nebuloso, com centenas de diferentes variações. As guerras contra ideias cinzentas, como pobreza, drogas e terrorismo, geralmente acabam em frustração.

Abordar um problema a partir do ângulo errado não lhe dá nenhuma chance de resolvê-lo. Se não estiver indo na direção correta, não importa o quanto corra, nunca vai chegar ao seu destino. Este livro é uma exploração da história do câncer. Seu propósito não é oferecer uma cura para essa doença.

14   O CÓDIGO DO CÂNCER

Isso, por ora, é impossível. Meu objetivo aqui é contar a surpreendente jornada para a compreensão do grande mistério da doença humana. Essa é talvez a história mais estranha e interessante da ciência. O que é o câncer? Como ele se desenvolve?

Ao longo dos últimos cem anos, nossa compreensão sobre o câncer já passou por três mudanças de paradigma. Primeiro, considerávamos o câncer uma doença do crescimento excessivo. Isso certamente é verdadeiro, mas não explica o porquê de o câncer crescer. Depois, o consideramos uma doença de mutações genéticas acumuladas que causavam um crescimento excessivo. Também certamente verdadeiro, mas não explicava por que essas mutações genéticas estavam se acumulando. Mais recentemente, uma compreensão completamente diferente do câncer emergiu.

O câncer é, incrivelmente, uma doença diferente de qualquer outra que já enfrentamos. Não é uma infecção. Não é uma doença autoimune. Não é uma doença vascular. Não é uma doença de toxinas. O câncer originalmente deriva de nossas próprias células, mas se desenvolve como uma espécie invasora. Desse paradigma de compreensão foram desenvolvidos novos medicamentos que ameaçam, pela primeira vez, acabar com essa guerra de trincheiras.

2

A HISTÓRIA DO CÂNCER

O CÂNCER É UMA doença pré-histórica, reconhecida desde a era do Egito Antigo. O papiro de Edwin Smith Papyrus, traduzido em 1930, continha os ensinamentos do médico egípcio Imhotep, que viveu mais ou menos em 2625 a.C. Ele descrevia um caso de uma "massa protuberante no seio" que era fria e dura.

Infecções e abcessos ficam inflamados e quentes, além de doerem ao serem tocados. Já essa massa era firme, fria e não era dolorida — algo muito pior. O autor não descreveu nenhum tratamento sugerido. O historiador grego Heródoto escreveu, cerca de 440 a.C., uma descrição de Atossa, rainha da Pérsia, que provavelmente sofria de câncer de mama inflamatório. Em um cemitério de mil anos no Peru, restos mumificados mostram um tumor ósseo, preservado pelo clima desértico. Uma mandíbula humana de 2 milhões de anos desenterrada pelo arqueólogo Louis Leakey mostrava evidências de linfoma, um tipo não usual de câncer do sangue.[1] O câncer existe, pelo menos, desde o surgimento da humanidade.

16 O CÓDIGO DO CÂNCER

O câncer caminha por este planeta pelo mesmo tempo que nós, como um adversário sempre presente. Sua longevidade o faz único entre as doenças. Males vieram e se foram. A varíola e a peste bubônica já devastaram o mundo, mas praticamente desapareceram do panteão moderno de preocupações com a saúde. Mas e o câncer? Ele estava presente no início. Estava presente no meio. E ainda está presente, pior do que nunca.

Apesar de vários milhares de anos avançando nos conhecimentos médicos, o câncer ainda causa devastações. Ele provavelmente era raro nos tempos antigos, porque é uma doença do envelhecimento, e a expectativa de vida era baixa. Se as pessoas morrem cedo por causa da fome, peste e guerra, então o câncer não é uma grande preocupação.

O médico grego Hipócrates (ca. 460 a.C.– ca. 370 a.C.), que costuma ser chamado de pai da medicina moderna, pode ter nomeado apropriadamente nosso antigo inimigo chamando-o de *karkinos*, que significa "caranguejo". Essa é uma descrição surpreendentemente astuta e precisa do câncer. Quando examinado no microscópio, ele apresenta múltiplas espículas (uma gavinha parecida com espinho) saindo do corpo principal para se agarrar tenazmente ao tecido adjacente. Como versões em miniatura de seu homônimo, o câncer se distingue de outras doenças mortais por sua habilidade de correr rapidamente de um lugar ao outro no corpo. Um corte na coxa não cria uma metástase para um corte na cabeça, mas um câncer no pulmão pode rapidamente se transformar em um câncer no fígado.

No século II d.C., o médico grego Galeno usou o termo *oncos*, que significa "inchaço", para descrever o câncer, pois costumava ser detectado como um nódulo rígido. As palavras *oncologia* (a ciência do câncer), *oncologista* (especialista em câncer) e *oncológico* (relacionado ao câncer) são todas derivadas dessa raiz. Galeno também usou o sufixo *-oma* para denotar um câncer. Assim, hepatoma, sarcoma e melanoma são cânceres no fígado, nos tecidos conjuntivos e nas células melanocíticas, respectivamente. Celso (ca. 25 a.C.–ca. d.C. 50), um enciclopedista romano que escreveu o texto *De Medicina*, traduziu o termo grego *karkinos* para o inglês *cancer*. A palavra *tumor* é usada para descrever qualquer crescimento de células anormais, podendo ser benigno ou maligno.

O câncer era compreendido como um crescimento exuberante, irregular e descontrolado de tecido. Tecidos normais têm padrões de crescimento bem definidos. Um rim normal, por exemplo, cresce do nascimento até a idade adulta e então para, mantendo seu tamanho, a menos que haja intervenção de outras doenças. Ele não continua a crescer ao longo da vida até que fique grande a ponto de tomar todo o espaço abdominal. As células cancerosas, no entanto, continuam a crescer até que elas, ou você, morram.

Os cânceres costumam ser divididos entre variedades benignas e malignas. Os benignos crescem, mas não formam metástase. Alguns exemplos são os lipomas e os carcinomas basocelulares da pele. Eles podem ficam gigantes, mas não ficamos muito preocupados com os cânceres benignos, porque raramente são mortais. É a habilidade de se movimentar e espalhar ou formar metástase, que é responsável pela maioria das mortes por câncer.

Quando pensamos em câncer, geralmente é o maligno que vêm à mente e, neste livro, é o único que consideramos. Os muitos tipos de cânceres (de mama, colorretal, de próstata, de pulmão, mieloma etc.) costumam ser no-meados de acordo com a célula de onde se originam. Provavelmente, há tantos tipos de cânceres quanto de células no corpo. Eles continuam crescendo sem limite e têm a habilidade de deixar o local de origem para se restabelecer em um local distante.

Todos os cânceres são derivados de células normais. O de mama se origina em células mamárias normais; o de próstata, em células da próstata; e o de pele, em células de pele. Essa é a parte irritante e incomum do câncer — ele tem origem em nós mesmos, não é um invasor externo, mas um crescimento interno. Essa guerra ao câncer é uma guerra contra nós mesmos.

Apesar de todos os tipos serem diferentes, este livro tenta discutir as origens do câncer como um todo, olhando para as semelhanças, não para as diferenças entre eles. Esta é a pergunta essencial do livro: o que transforma células normais em câncer em algumas pessoas em certas situações, mas não em outras? Em outras palavras, o que causa o câncer?

Os gregos antigos acreditavam na teoria humoral da doença, que postulava que todas as doenças eram resultado de um desequilíbrio em nossos quatro humores: sangue, fleuma, bile amarela e bile negra. A inflamação era resultado de muito sangue; pústulas, de muita fleuma; icterícia, de muita bile amarela. O câncer era considerado um excesso interno de bile negra. O acúmulo local da bile negra se manifestava como tumores que podiam ser apalpados como nódulos. No entanto, a doença em si era um excesso sistêmico que envolvia o corpo inteiro.

Assim, o tratamento para o câncer era voltado à remoção dessa bile negra, e isso inclui os velhos de guerra: sangria, purgante e laxante. A incisão local do tumor não dava certo, porque entendia-se o câncer como uma doença sistêmica. Essa foi ainda outra observação surpreendentemente astuta dos médicos antigos, e evitou a cirurgia, que antigamente era uma coisa repulsiva, em muitos pacientes com câncer. Na ausência de antissépticos, anestésicos e analgésicos, era mais provável morrer por causa da cirurgia que do câncer.

A teoria humoral do câncer perdurou por séculos, mas havia um grande problema. Três dos quatro humores foram identificados — sangue, fleuma e bile amarela —, mas onde estava a bile negra? Os médicos procuraram vezes sem conta, mas não a encontraram. Os tumores, que acreditavam ser afloramentos locais de bile negra, eram examinados, mas nada era encontrado. Se a bile negra causava o câncer, então o que ela era?

Nos anos de 1700, a teoria da fleuma tinha substituído a humoral. Acreditava-se que o câncer era causado pela fermentação e degeneração da fleuma estagnada, que não circulava de maneira apropriada. Mais uma vez, embora a teoria estivesse incorreta, continha observações surpreendentemente astutas sobre a natureza do câncer. Primeiro, reconhecia que as células cancerosas derivam das células normais do próprio corpo que de alguma forma foram deturpadas. Segundo, reconhecia a tendência natural que o câncer tem de se espalhar pelas rotas de drenagem linfática e linfonodos.

O desenvolvimento de microscópios e tintas confiáveis para tingir exemplos de tecidos permitiram outros grandes saltos científicos. Em 1838, o foco havia mudado para as células em vez dos fluidos, com a teoria do blastema. O patologista alemão Johannes Müller demonstrou que o câncer não era causado pela fleuma, mas se originava nas células. Ele acreditava que derivava dos elementos de fissão, ou "blastema", entre essas células. Naquele mesmo ano, o patologista Robert Carswell, examinando vários cânceres generalizados, foi um dos primeiros a sugerir que o câncer talvez se espalhasse pela corrente sanguínea.

Os cânceres eram simples células, muito embora células de aparência bizarra e com crescimento irregular. É o que eu chamo de paradigma do câncer 1.0, o primeiro grande paradigma moderno sobre a compreensão do câncer. É uma doença do crescimento excessivo. Se o problema é muito crescimento, então a solução óbvia é matá-lo. Essa lógica nos trouxe cirurgias, radiação e quimioterapia, e ainda é a base de muitos dos nossos protocolos de tratamento.

CIRURGIA

O tratamento cirúrgico do câncer data do século II d.C., quando Leônidas de Alexandria descreveu o passo a passo de uma cirurgia lógica para o câncer de mama ao remover todo o tecido canceroso e uma margem de tecido saudável. Mesmo com a cauterização para estancar o sangramento esperado, a cirurgia era extremamente arriscada. Os instrumentos cirúrgicos não eram esterilizados. Não havia antibióticos para o caso de infecção pós-operatória. A maioria de nós não deixaria esses cirurgiões antigos cortarem nosso cabelo, que dirá nosso corpo. Uma invenção particularmente macabra foi uma guilhotina para a amputação da mama afetada.

O advento da anestesia e assepsia modernas transformaram a cirurgia de um sacrifício bárbaro e ritualístico em um procedimento médico razoável. Os gregos antigos tratavam o câncer como uma doença sistêmica, mas os médicos do século XIX cada vez mais o viam como uma doença localizada, receptiva

20 O CÓDIGO DO CÂNCER

à cirurgia. A solução óbvia, então, era simplesmente cortar tudo — e assim o fizeram. À medida que o conhecimento e a tecnologia aumentavam, a excisão de tumores localizados se tornou uma opção em quase todos os casos. Se tal procedimento era útil é outro assunto.

A recidiva inevitavelmente acontecia, em geral no local da incisão. Mais uma vez, o câncer é como um caranguejo, que envia pinças invisíveis para os tecidos adjacentes. Essas sobras minúsculas do câncer levam à reincidência. Assim, os médicos começaram a aceitar uma nova teoria: se uma cirurgia pequena é boa, então uma grande é melhor ainda.

No começo dos anos de 1990, o Dr. William Halsted defendeu cirurgias cada vez mais radicais para expurgar, "pela raiz e troncos", o câncer de mama. A palavra *radical*, como em "mastectomia radical" ou "prostatectomia radical", deriva do latim "raiz". Além da mama afetada, Halsted removia uma grande margem de tecido normal, incluindo quase toda a parede do tórax, os músculos peitorais e linfonodos que pudessem conter a semente do câncer. As complicações eram horrorosas, mas pensava-se que valia a pena. Uma mastectomia radical pode desfigurar e ser dolorosa, mas a alternativa, se houvesse a recidiva, era a morte. Uma cirurgia menos invasiva, acreditava Halsted, era uma bondade irracional. Esse se tornou o tratamento cirúrgico padrão para o câncer de mama pelos próximos cinquenta anos, fazendo a guilhotina parecer quase humana.

Os resultados de Halsted eram tanto muito bons quanto muito ruins. Os pacientes com câncer localizado se saíam extremamente bem. Já aqueles com metástase se saíam muito mal. Depois de ter havido a metástase, a extensão da cirurgia era bastante irrelevante, porque era um tratamento local para uma doença sistêmica. Em 1948, pesquisadores mostraram que cirurgias menos invasivas obtinham um controle local semelhante ao do método de Halsted, com apenas uma fração das complicações cirúrgicas.

Nos anos de 1970, raios X e tomografias pré-operatórios permitiam detecção precoce da metástase, o que evitava a cirurgia desnecessária. Além disso, a localização do tumor podia ser averiguada, e a extensão da invasão cirúrgica necessária podia ser precisamente delineada antes de os médicos usarem o bisturi. Hoje, sabemos que tal cirurgia tem o potencial de cura — se o câncer for detectado precocemente. Avanços modernos tecnológicos reduziram muitas das complicações operatórias, e as mortes na cirurgia diminuíram mais de 90%[2] desde então. A cirurgia ainda é uma arma importante contra o câncer, mas apenas no momento e na situação apropriados.

RADIAÇÃO

Em 1895, o médico alemão Wilhelm Röntgen identificou os raios X, formas de alta energia de radiação eletromagnética, uma descoberta pela qual receberia o Prêmio Nobel em 1901. Esses raios X invisíveis podiam causar danos e matar tecidos vivos. Menos de um ano depois, um estudante de medicina norte-americano, Emil Grubbe, foi pioneiro na especialidade de oncologia radiológica ao irradiar uma paciente com câncer de mama avançado.[3] Grubbe, também produtor de tubos de vácuo, tinha exposto a própria mão a essa tecnologia de raios X, causando uma inflamação cutânea, que mostrou a um médico sênior. Percebendo o dano ao tecido, o médico sugeriu que aqueles raios ultramodernos poderiam ter outros usos terapêuticos, sugerindo lúpus ou câncer como candidatos. Por acaso, Grubbe estava cuidando de uma paciente que sofria de lúpus e câncer de mama naquele momento. Em 29 de janeiro de 1896, ele expôs o câncer de mama à fonte de raios X por uma hora. *Uma hora!* Os tratamentos modernos com raios X levam segundos. Relembrando o dano na própria mão, Grubbe protegeu as áreas ao redor do câncer com um forro de chumbo de uma caixa de chá chinesa. Dá arrepios pensar o que teria acontecido se ele não gostasse de tomar chá.

Enquanto isso, naquele mesmo ano, na França, o físico Henri Becquerel, junto aos lendários cientistas Marie e Pierre Curie, descobriram espontaneamente a emissão de radiação; os três ganhariam um Prêmio Nobel por seu trabalho. Em 1901, enquanto carregava um tubo de rádio (credo!) em sua pochete, Becquerel percebeu uma queimadura severa na pele abaixo do tubo. Pesquisadores do Hôpital Saint-Louis em Paris usaram esse rádio para desenvolver tratamentos de raios X mais precisos e poderosos. Em 1903, os pesquisadores alegaram ter curado um caso de câncer cervical por meio do tratamento com rádio.[4] Em 1913, o "tubo de cátodo quente" foi usado para controlar a quantidade e qualidade da radiação, permitindo a dosagem pela primeira vez, em vez da explosão fortuita, por bem ou por mal, de raios X contra a lesão suspeita.

Os primórdios da radiação oncológica, de 1900 a 1920, foram dominados pelos eficientes alemães, que favoreciam o tratamento com poucas e longas doses cáusticas de radiação. Houve algumas remissões impressionantes, assim como efeitos colaterais também impressionantes, mas poucas curas duradouras. Queimaduras e danos ao corpo eram inevitáveis, e, em 1927, cientistas franceses perceberam que uma única dose alta de radiação afetava a pele superficial, sem afetar muito o câncer abaixo dela. Já uma dose menor dividida em múltiplos dias (chamada de radioterapia fracionada) atingia o alvo escondido sem tanto dano colateral. Isso ocorre porque as células cancerosas são mais sensíveis ao dano dos raios X do que os tecidos adjacentes normais.

A radioterapia fracionada explora essa diferença na sensibilidade para preferencialmente matar as células cancerosas e apenas danificar as células normais, que têm chances de se recuperar. Esse ainda é o método preferido da terapia com radiação. Nos anos de 1970, a guerra ao câncer feita pelo presidente Nixon forneceu fundos muito necessários para o desenvolvimento dessa modalidade high-tech.

Mas o maior problema tanto com a cirurgia quanto com a radiação é que são tratamentos inerentemente locais. Se o câncer continuasse localizado, eles seriam eficazes, mas, se houvesse a metástase, havia poucas chances de recuperação. Felizmente, o desenvolvimento de um tratamento mais sistêmico usando químicos (remédios) continuara, simultaneamente.

QUIMIOTERAPIA

A solução lógica para um câncer que se espalhou era a "quimioterapia", uma toxina seletiva e sistêmica, para destruir as células cancerosas onde quer que estivessem escondidas enquanto deixava as células normais relativamente incólumes. Em 1935, o Office of Cancer Investigations, que depois se fundiria ao National Cancer Institute, criou um programa metódico para a triagem de medicamentos para o câncer envolvendo mais de 3 mil componentes químicos. Apenas dois chegaram aos testes clínicos, e ambos fracassaram devido à toxicidade excessiva. Encontrar uma toxina seletiva não era uma tarefa fácil.

Uma importante descoberta veio de uma fonte improvável: os gases venenosos mortais usados na Primeira Guerra Mundial. O gás mostarda, nomeado devido ao cheiro apimentado, foi usado pela primeira vez em 1917 pela Alemanha. Desenvolvido por Fritz Haber, o brilhante químico vencedor do Prêmio Nobel em 1918, esse gás mortal é absorvido pela pele, causando inchaço e queimaduras no pulmão. As vítimas morriam vagarosamente, levando até seis semanas para completar a jornada mortal.

O interessante é que o gás mostarda tem uma predileção peculiar por destruir apenas certas partes da medula óssea e glóbulos brancos.[5] Em outras palavras, é um veneno seletivo. Em 1929, um pesquisador israelense chamado Isaac Berenblum, ao estudar o efeito carcinogênico do alcatrão, aplicou gás mostarda em uma tentativa de provocar o câncer com a adição de seus efeitos irritantes — mas, paradoxalmente, o câncer regrediu.[6]

Dois médicos da Universidade de Yale criaram a hipótese de que esse veneno seletivo poderia ser usado, de modo terapêutico, para matar os glóbulos brancos anormais em um câncer conhecido como linfoma não Hodgkin. Após testes bem-sucedidos em animais, testaram a teoria em um voluntário humano, conhecido apenas por suas iniciais, J.D. Esse homem de 48 anos sofria de um linfoma avançado e resistente à radiação, com tumores tão grandes na mandíbula e no peito que não conseguia engolir nem cruzar os braços. Sem outra opção, ele concordou em participar desse tratamento experimental secreto.

24   O CÓDIGO DO CÂNCER

Em agosto de 1942, J.D. recebeu a primeira dose do gás mostarda, então conhecido apenas como "substância X".[7] No 4º dia, ele começou a mostrar sinais de melhora. No 10º dia, o câncer tinha desaparecido por completo.[8] A recuperação foi quase milagrosa, mas, um mês depois, houve a recidiva do linfoma, e o registro médico de J.D., em 1 de dezembro de 1942, continha uma entrada: "Morreu." Apesar disso, foi um ótimo começo, provando que o conceito poderia ser eficaz. O tratamento conhecido como quimioterapia tinha acabado de nascer, embora restrições da guerra significaram que os resultados não foram publicados até 1946. Derivados do gás mostarda, como a clorambucila e a ciclofosfamida, ainda hoje são usados como medicamentos quimioterápicos.

Outra forma de quimioterapia se aproveitou do metabolismo do ácido fólico, que é uma das vitaminas do complexo B e necessária para a produção de novas células. Quando o corpo tem deficiência dela, a produção de novas células não é possível, o que afeta células de rápido crescimento, como o câncer. Em 1948, o patologista da Escola de Medicina de Harvard, Sidney Farber, foi o pioneiro no uso de drogas que bloqueavam o ácido fólico no tratamento de certos tipos de leucemia infantis.[9] As remissões foram espetaculares, e o câncer simplesmente derretia. No entanto, ele sempre voltava.

O desenvolvimento da quimioterapia continuou com determinação. Os anos 1950 testemunharam alguns sucessos notáveis contra alguns tipos raros de câncer. O Dr. Min Chiu Li, pesquisador do National Cancer Institute, relatou em 1958 que um regimento de quimioterapias tinham curado diversos casos de coriocarcinoma, um tumor da placenta.[10] Poucos cientistas acreditaram nele, e ele foi convidado a se retirar de seu cargo no NCI quando insistiu no uso de seus ultramodernos tratamentos "malucos". Ele retornou para o Memorial Sloan-Kettering Hospital, em Nova York, onde suas ideias sobre a quimioterapia depois seriam usadas para o coriocarcinoma e também para o câncer metastático de testículo.

O desenvolvimento de múltiplos tipos de medicamentos quimioterápicos permitiu mais opções. Se um veneno não era suficiente, por que não combinar múltiplos venenos em um coquetel a que nenhuma célula cancerosa poderia resistir? Em meados dos anos 1960, os Drs. Emil Freirich e Emil Frei estavam aplicando sua combinação de quatro drogas a crianças com leucemia, até aumentar a taxa de remissão a inéditos 60%.[11] A taxa de remissão para a doença de Hodgkin avançada subiu de praticamente 0% a quase 80%.[12] Em 1970, o linfoma de Hodgkin era considerado uma doença altamente curável. As coisas estavam melhorando. A quimioterapia tinha dado o respeitável salto de "veneno" a "tratamento médico".

A maioria das drogas quimioterápicas são venenos seletivos, que preferencialmente matam células de rápido crescimento, como as células cancerosas, e por isso elas são tão suscetíveis à quimioterapia. Se tivesse sorte, poderia matar o câncer antes de matar o paciente. As células normais de rápido crescimento, como folículos capilares e a mucosa do estômago e intestinos, também sofriam grande dano colateral, levando aos bem conhecidos efeitos colaterais de queda de cabelo e vômitos/náusea. As medicações mais novas, como muitos dos anticorpos monoclonais, não costumam ser chamadas de "quimioterapia" por causa das conotações negativas associadas aos medicamentos clássicos.

PARADIGMA DO CÂNCER 1.0

O primeiro grande paradigma do câncer, que chamo de paradigma 1.0, julga que o câncer é um crescimento irregular das células. Se o problema é excesso de crescimento, armas de destruição celular em massa são necessárias para cortar (cirurgia), queimar (radiação) e envenenar (quimioterapia). Para o câncer localizado, poderiam ser utilizados métodos destrutivos (cirurgia ou radiação). Para as metástases, venenos sistêmicos (quimioterapia).

O paradigma do câncer 1.0 foi um imenso avanço médico, mas não respondia a questões mais fundamentais: o que causava esse crescimento celular descontrolado? Para entender isso, precisamos saber: o que é o câncer?

3

O QUE É O CÂNCER?

CONSIDERA-SE QUE O LENDÁRIO BIÓLOGO Charles Darwin foi o primeiro cientista a discutir o chamado "problema lumper-splitter".[1] No início do século XIX, a classificação era uma parte fundamental da pesquisa de ciências naturais. Os biólogos rodaram o mundo procurando por novos espécimes de animais e plantas. Após uma cuidadosa observação, esses espécimes eram agrupados em categorias científicas, como espécie, família, filo e reino.

Ao se criar categorias, os lumpers e splitters eram facções opostas. Deveriam certos animais ser agrupados (lumper) em uma única categoria ou separados (splitter) em mais de uma? Por exemplo, humanos, ursos e baleias podem ser agrupados enquanto mamíferos, mas separados quanto ao local onde vivem, terra ou água. O agrupamento reduz o número de categorias, e a separação as aumenta. Ambos contêm informações importantes, porém diferentes. Enquanto a separação destaca as diferenças individuais, o agrupamento destaca as semelhanças.

O termo *câncer* não se refere a uma única doença, mas a uma coleção de muitas doenças diferentes relacionadas por certas características. A depender da definição usada, podemos identificar ao menos cem diferentes tipos de câncer. Tradicionalmente, os biólogos que estudam o câncer são splitters, considerando cada um deles doenças diferentes com base em sua célula de origem. As células cancerosas derivam de células humanas normais, então retêm muitas características das células originais. Por exemplo, as células do câncer de mama podem ter receptores de hormônios como estrogênio e progesterona, assim como as células saudáveis. As do câncer de próstata produzem antígeno prostático específico (PSA), assim como as células saudáveis, o que pode ser medido no exame de sangue.

Quase todo tipo de célula do corpo humano é potencialmente cancerosa. Há cânceres de tecido e órgãos sólidos, sendo os de pulmão, mama, cólon, próstata e pele os mais comuns. Há também os de sangue, às vezes chamados de "líquidos", pois não se apresentam como um único grande tumor (massa de células cancerosas). Esses incluem doenças como leucemia, mieloma e linfoma. Cada tipo de célula causa um tipo diferente de câncer, com histórias e prognósticos individuais. O câncer de mama se comporta e é tratado de forma completamente diferente da leucemia aguda, por exemplo. Separar os cânceres em doenças individuais pode, então, ser útil no tratamento, mas isso destaca suas diferenças, não semelhanças. Quando focamos as características exclusivas dos vários tipos de câncer, não chegamos mais perto de compreender o mistério do câncer como uma entidade única.

Os famosos pesquisadores Doug Hanahan e Robert Weinberg reconheceram que o câncer era uma coleção de diferentes doenças unidas por certas características. Mas que características são essas? Na vasta literatura sobre o câncer, ninguém ainda categorizou o pequeno número de princípios para explicar as semelhanças entre eles. Em 2000, eles decidiram codificar os princípios da transformação maligna, publicando na revista *Cell* um artigo seminal intitulado "The Hallmarks of Cancer".[2] Os autores não esperavam muito, pensando que seu trabalho em breve cairia no esquecimento.

Mas alguma coisa se destacou nesse artigo, que rapidamente se tornou o mais influente na história da pesquisa sobre o câncer. Ele foi a base para a compreensão do câncer como uma única doença em vez de diversas doenças específicas. Hanahan e Weinberg tinham acabado de se tornar lumpers em um oceano de splitters. Eles fizeram a pergunta crucial: "O que faz com que o câncer seja... câncer?"

AS CARACTERÍSTICAS TÍPICAS DO CÂNCER

A revisão original de Hanahan e Weinberg em 2000 listou seis características compartilhadas pela maioria dos cânceres. Em 2011, mais duas foram identificadas.[3] Apesar das centenas de diferentes tipos, todos os cânceres compartilham estas oito características, todas críticas para a sobrevivência das células cancerosas. Sem a maioria delas, o câncer não seria mais câncer.

As Oito Características Típicas do Câncer

1. Sustentam sinalização proliferativa.

2. Evadem de supressores do crescimento.

3. Resistem à morte celular.

4. Possibilitam a imortalidade replicativa.

5. Induzem a angiogênese.

6. Ativam invasão e metástase.

7. Desregulam o metabolismo energético celular.

8. Evadem da destruição pela imunidade.

Característica 1: Sustentam Sinalização Proliferativa

A primeira característica, possivelmente a mais importante, é que as células cancerosas continuam a replicar e crescer, ao contrário das células normais. O corpo humano contém trilhões de células, então o crescimento deve ser coordenado e regulado de perto. Durante a infância e a adolescência, o nascimento de novas células é mais rápido que a morte das antigas, então a criança fica maior. Na fase adulta, o número de novas células criadas é precisamente o mesmo do de células mortas, então o crescimento como um todo para.

Esse delicado equilíbrio se perde no câncer, que cresce continuamente, levando a coleções anormais de células cancerosas, chamadas de tumor. O crescimento das células normais é regulado pelo funcionamento hormonal, que é controlado pelos genes. Há aqueles que aumentam o crescimento, chamados de proto-oncogenes, e os que diminuem o crescimento, os genes supressores de tumores. Os dois tipos de genes agem como o acelerador e os freios do seu carro. Os proto-oncogenes aceleram o crescimento. Os genes supressores de tumores desaceleram o crescimento. Normalmente, esses genes operam em equilíbrio.

O crescimento anormal pode ocorrer se os proto-oncogenes forem excessivamente ativados (como pisar no acelerador) ou se os genes supressores de tumores forem suprimidos (como tirar o pé do freio). Em certas situações normais, como a cura de um machucado, os canais de crescimento são ativados por um curto período de tempo. Quando o machucado sara, o crescimento deveria mais uma vez voltar à velocidade normal. Mas as células cancerosas continuam essa sinalização proliferativa, criando crescimento quando não é mais vantajoso. Quando mutações genéticas causam uma ativação excessiva dos proto-oncogenes, estes são chamados de oncogenes. O primeiro oncogene confirmado, chamado de *src* porque causou um câncer em tecidos moles, chamado sarcoma, foi descoberto nos anos 1970.

Os cânceres não são simplesmente uma bolha gigante de células em crescimento que absorvem tudo no caminho, como o personagem no clássico filme de ficção científica *A Bolha Assassina*. As células cancerosas enfrentam muitos desafios no caminho de se tornarem um grande tumor, e ainda mais desafios ao criarem metástase. Em momentos diferentes, um câncer deve proliferar, criar novas veias e romper para criar a metástase. Uma única mutação genética geralmente não é capaz disso, daí a necessidade das outras características.

Característica 2: Evadem de Supressores do Crescimento

Muitos genes normais em nosso corpo suprimem ativamente o crescimento celular. O primeiro gene supressor de tumor (*Rb*) foi descoberto no retinoblastoma, um tipo raro de câncer dos olhos em crianças. Uma mutação genética que inativa o gene *Rb* solta o freio do crescimento celular, favorecendo o crescimento e o desenvolvimento do câncer.

Alguns dos genes mais afetados no câncer são os supressores de tumores, incluindo o *p53*, o qual estima-se ter sofrido mutação em 50% dos cânceres humanos. Estima-se que os bem conhecidos genes supressores de tumores chamados câncer de mama tipo 1 e tipo 2, geralmente abreviados como *BRCA1* e *BRCA2*, são responsáveis por 5% do total de cânceres de mama.

Característica 3: Resistem à Morte Celular

No geral, o crescimento do tecido é simplesmente a diferença entre quantas células são criadas e quantas morrem. Quando células normais ficam velhas ou danificadas a ponto de não conseguirem se recuperar, passam por um processo de morte celular programada, chamado de apoptose. Essa data de vencimento da célula normal mantém nosso corpo funcionando sem problemas ao permitir uma renovação celular natural. As hemácias, por exemplo, vivem cerca de apenas três meses antes de morrer e serem substituídas por hemácias novas. As células epiteliais são substituídas a cada poucos dias. É como trocar o óleo do motor do carro. Antes de colocar um óleo novo, é necessário drenar o antigo. No corpo, células velhas e danificadas devem ser removidas para que novas células tenham espaço para as substituir. A apoptose é a maneira ordenada de jogar uma célula velha fora quando já não tem mais vida útil.

A morte celular ocorre por meio da necrose ou apoptose. A necrose é uma morte não controlada e não intencional. Se você martelar seu dedo acidentalmente, suas células morrem de maneira desordenada e acidental. O conteúdo da célula se espalha como quando um ovo cai no chão. Além de ser uma tremenda bagunça e causar uma inflamação significativa, que o corpo deve trabalhar arduamente para resolver, a necrose é um processo tóxico, que deveria ser evitado sempre que possível.

A apoptose é um processo ativo que requer energia. Essa deleção celular controlada é tão crucial para a sobrevivência que a apoptose é um processo mantido na evolução de seres vivos, desde moscas-das-frutas a vermes, ratos e humanos.[4] A diferença entre apoptose e necrose é a diferença entre organizar um jantar bem planejado e receber vinte colegas de trabalho desordeiros que seu cônjuge trouxe para casa sem avisar. Ambos são jantares para muitas pessoas, mas um é cuidadoso e agradável, enquanto o outro resulta em muito caos e gritaria, com alguém eventualmente dormindo no sofá.

A apoptose, o mecanismo controlado de eliminação de célula, é comum a todos os organismos multicelulares. Permitir que células velhas (como as epiteliais) morram e substituí-las por novas rejuvenesce o organismo como um todo, apesar de a célula individual ter que morrer. Para evitar o crescimento excessivo, o número de células velhas removidas deve estar em perfeito equilíbrio com a reposição de células novas. As células cancerosas resistem à apoptose, mudando a divisão e morte celulares e permitindo o crescimento excessivo.[5] Se menos células estão morrendo, então é mais provável que o tecido cresça, favorecendo o câncer.

Característica 4: Possibilitam a Imortalidade Replicativa

Em 1958, o dogma científico aceitava que células humanas cultivadas em laboratório eram imortais, pois podiam se replicar indefinidamente. Afinal de contas, um fungo ou bactéria em uma solução nutritiva podiam se replicar uma quantidade infinita de vezes. Mas Leonard Hayflick, cientista do Wistar Institute na Universidade da Pensilvânia, não conseguiu fazer com que células humanas sobrevivessem depois de certo tempo de vida, não importava o que fizesse. Inicialmente ele pensou que estava cometendo um erro rudimentar. Será que não estava fornecendo os nutrientes necessários ou limpando o lixo de maneira adequada? Mas nada do que fizesse permitia que as células vivessem mais.

Depois de três exaustivos anos de experimentação, ele propôs a ideia radical de que as células se dividem um número finito de vezes antes de morrer.[6] Essa descoberta, tão fundamental para a compreensão tanto do envelhecimento quanto do câncer, não foi imediatamente aceita pela comunidade científica, mas demorou, segundo Hayflick, "dez ou quinze dolorosos anos" para se tornar aceita. Ele se lembra pesarosamente de que "contrariar uma crença de séculos não é fácil, mesmo na ciência".[7] Agora sabemos que as células humanas são realmente mortais e não podem se propagar ilimitadamente. Esse limite da longevidade celular agora é chamado de limite de Hayflick.

Geralmente, as células podem se replicar apenas de quarenta a setenta vezes antes de parar. Hayflick intuiu corretamente que isso era uma forma de envelhecimento celular, que acontece no núcleo, onde estão os cromossomos. As ganhadoras do Prêmio Nobel Elizabeth Blackburn e Carol Greider mais tarde demonstraram que as células "contam" o número de replicações à medida que progridem em direção ao limite de Hayflick com o uso de telômeros, as extremidades dos cromossomos. Eles protegem o DNA na divisão celular, e cada ciclo os encurta. Quando um telômero fica muito pequeno, a célula não pode mais se dividir, e ativa a apoptose, ou a morte celular programada. Esse processo fornece uma proteção natural contra a proliferação desregulada do câncer. A idade celular não é contada em anos, mas no número de vezes que ela se replica.

Enquanto as células normais são mortais, as cancerosas são imortais; elas, assim como as bactérias, não são contidas pelo limite de Hayflick e podem se replicar ilimitadamente. As células cancerosas produzem uma enzima chamada telomerase, que aumenta o comprimento dos telômeros no final do cromossomo. Como ele nunca acaba, as células podem continuar a se dividir pelo tempo que quiserem. Isso bloqueia o processo natural de envelhecimento celular (senescência) e a morte celular programada (apoptose). Em uma cultura celular, é possível crescer células cancerosas para sempre.

No que é agora uma história bem conhecida, nossa compreensão acerca do câncer se deve muito a uma mulher chamada Henrietta Lacks. Em 4 de outubro de 1951, Lacks morreu de câncer cervical no Hospital Johns Hopkins aos 31 anos. As células cancerosas removidas do corpo dela — sem consentimento, diga-se de passagem — revolucionaram a medicina. Pela primeira vez, os cientistas propagaram uma linha celular fora do corpo humano indefinidamente. Essas células HeLa, nomeadas por causa de Lacks, foram usadas no estudo de vacinas, genética, desenvolvimento de medicamentos e câncer. Mais de 50 milhões de toneladas de células HeLa foram cultivadas, e foram protagonistas de mais de 60 mil artigos científicos.[8]

As células normais, depois de atingir o limite de Hayflick, não podem mais se dividir. As células cancerosas se reproduzem como arquivos digitais. Você pode transmitir ou replicá-las com 100% de fidelidade à original. Da perspectiva do organismo, matar linhas celulares defeituosas ou antigas mantém um bom funcionamento. Quando suas roupas criam buracos com o tempo, você precisa jogá-las fora e comprar novas. Isso é muito melhor do que continuar a usar suas calças bocas de sino velhas e rotas dos anos 1970. Quando as células vivem mais do que sua vida útil, são mortas e substituídas. As células cancerosas contornam o processo de apoptose para atingir a imortalidade replicativa.

Característica 5: Induzem a Angiogênese

A angiogênese é o processo de construir novos vasos sanguíneos, o que traz novos suprimentos de oxigênio e nutrientes e levam embora o lixo. À medida que o tumor cresce, novas células ficam mais longe dos vasos sanguíneos, assim como novas casas em uma subdivisão suburbana ficam localizadas mais longe das estradas principais. Novas casas demandam a construção de novas vias, e novas células cancerosas a construção de novos vasos sanguíneos.

A angiogênese requer uma coordenação da sinalização do crescimento de muitos tipos diferentes de células. Um tumor de mama, por exemplo, não pode simplesmente continuar criando novas células de câncer de mama longe dos vasos sanguíneos existentes. De alguma forma, esse tipo de câncer deve induzir as veias existentes a criarem ramificações, assim como novas casas devem conectar seu esgoto ao sistema já existente. Isso envolve o crescimento de novas fibras musculares, tecido conjuntivo e células endoteliais, uma tarefa incrivelmente complexa que deve ser completada para que o tumor possa crescer.

Característica 6: Ativam Invasão e Metástase

A habilidade de invadir outros tecidos e criar metástase é o que faz com que o câncer seja letal, responsável por uma estimativa de 90% das mortes por câncer. Uma vez que a metástase foi estabelecida, não importa muito o que acontece com o tumor original. Os cânceres que não podem formar metástase são chamados de benignos, porque são facilmente tratáveis e raramente causam mortes. Os cânceres benignos têm todas as outras cinco características listadas até agora. Sem a habilidade de formar metástase, o câncer é mais um desconforto do que um problema de saúde sério.

A metástase é talvez a característica mais difícil de se atingir, pois requer a realização de múltiplas etapas complexas. Uma célula cancerosa metastática deve primeiro se libertar da estrutura ao seu redor, que geralmente é unida por moléculas de adesão. É por isso que não se costuma encontrar células da mama no sangue ou no pulmão, por exemplo. A célula cancerosa liberta deve sobreviver à jornada pela corrente sanguínea e então colonizar o local metastático, um ambiente completamente diferente de seu local original. A cada etapa ao longo do caminho da metástase, a célula adquire um conjunto novo de habilidades altamente complexas, que requerem múltiplas mutações genéticas. É como humanos tentando andar na superfície de Marte sem um traje espacial e esperando florescer.

Classicamente, consideramos que a metástase acontece de maneira tardia na história natural do câncer, depois de um longo período de crescimento do tumor primário. Assumimos durante muito tempo que o câncer ficava relativamente local e intacto até que começasse a verter algumas células na corrente sanguínea. No entanto, novas evidências sugerem que micrometástases podem se desprender do câncer original logo no começo, mas essas células abandonadas raramente sobrevivem.

CARACTERÍSTICAS EMERGENTES

Em 2011, Hanahan e Weinberg atualizaram sua revisão, adicionando duas características emergentes e duas características possibilitadoras, isto é, traços que fazem com que seja mais fácil a obtenção das características pelas células cancerosas. A primeira característica possibilitadora é a instabilidade e as mutações do genoma. Os cânceres atingem as características ao causar a mutação de genes normais, e material genético instável faz com que isso seja mais fácil. A segunda característica possibilitadora é a inflamação promotora do tumor. A resposta inflamatória é uma reação natural a ferimentos ou irritação do tecido. Essa geralmente é uma resposta protetiva, mas, em alguns casos, pode promover o progresso do câncer.

Característica 7: Desregulam o Metabolismo Genético

As células precisam de uma fonte de energia confiável para as centenas de tarefas que completam todos os dias. A energia celular é armazenada em uma molécula chamada adenosina trifosfato, ou ATP. Há duas maneiras de metabolizar a glicose para energia: com oxigênio (respiração aeróbica) ou sem oxigênio (respiração anaeróbica). Um processo químico chamado de fosforilação oxidativa, ou OxPhos, é o método mais eficiente de extração energética. Esse processo queima a glicose e o oxigênio juntos para gerar 36 moléculas de ATP, bem como dióxido de carbono, que é exalado. A OxPhos ocorre em uma parte da célula chamada de mitocôndria, que geralmente é chamada de "usina elétrica" da célula.

Quando o oxigênio não está disponível, as células queimam glicose usando um processo químico chamado de glicólise, que gera apenas duas moléculas de ATP, junto com ácido lático. Na circunstância apropriada, essa é uma negociação razoável — gerar ATP muito menos eficientemente, mas sem a necessidade de oxigênio. Por exemplo, exercícios de alta intensidade, como a corrida de velocidade, requerem muita energia. O fluxo sanguíneo é insuficiente para entregar o oxigênio necessário, então os músculos usam a glicólise anaeróbica (sem oxigênio). O ácido lático gerado é responsável pela queimação muscular familiar durante o esforço físico pesado. Isso cria energia na ausência de oxigênio, mas gera apenas duas moléculas de ATP por molécula de glicose, em vez de 36. Assim, não se pode correr rapidamente muito longe antes de seus músculos se cansarem e você precisar parar para descansar. Quando sua corrente sanguínea se torna suficiente para eliminar o ácido lático gerado, você começa a se recuperar.

Para cada molécula de glicose, você pode gerar dezoito vezes mais energia com o OxPhos mitocondrial se comparado com a glicólise. Por causa de sua eficácia maior, as células normais quase sempre usam OxPhos se há oxigênio suficiente disponível. Mas, estranhamente, as células cancerosas não o fazem. Quase que universalmente, elas usam a glicólise menos eficiente *mesmo na presença adequada de oxigênio*.[9] Essa descoberta não é recente, tendo sido descrita pela primeira vez em 1927 por Otto Warburg, um dos melhores bioquímicos da história. Essa reprogramação metabólica ocorre em cerca de 80% dos cânceres e é conhecida como efeito Warburg.

Como o efeito Warburg (glicólise aeróbica) é menos eficaz em termos de energia, o câncer precisa de muito mais glicose para sustentar seu metabolismo. Para compensar, as células cancerosas têm muito mais transportadores de glicose GLUT1 na superfície da célula. Isso aumenta a taxa de movimentação de glicose do sangue para a célula cancerosa. A tomografia por emissão de pósitrons (PET scan) se aproveita da avidez da célula cancerosa por glicose. Glicose marcada com material radioativo é injetada no corpo e espera-se um tempo para as células a absorverem. O escaneamento revela as áreas que absorveram essa glicose mais abruptamente. Esses pontos são uma evidência de atividade cancerosa.

38   O CÓDIGO DO CÂNCER

Esse é um paradoxo extremamente intrigante. O câncer, que cresce rápido, precisa de *mais* energia, então por que ele escolheria de forma deliberada o caminho *menos* eficiente de geração de energia? É uma anomalia incrivelmente fascinante.

Característica 8: Evadem da Destruição pela Imunidade

O sistema imunológico procura e destrói ativamente as células cancerosas. Por exemplo, as células *natural killers* (NK), ou células exterminadoras naturais, de nosso sistema imunológico constantemente patrulham nosso sangue procurando invasores, como bactérias, vírus e células cancerosas. Por esse motivo, pacientes com sistemas imunológicos comprometidos, como soropositivos ou que tomam remédios imunossupressores (como transplantados), têm uma probabilidade muito maior de desenvolver câncer.

Para sobreviver, as células cancerosas devem de alguma forma evadir do sistema imunológico que foi arquitetado para matá-las. Enquanto cresce dentro do tecido, o tumor de certa forma tem um escudo contra a célula imunológica que deve penetrar naquele tecido. Quando o câncer se espalha pelo sangue, no entanto, está exposto e rodeado direta e constantemente pelas hostis células imunológicas.

DEFININDO O CÂNCER

As oito características representam o melhor consenso científico acerca dos comportamentos característicos que demarcam o que é e o que não é o câncer. Ao agrupar diferentes cânceres como uma única doença, os detalhes se perdem, mas se torna mais fácil ver a situação como um todo. Por exemplo, essas oito características podem ser simplificadas em quatro (veja a Figura 3.1).

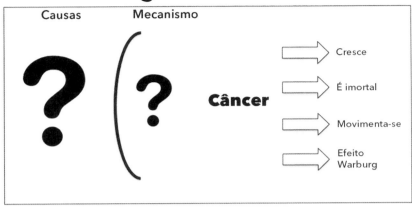

Figura 3.1

Uma coisa pode ser considerada câncer quando:

- cresce — sustenta a sinalização proliferativa (característica 1), evade de supressores de crescimento (2), resiste à morte celular (3) e induz a angiogênese (5);
- é imortal — possibilita a imortalidade replicativa (4);
- movimenta-se — ativa invasão e metástase (6) e evade da destruição pela imunidade (8); e
- usa o efeito Warburg — desregula o metabolismo energético celular (7).

Em alguns casos, dezenas ou até centenas de mutações genéticas são necessárias para que uma célula desenvolva essas quatro características. Identificá-las é um ótimo começo, mas simplesmente descrever as principais características do câncer não nos diz muito sobre o porquê (as causas) ou como (os mecanismos) o câncer se desenvolve.

Muitas pessoas acreditam que não sabemos o que causa o câncer, mas, na verdade, já sabemos bastante a respeito disso.

4

CANCERÍGENOS

O QUE CAUSA O CÂNCER? Essa é a pergunta de 1 milhão (ou deveria dizer trilhão?) de dólares. A maioria das pessoas, incluindo muitos profissionais da saúde, responderia que o câncer é causado por mutações genéticas. A Mayo Clinic afirma em seu site que "O câncer é causado por mudanças (mutações) no DNA das células".[1] Isso não é bem verdade. Exceto em raros casos, as mutações genéticas são o mecanismo, não a causa, da doença. Uma célula que desenvolve um número de mutações genéticas se transforma em câncer. Isso é *como* ela se torna câncer. Mas *por que* desenvolveu essas mutações? Essa é a causa-raiz do câncer. Por exemplo, o que causa o câncer de pulmão? Você estaria mais correto se dissesse que fumar causa câncer do que se dissesse que foram mutações genéticas nas células X, Y e Z.

Fatores que causam o desenvolvimento do câncer são chamados de cancerígenos, e os conhecemos há séculos. Em 1761, o Dr. John Hill, de Londres, médico, botânico e escritor de medicina, descreveu o primeiro agente externo causador de câncer, um tipo de tabaco sem fumaça.[2] O tabaco foi usado pela primeira vez pelos nativos norte-americanos. Os exploradores europeus levaram a varíola para o Novo Mundo e o tabaco para o Velho Mundo. Não tenho certeza sobre qual agente mataria mais pessoas com o tempo. Em 1614, o tabaco era muito vendido na Europa, com uma estimativa de 7 mil tabacarias apenas em Londres. Fumar tabaco, que era considerado uma grosseria e falta de higiene, foi substituído pelo rapé, considerado pela sociedade um hábito elegante, que consistia de inalar o tabaco em pó, geralmente depois de colocá-lo no dorso da mão entre o polegar e o indicador. (Na medicina, essa área às vezes é conhecida como "tabaqueira anatômica" por isso.) O Dr. Hill descreveu dois casos de "pólipos" nasais, os quais ele acreditava serem cancerosos.

Essa foi a primeira descrição conhecida de um cancerígeno, um elemento químico que causa câncer. O tabaco raramente é cheirado hoje em dia, pois a prática caiu em desuso, junto do uso do monóculo e do colete, então, sua significância clínica é limitada.

Apesar de a associação entre o rapé e o câncer ser sugestiva, uma prova mais definitiva de elementos químicos que causam câncer foi fornecida por Sir Percivall Pott (1714–1788). Considerado um dos melhores cirurgiões de sua época, o londrino Pott foi aprendiz no St Bartholomew's Hospital e recebeu o Grand Diploma pelo Court of Examiners of the Company of Barbers and Surgeons.[3] Depois de sofrer uma fratura exposta no tornozelo em 1756, ele trouxe uma nova perspectiva para uma variedade de tópicos médicos durante sua convalescença forçada. Observador astuto da doença, é lembrado pela "fratura de Pott"; por "doença de Pott", causada pela tuberculose; e por descobrir a causa do câncer escrotal.

Em 1775, Pott descreveu a epidemia do câncer escrotal na burguesia, que era a maldição de limpadores de chaminés em Londres. O Grande Incêndio de Londres em 1666 havia forçado a legislação de novos regulamentos anti-incêndio, que exigia chaminés menores e sinuosas. Isso reduziria as chances de outro incêndio gigante, mas tornou a limpeza dessas chaminés com vassouras longas e retas infinitamente mais difícil. Além disso, a arquitetura torcida acumulava mais fuligem e creosote, demandando limpezas mais frequentes. Assim, as chaminés eram menores, mais sujas, e sua limpeza era mais difícil. A solução? Colocar crianças pequenas para limpá-las!

Os aprendizes de limpeza de chaminés começavam com três anos e meio, mas a maioria tinha mais de seis anos, somente porque eram considerados muito fracos e incapazes de trabalharem por longas horas ou seriam facilmente "eliminados" (morreriam). O contrato do aprendiz requeria banhos semanais, mas a maioria seguia a tradição dos limpadores de chaminés de três banhos por ano. Afinal de contas, porque tomar banho hoje se amanhã vai escalar uma chaminé empoeirada, suja e perigosa?

Enquanto isso, em 1773, um inglês influente chamado Jonas Hanway ficou perturbado ao descobrir que apenas sete em cem órfãos sobreviviam mais de um ano. As crianças geralmente eram designadas ao trabalho doméstico, em que as condições eram lúgubres. Hanway persuadiu legisladores a limitar o trabalho infantil, o que forçou milhares de crianças famintas a irem para as ruas sem trabalho. Para muitas delas, a única alternativa para não morrerem de inanição era arriscar a vida escalando uma chaminé extremamente quente para limpar a fuligem. Os chefes de limpadores de chaminés geralmente contratavam dezenas de aprendizes — tantos quantos conseguiam alimentar.

Havia um milhão de jeitos horríveis pelos quais as crianças limpadoras de chaminés podiam morrer. Elas ficavam presas dentro das chaminés, caíam de grandes alturas, sufocavam quando a fuligem caía em cima delas ou morriam queimadas. Se sobrevivessem à pobreza, mais uma vez um final horrível as aguardava: o câncer dos limpadores de chaminé. Crianças de oito anos eram diagnosticadas com câncer escrotal. Começava com o que eles chamavam de verruga de fuligem. Se diagnosticada logo no início, a verruga era cortada com uma lâmina. Mas, senão, o câncer invadia a pele e entrava no escroto e nos testículos e, então, no abdômen. Era dolorosamente destrutivo e fatal.

Isso obviamente era um risco ocupacional, pois o câncer escrotal era extremamente raro em outras circunstâncias. Também era bastante raro fora da Inglaterra, onde roupas mais protetoras estavam disponíveis. A fuligem causava câncer escrotal, percebeu Pott, ao se alojar nas dobras da pele escrotal, causando irritação crônica. Conforme a condição dos limpadores de chaminé foi reconhecida, leis foram criadas para proteger as crianças, e a doença caiu mais uma vez na obscuridade.

O elemento químico benzopireno, no alcatrão de carvão, principal elemento químico da fuligem, provavelmente era o principal cancerígeno. Embora ele tenha sido um dos mais bem estudados, seria apenas o primeiro de muitos.

AMIANTO

Em alguns aspectos, o amianto era o material perfeito da era industrial. Era um mineral natural abundante que podia ser entrelaçado em tecidos leves. Ele tanto é à prova de fogo quanto um grande isolante. À medida que o mundo mudava de cavalos e charretes para motores a vapor, automóveis e as grandes máquinas da época, a necessidade de um material resistente ao fogo e à eletricidade aumentou exponencialmente. Infelizmente, ele também causava câncer.

O amianto era um componente ideal para roupas de proteção, isolamento e outros produtos caseiros. Suas fibras são flexíveis, macias e de fácil adaptação para criar roupas ou isolamento para paredes e canos. A Segunda Guerra Mundial demandou muitos materiais à prova de fogo, principalmente em navios da Marinha. Na América do Norte, o amianto era frequentemente misturado ao concreto e outros materiais de construção para melhorar a resistência a incêndios. Eventualmente foi usado em prédios, expondo milhões de pessoas, em suas próprias casas, por meio dos sistemas de aquecimento e resfriamento e isolamento.

Ele é usado desde o Egito Antigo. Mortalhas de amianto protegiam os corpos embalsamados dos faraós, como observado nos registros escritos de Heródoto, historiador da Grécia Antiga. Os romanos antigos teciam o amianto em toalhas de mesa e guardanapos, que depois eram limpos simplesmente jogando-os ao fogo. Belo truque de festa.

Mas mesmo naquela época havia uma conscientização acerca dos efeitos tóxicos do amianto. O geógrafo grego Estrabo escreveu que os mineradores escravizados das pedreiras de amianto sofriam de uma "doença dos pulmões".[4] Em Roma, os trabalhadores de amianto tentavam se proteger cobrindo o nariz e a boca com a fina membrana da bexiga de cabra.

Ele era útil e caro, e as vidas humanas não valiam nada. Então, sempre que um tecido corta-fogo era necessário, o amianto atendia à chamada. Moeda à prova de fogo? O amianto era usado nas notas dos anos 1800 pelo governo italiano. Roupa à prova de fogo? A brigada de incêndio de Paris usava jaquetas feitas de amianto nos anos 1850.

O despontar da Revolução Industrial transformou o amianto em uma indústria mundial no começo dos anos 1900. Mais de 30 milhões de toneladas foram mineradas pelo mundo nos últimos 100 anos, e, nesse tempo, se tornou um dos riscos ambientais mais difundidos.

A doença dos pulmões seguiu a ascensão parabólica da popularidade do amianto. A primeira morte documentada causada por amianto foi registrada em 1906. Na autópsia, grandes quantidades de fibras de amianto foram encontradas nos pulmões desse trabalhador de tecidos de amianto de 33 anos; efetivamente, foi sufocado até a morte. Mas o consumo norte-americano do amianto só sofreu um pico em 1973, muitas décadas depois de conhecidos seus riscos à saúde. As fibras de amianto não podem ser vistas nem têm gosto ou cheiro. Sem problemas de saúde agudos imediatos, a exposição ao amianto persiste por muitas décadas. O corpo humano não o degrada ou elimina e, uma vez inalado, se acumula nos pulmões, causando cicatrizes progressivas.

Câncer? Sim, também era um problema. Em 1938, relatórios mostravam que o amianto causava um câncer raro na membrana do pulmão, chamado de mesotelioma pleural.[5] Reconhecer o amianto como cancerígeno e admiti-lo eram duas coisas completamente diferentes, pois as corporações de amianto brigaram tenazmente para refutar os fatos sobre seu produto extremamente lucrativo.

Nos anos de 1940, o pesquisador Dr. Leroy Gardner provou o potencial cancerígeno do amianto quando 82% de seus ratos que o inalaram desenvolveram câncer. Isso era mais do que preocupante. O Dr. Gardner estava louco para publicar seus resultados científicos, mas sua patrocinadora, a Johns-Manville Corporation, o relembrou de seu silêncio contratual. De acordo com ele, a corporação tinha direito de censura. Os estudos, que foram originalmente

46 O CÓDIGO DO CÂNCER

concebidos para provar a *segurança* do amianto, haviam provado o contrário. Mas, por mais de uma década, nenhum desses estudos científicos que provavelmente salvariam vidas viram a luz do dia.[6]

A supressão dessa informação vital permitiu que as empresas lucrassem bastante. Mais uma vez, como na Roma Antiga, o amianto era valorizado enquanto as vidas humanas eram descartáveis. Em 1973, a primeira ação judicial contra os fabricantes de amianto foi vencida, abrindo as porteiras para outras pessoas. Isso logo levou os fabricantes de amianto à falência. Reivindicações contra fabricantes de amianto continuam, constituindo uma das maiores ações conjuntas da história dos EUA. Somente os casos intensos de litígio dos anos 1980 finalmente tornaram pública a correspondência de cortar o coração de Dr. Gardner e sua patrocinadora.

Nos anos 1950, antes da adoção em massa do amianto nos materiais de construção civil, a taxa estimada de mesotelioma era de 1 a 2 casos por 1 milhão.[7] Em 1976, a incidência subiu para 15 mil por 1 milhão. Isso é um aumento assustador de 1,5 milhão por cento no aumento do incidente.[8] Homens nascidos nos anos 1940 tinham um risco previsto de 1% de desenvolver mesotelioma mortal. De uma doença extremamente rara, quase não conhecida, para um câncer que afetava uma grande parte de toda a população, o mesotelioma só podia ser atribuído a uma causa ambiental: o amianto. A Organização Mundial da Saúde (OMS) só publicou seus primeiros avisos acerca do amianto em 1986, muito depois de os perigos serem evidentes.[9] Agora que o estrago já tinha sido feito, era hora de correr atrás.

O amianto e o tabaco foram alguns dos primeiros elementos químicos cancerígenos conhecidos, mas não seriam os últimos. A Agência Internacional de Pesquisa em Câncer, parte da OMS, mantém uma lista de cancerígenos conhecidos e suspeitos classificados nos seguintes grupos:

- Grupo 1: Cancerígeno a humanos.

- Grupo 2A: Provavelmente cancerígeno a humanos.

Cancerígenos   47

- Grupo 2B: Possivelmente cancerígeno a humanos.
- Grupo 3: Não classificado.
- Grupo 4: Provavelmente não cancerígeno a humanos.

Os cancerígenos do grupo 1 incluem uma longa lista de elementos químicos produzidos pelo homem, de acetaldeído e arsênico a cloreto de vinila. Mas muitas substâncias naturais também aparecem na lista, como aflatoxina (encontrada em cogumelos mofados) e serragem. Certos medicamentos são cancerígenos, como o quimioterápico ciclofosfamida. Interessante — um remédio usado para curar o câncer também pode causá-lo. A radiação, às vezes usada para curar o câncer, também pode causá-lo. Irônico.

Em 2018, havia 120 agentes listados como cancerígenos do grupo 1.[10] Isso pode ser comparado ao único agente do grupo 4 (caprolactama, usado para fazer nylon, fibra e plásticos). Estranho. Há muitas coisas que podem definitivamente causar câncer, e uma única coisa que provavelmente *não* o causa. (Voltaremos a essa reflexão depois.)

RADIAÇÃO

Uma das maiores cientistas no ramo de raios X e radioatividade foi também uma das primeiras a morrer dela. Marie Curie (1867–1934) nasceu na Polônia, a mais nova de cinco filhos e também um prodígio. Em 1891, se mudou para Paris e conheceu o marido, Pierre, com quem trabalhou em uma notável parceria até que a morte os separou.

Em fevereiro de 1898, os Curies estavam trabalhando com pechblenda, que continha urânio, e descobriram que estava emitindo muito mais radiação do que esperavam. Deduzindo a presença de uma substância radioativa ainda não conhecida, os Curies descobriram um novo elemento, que chamaram de polônio, em homenagem à terra natal de Marie. O polônio era 330 vezes mais radioativo que o urânio.

48 O CÓDIGO DO CÂNCER

Mas o restante das pechblendas ainda estava radioativo mesmo depois da extração do polônio, então os Curies processaram o material, para extrair pequenas quantidades de outro elemento ainda inédito. Apenas alguns meses depois da descoberta do polônio, em 1898, os Curies isolaram o rádio. O caderno no qual Pierre Curie rabiscou a palavra *rádio*, cunhado por causa da palavra em latim *radium*, ainda é altamente radioativo. O rádio foi a substância mais radioativa já descoberta.

Marie Curie recebeu o Prêmio Nobel de Física em 1903 pela descoberta da radioatividade. Seu marido, Pierre, morreu subitamente em 1906, em um acidente nas ruas de Paris, mas isso não impediu suas conquistas científicas prodigiosas. Em 1911, ela recebeu o Prêmio Nobel de Química, tornando-se a única pessoa na história a ter recebido o prêmio tanto em Química quanto em Física.

O recém-descoberto elemento rádio brilhava no escuro, o que logo chamou a atenção do público. Logo, produtos de consumo embebidos em rádio, como relógios de pulso que brilhavam no escuro, começaram a ser fabricados. Muitos milhões de ponteiros de relógios de pulso foram pintados à mão com rádio por milhares de jovens mulheres. Devido ao detalhamento, as "Garotas do Radium" molhavam os pincéis na boca, inadvertidamente ingerindo pintura com rádio.

Em 1922, ficou claro que algo estava muito errado, pois as meninas começaram a, literalmente, desintegrar. Seus pés caíam sem razão aparente. Um dentista notou que, ao receber estímulos leves, toda a mandíbula se despedaçava. Em 1923, essa severa deterioração óssea estava tão bem conhecida que foi chamada de "mandíbula de rádio". O rádio ingerido havia se alojado nos ossos da mandíbula e continuamente emitia uma radiação que queimou todo o osso e tecido adjacente. Uma das Garotas do Radium morreu quando os tecidos de sua garganta degeneraram e ela sofreu uma hemorragia na jugular. Outra, andando pela casa escura como breu, notou que seus ossos estavam brilhando no espelho. Seu corpo tinha absorvido tanto rádio que ela estava literalmente brilhando, uma "garota fantasma". Aquelas cujos corpos não se reduziram a pó desenvolveram cânceres de tamanho monstruoso nos tecidos moles, chamados sarcoma. Na década de 1930, foi um fato bem conhecido de que a exposição ao rádio causava câncer.

Hoje em dia, quem trabalha com radiação rotineiramente usa coletes de chumbo protetores, mas Marie Curie e suas colegas trabalhavam todos os dias completamente desprotegidas, em um ambiente bombardeado com a radiação mais potente que conhecemos. Elas também não foram poupadas dos horrores da doença da radiação e acabaram morrendo misteriosamente, uma por uma. As décadas de exposição à radiação de Marie Curie a deixaram cronicamente doente, pois o rádio destruiu sua medula óssea (anemia aplásica). Em 1995, quando os corpos de Marie e Pierre Curie foram transferidos para o Panteão em Paris, para que pudessem ser honrados entre as figuras históricas mais importantes da França, caixões forrados com chumbo foram usados para proteger os visitantes de seus restos perigosamente radioativos. Eles ficarão nessas caixas protetoras pelo menos por mais *1.500* anos. As anotações e os artefatos pessoais de Marie Curie disponibilizados ao público também são altamente radioativos.

A filha de Marie e Pierre Curie, Irène Joliot-Curie, e o genro, Frédéric Joliot-Curie, pegaram o bastão e continuaram o trabalho pioneiro da família sobre radiação. Os dois descobriram a radioatividade artificial, pela qual receberam o Prêmio Nobel de Química em 1935. Mas Irène também não escaparia da maldição da doença da radiação. Ela morreu de leucemia aos 57 anos no hospital Curie Institute, em Paris.

O risco de câncer aumenta linearmente com a dose de radiação, que é classificada como ionizante ou não ionizante. A ionizante carrega energia suficiente para quebrar ligações moleculares e transformá-las em íons, danificando o DNA da célula, e as células que sobrevivem ficam com cromossomos instáveis, que são mais suscetíveis à mutação na replicação celular.[11] Já faz décadas que a radiação está na lista de cancerígenos do grupo 1. A radiação não ionizante é menos intensa, então costuma se dissipar antes de causar danos ao tecido.

Apesar de a radiação crônica ser um cancerígeno, a aguda pode não ser tão cancerígena quanto se temia. No finalzinho da Segunda Guerra Mundial, o bombardeiro norte-americano *Enola Gay* soltou a primeira bomba atômica na cidade japonesa de Hiroshima, em 6 de agosto de 1945. Seu beijo impetuoso matou uma estimativa de 80 mil pessoas instantaneamente, e mais morreram depois devido à exposição à radiação e a queimaduras.[12] Mas a maior preocupação dos sobreviventes era o risco latente de câncer devido a essa exposição massiva à radiação. Em 1950, a Atomic Bomb Casualty Commission (ABCC) e o Life Span Study (LSS) monitoraram sobreviventes da bomba atômica e seus filhos pelos próximos 65 anos. Embora certamente houvesse um excesso de cânceres, a magnitude não era nem de perto tão terrível quanto se temia. A figura a seguir mostra as taxas excessivas de cânceres que podem ser atribuídas à bomba atômica nas barras claras.[13] As áreas sombreadas mostram o risco de câncer (veja a Figura 4.1).

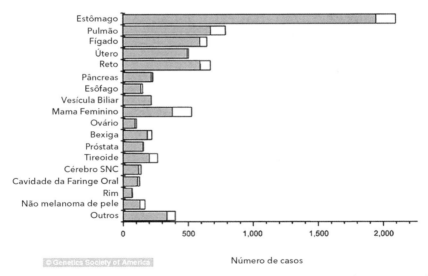

B. R. Jordan, "The Hiroshima/Nagasaki Survivor Studies: Discrepancies between Results and General Perception", *Genetics* 203, no. 4 (2016): 1505-12.

Figura 4.1

Geralmente, pensa-se que sobreviventes da bomba atômica são altamente afetados pelo câncer, com crianças horrivelmente deformadas, mas a realidade é, ainda bem, muito diferente. As taxas de câncer aumentaram, mas minimamente (em geral, menos de 5%), e a expectativa de vida foi encurtada por apenas poucos meses. O risco era real, mas a magnitude foi amplamente imaginação.

Todas as vidas na Terra estão sempre expostas à radiação ionizante que emana do espaço sideral. As células se protegem com defesas antioxidantes e apoptose induzida por radiação.[14] Quando as células ficam irreversivelmente danificadas pela radiação, passam por um suicídio ritualístico e são removidas do corpo. Assim, vamos voltar à nossa pergunta inicial: o que causa o câncer? (Veja a Figura 4.2.)

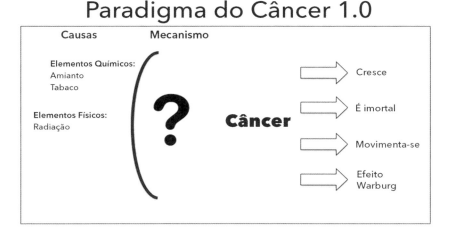

Figura 4.2

Sabíamos que certos elementos químicos causavam câncer. Também sabíamos que agentes físicos, como a radiação, causavam câncer (veja a Figura 4.2). Mas logo uma teoria estranha foi proposta: e se o câncer pudesse ser causado por um vírus?

5

O CÂNCER VIRALIZA

O CIRURGIÃO IRLANDÊS Denis Parsons Burkitt tinha apenas onze anos quando um ferimento destruiu completamente sua visão em um olho. Ele se jogou nos estudos e, depois de completar treinamento cirúrgico, se uniu ao Irish Army Medical Corps. Foi alocado na África, onde faria suas descobertas mais importantes. O que ele perdeu na visão do olho ganhou de insight, tornando-se um dos médicos mais influentes da época.

Em 1957, Burkitt ficou assombrado ao tratar um menino de cinco anos com múltiplos tumores na mandíbula. Em todos os anos de treinamento médico, nunca tinha visto nada parecido. Mas esse foi apenas o primeiro de seus pacientes com tumores estranhos. Pouco tempo depois, ele atendeu uma segunda criança com quatro tumores na mandíbula e vários no abdômen. A biópsia mostrou "sarcoma de pequenas células redondas". Era câncer.

Duas crianças apresentando esse câncer extremamente incomum (para ele) em pouco tempo aguçou a curiosidade de Burkitt. Revisando os registros dos hospitais locais, descobriu uma quantidade espantosa de 29 outras crianças com cânceres semelhantes. Esse tipo de câncer aparentemente era comum na África, mas Burkitt não sabia nada a respeito, e não havia menção na literatura médica. Em 1958, ele publicou suas descobertas no *British Journal of Surgery*.[1]

Nem toda a África era atingida da mesma forma. Pouco depois da publicação de seu artigo, especialistas locais mostraram a Burkitt que esse tipo específico de câncer, comum em certas partes da África, simplesmente não era visto na África do Sul. Intrigado, Burkitt começou a traçar o "cinturão do linfoma, que ocorria no meio do continente africano" (veja a Figura 5.1).[2] Com certeza, o câncer seguia uma distribuição geográfica definida. Em seu mapeamento, ele determinou que a elevação acima do nível do mar e a distância do equador eram os principais fatores desse tipo de câncer. Isso sugeria que a temperatura era um fator-chave da suscetibilidade da população à doença. Na África, esse tipo de distribuição geográfica da doença não era incomum. Doenças infecciosas transmitidas por mosquitos, por exemplo, seguiam um padrão idêntico. Mas isso era câncer, não uma infecção.

Magrath, "Denis Burkitt and the African Lymphoma", *Ecancermedicalscience* 3, no. 159 (2009): doi: 10.3332/ecancer.2009.159.

Figura 5.1

Um vírus que causava câncer? Talvez a ideia não fosse tão estúpida quanto se pensava. Em 1910, Peyton Rous, do Rockefeller Institute, um virologista de galinhas, transmitiu o sarcoma de uma galinha para outra. O agente causador de sarcoma foi nomeado vírus do sarcoma de Rous (RSV), pelo qual Rous recebeu o Prêmio Nobel de Medicina em 1966. Em 1935, descobriu-se que um papilomavírus causava tumores em coelhos e, nos anos 1940, vírus que causavam a leucemia foram isolados em ratos e gatos. Mas um vírus poderia causar câncer em humanos? O câncer viral pode ocorrer em algumas galinhas em algumas pesquisas nos limites da medicina, mas era praticamente desconhecido na medicina clínica. Mas dados são dados, e não importa muito o que você pensa.

O câncer das crianças africanas era comum em áreas onde a temperatura não caía abaixo de 15ºC e onde tinham menos de 508ml de chuva por ano — precisamente as condições necessárias para a proliferação dos mosquitos. O cinturão do linfoma era essencialmente idêntico às áreas endêmicas de malária, febre amarela e tripanossomíase (doença do sono), todas doenças transmitidas por mosquitos. Burkitt suspeitava que esse câncer, agora chamado de linfoma de Burkitt, tinha ligação com alguma infecção. Em 1961, Burkitt enviou algumas amostras para serem examinadas em Londres pelo patologista Michael Anthony Epstein, que tinha acesso ao moderno microscópio eletrônico.

Cultivando as células do tumor em cultura, Epstein identificou uma partícula de vírus como o da herpes.[3] Esse vírus anteriormente desconhecido, e o que primeiro se soube ser causador do câncer em humanos, agora é chamado de vírus Epstein-Barr (EBV). É um dos mais comuns no mundo, e estima-se que 90% dos adultos já foram expostos a ele.[4] Em países desenvolvidos, a infecção por EBV geralmente ocorria durante a adolescência, às vezes acompanhada por sintomas de mononucleose infecciosa. Transmitido pela saliva, o EBV às vezes é chamado de "vírus do beijo". Na África, no entanto, estima-se que 80% das crianças com menos de um ano foram expostas ao EBV, comparados com menos de 50% nos Estados Unidos. Se quase o mundo inteiro é infectado pelo

EBV, por que apenas algumas crianças desenvolveram câncer? E por que o linfoma estava confinado ao "cinturão do linfoma"? Essas são boas perguntas, mas ainda não há resposta para elas.

O linfoma de Burkitt pode ser causado pela coinfecção do EBV e malária.[5] Nos anos de 1960, as ilhas africanas de Zanzibar e Pemba usaram o inseticida tóxico DDT para erradicar mosquitos. As taxas de malária despencaram, de 70% para 5%, e as de linfoma seguiram esse declínio. Quando o DDT foi banido, as taxas de malária aumentaram gradualmente, junto do linfoma, como carne e unha.

Na Tanzânia, a profilaxia de malária com cloroquina diminuiu 82% do linfoma de Burkitt. Quando a acentuada resistência à droga forçou a descontinuação do programa, as taxas de malária aumentaram, e as de linfoma cresceram 273%.[6] O mecanismo preciso da doença ainda é incerto, mas talvez a malária estimule a superprodução de linfócitos B (as células cancerosas do linfoma). Elas então são infectadas pelo EBV, que de alguma forma as transforma em células cancerosas.

Em outras partes do mundo, o EBV causa um câncer completamente diferente, chamado de câncer da nasofaringe (NPC). É um câncer raro no mundo todo, mas comum em Hong Kong, Taiwan e nos nativos inuítes do Alasca e da Groenlândia. Em 2012, foram registrados apenas 0,71% de todos os cânceres no mundo, mas 71% deles ocorreram no Sudeste da Ásia.[7] Não se sabe por que o EBV causaria doenças diferentes em diferentes populações, apesar da exposição mundial. No Sul da China, é o terceiro câncer mais comum[8] e dez vezes mais comum que na Europa e nas Américas.

Como o linfoma de Burkitt, o NPC é associado à infecção por EBV na infância. Em Hong Kong, quase 100% das crianças foram expostas a ele aos dez anos. Imigrantes asiáticos em outros países sofrem muito menos de NPC, um fato que vai contra a predisposição genética. O risco de NPC cai cerca de 50% em chineses que emigraram para os Estados Unidos.[9] Algumas pessoas especulam que a já popular dieta chinesa de peixe salgado pode ser a ligação que falta. O processo de preservação no sal era ineficiente na China, permitindo putrefação significante e o desenvolvimento do químico N-nitrosamina, um cancerígeno conhecido.

O PROGRAMA ESPECIAL DE CÂNCER VIRAL

Essa descoberta de que o câncer poderia ser causado por infecções foi eletrizante. Abriu a possibilidade de o câncer ser contagioso. Sim, como a esperança que sobrou na caixa de Pandora, também havia a possibilidade de ser curável. As bactérias podiam ser mortas com antibióticos. Embora remédios antivirais ainda não tivessem sido desenvolvidos, havia vacinas disponíveis e, uma vez instituídas amplamente, seriam extremamente eficazes na erradicação dos vírus e na prevenção de surtos virais. As infecções virais como sarampo, caxumba, poliomielite e catapora, outrora ritos de passagem na infância, tinham quase desaparecido.

O National Cancer Institute correu para investigar as incríveis novas possibilidades. Em 1964, o Special Virus Cancer Program (SVCP) [Programa Especial de Câncer Viral] foi lançado com a ordem de identificar mais causas virais do câncer. Ao longo da década seguinte, o SVCP recebeu mais de 10% do total de fundos de pesquisa destinada ao câncer — quase US$500 milhões. Por outro lado, os fundos de pesquisas dedicadas a investigar o papel da dieta no câncer somaram menos de 1/12 do total.

O SVCP foi um empreendimento gigantesco e era o coração do presidente Nixon na guerra ao câncer. Centenas de macacos foram inoculados com tumores humanos para ver se podiam ser transmitidos. Ainda assim, no fim, o projeto produziu poucos dados úteis. O SVCP em si tinha pouco apreço pela comunidade científica, que dizia ter objetivos políticos, não científicos.[10] Os cientistas suspeitavam de que seu real propósito era dar a impressão de progresso, não realizar progresso real. Um pesquisador proeminente observou que "O SVCP tem sido extremamente ineficaz e provavelmente tenha tido até um efeito negativo". Outros pesquisadores opinaram que seu lema implícito era "Nada muito estúpido para testar".

A falta de supervisão levou os contratantes a fecharem acordos multimilionários com eles mesmos, e o *New York Times* relatou que os gerentes do SVCP "também são os receptores das grandes quantias de dinheiro que dispensam". Em 1974, devido a duras críticas do National Cancer Advisory Board sobre conflitos de interesse, o SVCP foi reorganizado.[11] Ao olhar o projeto em retrospecto, diria que foi um grande *elefante branco*.

O programa foi finalizado formalmente em 1980, com a maior parte da comunidade científica convencida por esse fiasco de que infecções e vírus tinham pouco ou nada a ver com câncer. Então, apenas alguns anos depois, surgiram novas evidências que, mais uma vez, apontaram para as infecções como a causa de certos cânceres.

HEPATITES B E C

A hepatite viral (inflamação do fígado) é descrita na literatura médica há milênios. A manifestação mais notável é a icterícia, o amarelamento da pele e dos olhos. O primeiro vírus identificado, o da hepatite A, costuma ser encontrado em cidades muito populosas e quartéis militares, e é transmitido por contaminação fecal. Ela causa uma doença aguda, mas não crônica. Outras formas de hepatites que causam doenças crônicas são transmitidas pela contaminação por fluidos corporais, como sangue e contato sexual.

No início do século XX, o aumento no uso de seringas inadvertidamente aumentou a transmissão da hepatite viral. Seringas e agulhas eram caras, então costumavam ser reutilizadas, geralmente sem esterilização apropriada. Em 1885, ocorreu um surto de icterícia após uma vacinação em massa de marinheiros em Bremen, Alemanha, e também ocorreu em um manicômio em Merzig, Alemanha, onde 25% de quem foi vacinado desenvolveu icterícia.

O Câncer Viraliza 59

A transfusão de sangue, prática que aumentou exponencialmente durante a Segunda Guerra Mundial, também era um fator de risco para a hepatite viral. Em 1947, a distinção "hepatite B" foi aceita, mas o vírus em si ainda não havia sido identificado. Então entra em cena o Dr. Barry Blumberg, que no fim ganharia o Prêmio Nobel de Medicina, em 1976.

Blumberg foi um médico e geneticista norte-americano cujo principal interesse de pequisa era a diversidade populacional, não doenças do fígado ou vírus. Enquanto estudava a variedade de proteínas no sangue humano, ocorreu-lhe que a transfusão sanguínea podia fazer com que novas proteínas se formassem. Em 1961, descobriu uma nova proteína, que chamou de antígeno Austrália, pois foi descoberta no soro de um aborígene australiano.[12] Seguindo o rastro desse antígeno, Blumberg por fim descobriu o vírus da hepatite B, um dos menores vírus DNA a afligirem humanos. Endêmico na Ásia, o vírus da hepatite B geralmente é transmitido de mãe para filho, o que leva muitas crianças assintomáticas a se tornarem cronicamente infectadas, o que aumenta muito sua chance de desenvolver câncer de fígado.

Em 1981, pesquisas descobriram que a infecção crônica de hepatite B aumentava em 200 vezes o risco de câncer de fígado.[13] Em 2008, esse tipo de câncer era o 5º mais comum em homens e o 7º em mulheres, no mundo todo. A China tinha cerca de 50% desses casos e mortes.[14]

As vacinas contra hepatite B começaram a ser disponibilizadas no início da década de 1980, e programas de vacinação pelos países da Ásia praticamente erradicaram o câncer de fígado pediátrico. Agora a vacina está incorporada nos programas de imunização infantil de pelo menos 177 países do mundo todo. Infecções crônicas e doenças do fígado diminuíram consideravelmente, com implicações benéficas para o futuro do câncer de fígado.

Depois da identificação da hepatite B na década de 1960, a hepatite pós--transfusional diminuiu, mas não desapareceu, o que implica outro vírus nascido no sangue ainda não identificado que poderia causar doenças crônicas no fígado.[15] Isso ficou conhecido como "hepatite não-A não-B" porque... bem, não era hepatite A nem hepatite B. (Às vezes os cientistas são engraçados demais. Não está claro para mim por que ninguém imediatamente disse: "Gente, não é hepatite A, não é hepatite B. Então podemos chamar de hepatite C?")

A identificação do vírus da hepatite C demorou até 1989 porque a quantidade de vírus no sangue é muitos milhares de vezes menor que na hepatite B. Tanto a B quanto a C causam doença crônica. No auge, a C infectou aproximadamente 160 milhões de pessoas no mundo e causou câncer de fígado em muitas delas. É predominantemente transmitida pelo compartilhamento de agulhas infectadas. Na era pós-Segunda Guerra Mundial, a reutilização de agulhas para vacinas, principalmente na Itália, causou um surto de hepatite C. Logo depois, a principal rota de transmissão era o compartilhamento de agulhas por usuários de drogas ilícitas. Hoje em dia, drogas antivirais de ponta podem curar até 90% de quem se infectou com o vírus, oferecendo esperança significativa para o futuro.

O câncer de fígado só se desenvolve depois de décadas de infecção e inflamação crônicas. Cerca de 80% dos cânceres de fígado estão relacionados aos vírus da hepatite B (HBV) e hepatite C (HCV). Estima-se que o HBV cause de 50% a 55% dos cânceres e o HCV, de 25% a 30%.

PAPILOMAVÍRUS HUMANO

Na década de 1970, o Dr. Harald zur Hausen, no German Cancer Research Center em Heidelberg, notou um grande número de relatórios científicos de verrugas genitais "se convertendo" em câncer em mulheres. Sabia-se que o papilomavírus humano (HPV), do qual existem centenas de diferentes subtipos, causava verrugas genitais. Com base nessa observação, ele propôs que o HPV causava tanto as verrugas quanto câncer cervical. Pesquisadores do câncer, irritados com o recente fiasco do Special Virus Cancer Program, não foram particularmente receptivos a essa teoria. Depois, em uma entrevista ao comitê do Prêmio Nobel, zur Hausen relembrou: "Minha proposta não era bem-vinda na época."[16]

Animado com sua observação, zur Hausen concentrou sua pesquisa no HPV. Em 1979, primeiro isolou o HPV subtipo 6 de verrugas genitais, mas esse subtipo não tinha ligação nenhuma com o câncer cervical. Com determinação, isolou o HPV subtipo 11, mas este também era bastante irrelevante ao câncer cervical. Em 1983, isolou o HPV subtipo 16. Bingo! Seu DNA viral era encontrado em quase metade dos casos de câncer cervical. Zur Hausen tinha acabado de encontrar uma evidência incontestável de que a infecção por HPV subtipo 16 tinha um grande papel no câncer cervical. Um ano depois, clonou os HPV 16 e 18, os dois subtipos que agora se sabia que causavam a maioria dos cânceres cervicais.

Em 1999, o HPV foi encontrado em 99,7% dos cânceres cervicais invasivos.[17] Há mais de uma centena de tipos de HPV, dos quais 13 causam câncer. Os tipos 16 e 18 são os mais comuns na América do Norte, sendo responsáveis por 70% a 80% dos cânceres cervicais. Demoraria mais de uma década para zur Hausen reunir a prova científica que lhe renderia o Prêmio Nobel de Medicina em 2008.

O ciclo revolucionário tinha se fechado — da identificação ao isolamento do vírus, à detecção nas células cancerosas, ao desenvolvimento de vacinas que protegem até 95% contra o HPV. Mesmo hoje em dia, o câncer cervical é um fardo significativo no mundo todo. Em 2012, houve uma estimativa de 500 mil novos casos no mundo e 266 mil mortes,[18] mas programas de vacinação que começaram em 2007 contra os subtipos 16 e 18 já reduziram as infecções e o risco de verrugas pré-malignas em mais de 50%.[19] O antigo sonho da vacinação contra o câncer está rapidamente se tornando realidade.

HELICOBACTER PYLORI

Um dos sucessos mais desconcertantes na guerra ao câncer foi o surpreendente progresso mundial contra o câncer de estômago. O curioso é que durante décadas os pesquisadores não tinham nenhuma ideia de por que o câncer de estômago estava recuando. Era como vencer Wimbledon sem nem saber jogar tênis. O câncer de estômago é particularmente mortal por causa da falta de sinais precoces. Quando diagnosticado, geralmente já é tarde demais.

Também não foi um sucesso trivial. Na década de 1930, o câncer de estômago era a causa mais comum de morte por câncer nos Estados Unidos e Europa.[20] Em 2019, foi classificado como a 7ª causa de mortes por câncer nos Estados Unidos. Um dos cânceres mais virulentos no mundo estava perdendo força, mas não tínhamos ideia do porquê.

Taxas de câncer de estômago variam enormemente no mundo todo. Os japoneses sofrem dez vezes mais de câncer de estômago que os norte-americanos, mas, quando se mudam para os Estados Unidos, o risco de câncer de estômago diminui drasticamente, fato que aponta para um problema ambiental, não genético. O risco do câncer estomacal é muito maior para uma pessoa japonesa no Japão do que para uma pessoa japonesa nos Estados Unidos. O que poderia ser a causa dessa grande variação e seu declínio? A resposta veio de uma fonte improvável: dois médicos desconhecidos que estudavam úlceras estomacais.

Em 1981, os Drs. Barry Marshall e Robin Warren estavam vendo algumas lâminas com bactérias de aparência estranha tiradas do estômago de pacientes. Essas bactérias eram observadas há mais de um século, mas as classificavam como manchas aleatórias criadas na preparação das lâminas. Na época, acreditavam que o estômago era um ambiente completamente estéril. Pensava-se que o ácido estomacal criava um ambiente ácido e hostil que matava todas as bactérias. Na década de 1980, qualquer cientista teria considerado que a possibilidade de uma bactéria sobreviver no estômago era risível — quero dizer, qualquer cientista, menos Marshall e Warren. Convencidos de que as

O Câncer Viraliza   63

bactérias eram reais, Marshall tentou cultivá-las em espécimens de biópsia. Ele fracassou nas primeiras 33 tentativas, mas nos pacientes 34 e 35 os técnicos do laboratório cometeram um erro fortuito.

As culturas bacterianas eram descartadas após dois dias, assumindo que não havia bactérias viáveis. Deixadas acidentalmente na encubadora durante muito tempo, as culturas dos pacientes 34 e 35 ficaram positivas. As bactérias estavam lá, mas demorou muito mais tempo do que o comum para crescerem. Marshall identificou a bactéria de crescimento lento *Helicobacter pylori* (*H. pylori*) como sendo a causadora da úlcera péptica.

Surpreendentemente, a *H. pylori* pode durar décadas no estômago. Ela usa a proteína urease para neutralizar seu ambiente altamente ácido e crescer em sua própria camada protetora. Estudos genéticos mostram que a *H. pylori* coloniza estômagos humanos há mais de 50 mil anos.[21] A *H. pylori* estava escondida em plena vista esse tempo todo.

Mas Marshall tinha um problema. Ninguém acreditava nele. No desespero, cultivou a bactéria de um paciente com gastrite, "envolveu os organismos em um caldo turvo e bebeu".[22] Nojentíssimo — mas eficaz. Cinco dias depois, Marshall desenvolveu uma infecção estomacal, provando que a *H. pylori* causava a inflamação que levava à úlcera.

Foi uma solução maravilhosa. Até os anos 1980, praticamente todos os médicos e pesquisadores do mundo acreditavam que as úlceras estomacais eram causadas por muito estresse. O tratamento da úlcera péptica consistia principalmente em tentar relaxar. Como dá para imaginar, longas caminhadas no bosque e meditação não eram eficazes contra essa infecção.

Entender que a maioria das úlceras estomacais eram causadas pela bactéria significava que os antibióticos eram curativos. Um coquetel de três medicamentos, incluindo dois antibióticos diferentes, tomado por uma a duas semanas, agora cura cerca de 80% dos casos de infecção por *H. pylori*.[23] Por essas descobertas, Marshall e Warren ganharam o Prêmio Nobel de Medicina em 2005.

Aproximadamente metade da população mundial está infectada com a *H. pylori*, mas a maioria é assintomática. A superpopulação urbana e o saneamento ruim em muitas partes da Ásia abriram terreno para taxas muito mais altas de infestação por *H. pylori*. Em meados da década de 1990, observou-se a semelhança entre a prevalência mundial da infecção por *H. pylori* e câncer de estômago. Na Coreia, por exemplo, uma nação com uma das mais altas taxas de câncer de estômago, 90% dos adultos acima dos 20 anos têm *H. pylori*.[24] Logo ficou claro que a *H. pylori* causava não só infecção crônica e úlcera, mas também câncer de estômago.

A infecção por *H. pylori* está associada a um risco 16 vezes mais alto de câncer.[25] Ela começa com inflamação crônica (gastrite), que progride para atrofia, metaplasia, displasia e, finalmente, câncer. Em 1994, a International Agency for Research on Cancer (IARC) listou a *H. pylori* como um cancerígeno grupo 1 (definitivo) em humanos. Estima-se que seja responsável por 5,5% de todo o câncer mundial.[26]

A infestação por *H. pylori* diminuiu nas últimas décadas, graças às melhores condições de saneamento e moradia. Menos *H. pylori* significa menos câncer de estômago — provavelmente a nossa chave para reduzir o câncer de estômago. Estávamos ganhando a guerra sem nem saber por quê. A erradicação da *H. pylori* com antibióticos reduziu a inflamação crônica que leva a lesões pré-malignas do estômago.[27] Uma forma mais rara de câncer de estômago, conhecido como linfoma de tecido linfoide associado à mucosa (linfoma MALT) também ocorre nos infectados por *H. pylori*. No início, os linfomas MALT podem ser completamente curados com a erradicação da *H. pylori*.[28] Dos infectados com *H. pylori*, apenas 10% desenvolverão úlcera péptica, 1% a 3% câncer de estômago e menos de 1% linfoma MALT.[29] Mas, quando multiplicados por metade da população mundial, esses números se tornam significativos.

PARADIGMAS DO CÂNCER

Vamos voltar à nossa pergunta original: o que causa o câncer? Cancerígenos químicos como amianto, tabaco e fuligem causam câncer. Cancerígenos físicos como radiação causam câncer.

Infecções, tanto virais quanto bacterianas, também causam câncer — e não são tão raras, com uma estimativa de 18% dos cânceres tendo origem em doenças infecciosas.[30] Os principais agentes são *Helicobacter pylori*, papilomavírus humano, vírus da hepatite B e C, vírus Epstein-Barr, HIV e alguns outros.

Nos anos 1960, todos pareciam se encaixar. Sabíamos muitos dos fatores que causavam câncer. Mas, considerando o câncer como um todo, o que esses diversos fatores têm em comum? Qual é o mecanismo unificador? Para essa importante pergunta, o paradigma do câncer 1.0 não tem respostas (veja a Figura 5.2). Mas, nos anos 1970, um novo paradigma estava sendo construído.

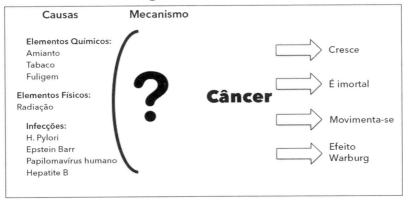

Figura 5.2

PARTE II

CÂNCER COMO DOENÇA GENÉTICA

(Paradigma do Câncer 2.0)

6

TEORIA DA MUTAÇÃO SOMÁTICA

A REVOLUÇÃO GENÉTICA

Em 1866, Gregor Mendel criou o campo da genética com a publicação do agora lendário artigo sobre hibridização de plantas, que descrevia, entre outras coisas, ervilhas lisas versus rugosas. A palavra *genética* foi cunhada em 1906 pelo biólogo William Bateson para denotar a nova "ciência da hereditariedade e variação" que estava despontando.[1] Traços como a cor dos cabelos e dos olhos são passados de geração para geração, codificados por seções de ácido deso-xirribonucleico (DNA) chamados genes, que estão em nossos cromossomos.

Em 1902, o biólogo alemão Theodor Boveri observou que, em alguns ovos do ouriço-do-mar, um número anormal de cromossomos crescia exuberante-mente, mais ou menos como as células cancerosas. Ele imaginou que alguns genes nos cromossomos estimulavam o crescimento e que mutações causavam o crescimento excessivo.[2] Boveri também tinha a hipótese de que outros genes eram responsáveis por parar o crescimento. Se você se corta, seu corpo deve ativar os genes que sinalizam para as células se multiplicarem e curarem o

70 O CÓDIGO DO CÂNCER

machucado. Uma vez curado, outros genes devem mandar a célula parar de crescer. Boveri apresentou essa hipótese em seu livro de 1914, *The Origin of Malignant Tumours* [A Origem dos Tumores Malignos, em tradução livre].[3]

Os postulados básicos de Boveri se provaram corretos com a descoberta desses exatos genes, agora chamados de oncogenes (genes que promovem o crescimento da célula) e de genes supressores do tumor (genes que suprimem o crescimento da célula). O primeiro oncogene humano foi identificado na década de 1970, quando descobriu-se que algumas cepas do vírus do sarcoma de Rous (RSV) causavam câncer nas galinhas enquanto outras não causavam. Ao comparar os dois genomas virais, pesquisadores isolaram o gene *src* responsável pela transformação cancerosa, o primeiro oncogene do mundo. Em 1976, os vencedores do Prêmio Nobel Harold Varmus e Mike Bishop transformaram a genética do câncer ao descobrir o equivalente humano do gene *src*, transformando-o imediatamente de uma singularidade viral em galinhas para um fator importante na genética da maioria dos cânceres humanos (e animais).

A maioria dos cânceres contém inúmeras mudanças tanto nos oncogenes quanto nos genes supressores do tumor. O *src* normalmente aumenta o crescimento da célula como o acelerador de um carro aumenta o movimento. O RSV causa uma mutação no *src*, ativando-o inapropriadamente, levando ao crescimento desregulado visto no câncer. No final dos anos 1970, dois outros oncogenes dominantes em humanos foram descobertos, o *myc* e o *egfr*.[4]

Os genes supressores do tumor normalmente param o crescimento celular como o freio do carro para o movimento. Uma mutação que inativa esses genes promoverá o crescimento celular, assim como soltar o freio fará o carro ir mais rápido. O gene supressor do tumor *p53*, identificado em 1979, é o gene que mais frequentemente sofre mutação no câncer humano.[5]

Parecia que essas novas descobertas ofereciam uma boa explicação sobre o porquê de as células cancerosas crescerem tão rapidamente. Tanto ativar mutações oncogenes quanto desativar a mutação de genes supressores do tumor podia acelerar o crescimento celular, levando ao câncer. Isso era coerente com a teoria da mutação somática (SMT), que vê o câncer principalmente como uma doença causada pelo acúmulo de mutações genéticas. As células somáticas incluem todas aquelas do corpo com exceção da linha germinal, as células responsáveis pela reprodução sexual, como espermatozoide e óvulo. Mutações nessas células somáticas (tais como mama, pulmão ou próstata) se acumulam, e uma união aleatória dessas mutações pode ser o suficiente para causar o câncer. Essa visão do câncer, que chamo de paradigma do câncer 2.0 (veja a Figura 6.1), dominou as pesquisas sobre a doença na década de 1970 e ainda hoje é defendida pela American Cancer Society, que afirma firmemente que o "câncer é causado por mudanças no DNA da célula — é uma 'herança' genética".[6]

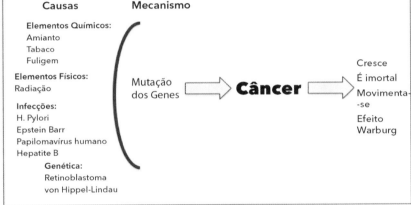

Figura 6.1

Seguindo essa visão, os pesquisadores postularam que mutações genéticas específicas herdadas causavam câncer sem a necessidade de um agente externo. Cânceres de família, ou herdados, são relativamente incomuns, contabilizando aproximadamente 5% apenas, deixando a vasta maioria (95%) dos cânceres como mutações esporádicas. Apesar disso, a SMT provava que o câncer podia ser apenas uma doença de mutações genéticas.

Por exemplo, uma única mutação genética herdada no gene supressor do tumor do retinoblastoma causa cânceres raros nos olhos de crianças. Uma mutação herdada do gene supressor do tumor de von Hippel–Lindau causa um

72 O CÓDIGO DO CÂNCER

aumento no risco de câncer no rim. No câncer de mama, os genes *BRCA1* e *2* são os mais conhecidos genes de suscetibilidade que conferem alto risco, mas contabilizam apenas cerca de 5% dos casos de câncer de mama. No geral, a contribuição de defeitos genéticos herdados para o câncer é pequena, mas esses raros casos confirmaram o subjacente mecanismo unificador da carcinogênese.

Mutações herdadas causavam câncer. Elementos químicos, radiação e vírus também poderiam causar mutações genéticas ou outras mudanças no código genético que levariam ao crescimento desregulado do câncer. Bingo! Essas peças do quebra-cabeça se encaixavam *perfeitamente*.

É raro que uma única mutação seja suficiente para transformar células normais em cancerosas. Uma célula normal contém vários mecanismos para fazer o reparo em DNA danificado, então, se o dano é pequeno, pode ser retificado. Mas, se o mecanismo de reparação não conseguir lidar com o dano infligido, as mutações se acumulam. Quando várias mutações críticas convergem, surge o câncer. Os mais comuns requerem mutações múltiplas.

Mas como as mutações se acumularam? O amianto, a fumaça do cigarro ou a radiação podem causar mudança genética, mas não têm um gene ou cromossomo específico como alvo. A resposta implícita da SMT foi que essas mutações não foram planejadas, mas que se acumularam mais ou menos aleatoriamente. É apenas má sorte quando todas as mutações críticas ocorrem juntas.

As novas ferramentas genéticas desenvolvidas na década de 1970 mostraram que as células cancerosas estavam abarrotadas de mutações genéticas. Nos anos 1980, modelos animais confirmaram que elementos químicos, radiação e vírus, as causas conhecidas do câncer, poderiam fazer a mutação de oncogenes e genes supressores do tumor. Quando ratos foram expostos a químicos cancerígenos, desenvolveram câncer de pele, que tinha mutações em seus oncogenes.[7]

Elementos químicos, raios X, vírus e problemas genéticos herdados têm efeitos fisiológicos bem diferentes, mas todos causam câncer. A linha comum era a de que eles causavam dano no DNA e mutações genéticas. Um cancerígeno causa o câncer porque é mutagênico — ou seja, aumenta a taxa de mutações genéticas. Dado que as mutações se acumulam aleatoriamente, mais mutações aumentam o risco de câncer, assim como comprar mais bilhetes de loteria aumentam as chances de ganhar.

A SMT sugeria a cadeia de eventos representada na Figura 6.2.

Figura 6.2

1. Células somáticas normais (por exemplo, pulmão, mama ou próstata) sofrem dano no DNA.

2. Se a taxa de dano no DNA exceder a de reparo, então genes aleatórios sofrem mutação.

3. Uma possível mutação em um gene que controla o crescimento (oncogenes ou genes supressores do tumor) causa um crescimento abundante e contínuo. Esse é um importante primeiro passo em direção à transformação cancerosa, mas não a única, porque o crescimento representa apenas uma das muitas características do câncer.

4. Outras mutações genéticas se acumulam aleatoriamente com o tempo. Quando certas habilidades (características) críticas ocorrem ao mesmo tempo, a célula se transforma em câncer.

Os cânceres mais comuns precisam de múltiplas mutações. É como um jogo de beisebol. Uma bela tacada, como um home run, pontua sozinha. Uma única mutação horrenda, como a do retinoblastoma, pode resultar em câncer. Mas, no beisebol, você também pode pontuar corridas ao unir várias tacadas.

Múltiplas mutações genéticas também podem se combinar e transformar em câncer. Aumentar as taxas de mutação — fumando cigarro, por exemplo — aumenta o risco de mutações. Considerando-se mutações suficientes, mais cedo ou mais tarde as células, por acaso, se transformarão em câncer, assim como um número infinito de macacos batendo nas teclas de um número infinito de máquina de escrever um dia produzirão o romance *Guerra e Paz*.

Essas mutações aleatórias conferem todo o "superpoder" necessário para o câncer ser bem-sucedido. As habilidades de crescer constantemente, de se tornar imortal, de se movimentar e de usar o efeito de Warburg estão todas bem além do que uma célula normal faria. Acumulando todos esses superpoderes que definem o comportamento das células cancerosas, elas se replicam e crescem. A massa de células cancerosas que surge disso, o tumor, é um clone dessa célula cancerosa original.

Os postulados básicos da SMT incluem:

1. O câncer é causado por mutações no DNA adquiridas.
2. Essas mutações acumulam-se aleatoriamente.
3. Todas as células no tumor são derivadas de um clone original.

A maioria das mutações genéticas é letal, mas uma pequena porcentagem é neutra ou benéfica. A chance de adquirir aleatoriamente todas as mutações necessárias para transformar uma célula em câncer é pequena, mas se a taxa de mutação for alta o suficiente, então, é possível que aconteça. Essa pequena possibilidade de sucesso explica por que geralmente demora décadas para o câncer se desenvolver, e por que o risco de câncer aumenta consideravelmente em pessoas acima dos 45 anos (veja a Figura 6.3).[8]

Teoria da Mutação Somática 75

Percentual de Novos Cânceres por Faixa Etária: Todos os Cânceres

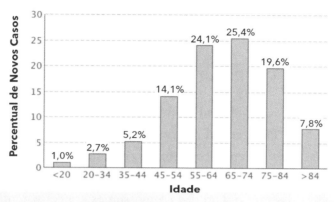

SEER 18 2007-2011, Todas as Raças, Ambos os Sexos

NCI, "Age and Cancer Risk", National Cancer Institute, 29 de abril de 2015, https://www.cancer.gov/about-cancer/causes-prevention/risk/age.

Figura 6.3

A teoria da mutação somática da carcinogênese tecia todas as causas discrepantes de câncer em uma teoria coerente e unificada. Esse paradigma focava a pesquisa de agentes extrínsecos (elementos químicos, radiação e vírus) em defeitos intrínsecos (mutações genéticas). Todos esses vários danos cancerígenos criavam as sementes do câncer ao causar mutações genéticas. Embora tanto o solo quanto a semente sejam importantes para o crescimento, parecia que a semente, de acordo com a SMT, era o componente mais importante. Células cancerosas são parecidas com células normais porque derivaram destas. Aquelas não eram intrusas, mas versões com mutações de nossas próprias células. Vimos o inimigo, e éramos nós mesmos.

A SMT foi uma descoberta importante, prometendo novas direções para a pesquisa e novos tratamentos. O câncer agora era visto como um problema de mutações genéticas centradas nas células. Se pudéssemos encontrar e então tratar essas mutações, logicamente poderíamos curar o câncer. A SMT nos levou a previsões e sucessos espantosos. Em vez de simplesmente usar as ferramentas tradicionais da medicina do câncer — cortar, queimar ou envenenar —, poderíamos usar ferramentas moleculares extremamente precisas

O CROMOSSOMO FILADÉLFIA

para desenvolver protocolos farmacêuticos completamente novos para curar o câncer. Nos anos 1980, a SMT fez bons progressos, entregando uma das armas mais espetaculares já vistas na guerra ao câncer.

O CROMOSSOMO FILADÉLFIA

Em 1960, na Universidade da Pensilvânia na Filadélfia, os pesquisadores Peter Nowell e David Hungerford estavam estudando os cromossomos humanos na leucemia. Dois pacientes com um tipo raro de câncer do sangue, leucemia mieloide crônica (CML), compartilhavam uma anomalia cromossômica característica. Estranho. Um dos cromossomos era consistentemente muito menor do que o normal.[9] Ele foi apelidado de "cromossomo Filadélfia" por causa da cidade onde foi descoberto. Quando células saudáveis se dividem normalmente, fornecem exatamente os mesmos cromossomos para cada uma de suas células-filhas. No cromossomo Filadélfia, um pedaço do cromossomo 9 acabava ficando no cromossomo 12, e vice-versa. Essa anormalidade ocorria em quase todos os casos de CML, e era exclusiva dessa doença — nenhum outro tipo de câncer mostrava essa característica.

O cromossomo Filadélfia produzia uma proteína anormal conhecida como quinase bcr/abl, uma proteína que liga e desliga com precisão o crescimento da célula, a depender da situação. A proteína bcr/abl "ligava" o crescimento da célula, mas nunca o desligava. Esse crescimento descontrolado eventualmente gerava câncer. Os pesquisadores estavam buscando uma droga para bloquear essa quinase, e, em 1993, a empresa farmacêutica Ciba-Geigy (agora Novartis) selecionou o candidato mais promissor, chamado imatinibe, para passar por testes humanos.

Testes de medicamentos em humanos compreendem três fases. A fase 1 avalia apenas a toxicidade da droga. Isso permite aos pesquisadores que estabeleçam uma dose segura para que pesquisas posteriores determinem a eficácia da droga. Nesses testes iniciais, o imatinibe melhorou a CML em surpreendentes 53 dos 54 pacientes que tomaram mais de 300mg/dia. Era um milagre. Os pesquisadores teriam ficado felizes se ninguém tivesse morrido nessa fase, mas descobriram uma possível cura. Melhor ainda, não havia evidência de toxicidade significativa com essa dose.

A fase 2, mais longa, testa a eficácia, e cerca de 2/3 dos remédios investigados param por aqui. Pesquisadores farmacêuticos costumam ficar felizes se o remédio mata algumas células cancerosas e se conseguirem não matar nenhum dos pacientes. O imatinibe fluiu por ela como um corredor olímpico. Inéditos 95% dos pacientes com CML em estágio inicial se livraram completamente das células de leucemia. Mais surpreendente ainda, o cromossomo Filadélfia não podia mais ser detectado em 60% dos pacientes tratados. Esse remédio não só matava as células de CML; estava essencialmente curando o câncer.

Era um remédio milagroso, mas o mais emocionante era que fornecia uma prova do conceito desse novo paradigma do câncer. O imatinibe seria a vanguarda na investida de medicamentos novos que prometiam uma eficácia superior com menos toxicidade do que tratamentos-padrão, como a quimioterapia. Como já discutimos, medicamentos de quimio são venenos seletivos que matam as células cancerosas com um pouco mais de velocidade do que matam as células normais. Se a quimio podia ser considerada um tipo de bombardeio de tapete, essa nova geração seriam as bombas "inteligentes" do arsenal do câncer, guiadas a alvos específicos para destruir as células cancerosas sem causar muitos danos colaterais.

O imatinibe é o superstar da abordagem focada na genética ao tratamento do câncer. Antes da introdução do imatinibe, a CML era responsável por tirar a vida de aproximadamente 2.300 norte-americanos por ano; em 2009, depois que os tratamentos com o imatinibe começaram, as mortes anuais por CML caíram para 470. Esse remédio oral quase não tem efeitos colaterais e foi tão bem-sucedido que se considera o arauto de uma nova era de quimioterapia de precisão.

Com a introdução do imatinibe, a ciência marcou o início de uma nova era de "curas" para o câncer. Na capa da edição de 28 de maio de 2001, a revista *Time* anunciava: "Há uma nova munição na guerra ao câncer. Estas são as balas" — ao lado de uma foto do imatinibe. Era uma nova e melhor maneira de tratar o câncer, logo a tempo para o novo século.

O paradigma genético do câncer tinha provado sua impetuosidade na batalha. Encontrar a exata anormalidade genética levou à identificação da proteína anormal, o que por fim levou à descoberta de um medicamento para neutralizá-la, virtualmente curando aquele câncer específico. Sim, a CML era um câncer relativamente raro, mas esse era apenas o início. Logo, outra grande vitória foi alcançada no câncer de mama, com o desenvolvimento da droga trastuzumabe. Diferente da CML, o câncer de mama era muito importante, atrás apenas do câncer de pulmão nas causas de mortes em mulheres.

HER2/NEU

Em 1979, o pesquisador Robert Weinberg, do Massachusetts Institute of Technology, estava perseguindo oncogenes. Ele descobriu um segmento do DNA que causava câncer tirado de tumores neurológicos em ratos que ele chamou de *neu*. O equivalente humano foi descoberto em 1987 como receptor tipo 2 do fator de crescimento epidérmico humano (*HER2*), assim, esse gene ficou conhecido como *HER2/neu*, um oncogene potente. Até 30% de todos os casos de câncer de mama expressavam o gene *HER2/neu* em até 100 vezes o normal. Esses cânceres são muito mais agressivos e costumam ser mais mortais do que os que não o têm.

A nova empresa Genentech, que se tornaria uma gigante, localizou o gene *HER2/neu* usando sondas, mas a questão ainda continuava: como o bloqueariam? Os medicamentos normais são pequenas moléculas que podem ser sintetizadas em uma indústria química, mas nenhuma delas bloqueava a proteína *HER2* tão bem quanto o imatinibe o fez com a quinase bcr/abl. Mas, nos anos 1980, a tecnologia da revolução genética tinha avançado substancialmente, e a Genentech foi pioneira em uma nova classe de terapia que ofereceria outro avanço no tratamento do câncer.

Um sistema imunológico saudável produz proteínas chamadas anticorpos para ajudar a combater invasores. Os anticorpos têm alvos bem específicos. Por exemplo, uma infecção com o vírus do sarampo estimula o corpo a produzir anticorpos que reconhecem o sarampo. Depois de combater a infecção com sucesso, seu corpo retém esses anticorpos. Se você for exposto mais uma vez ao sarampo, seus anticorpos preexistentes reconhecem instantaneamente o vírus e ativam o sistema imunológico para destruí-lo. É por isso que é raro desenvolver infecções do sarampo mais de uma vez na vida. Os anticorpos trabalham reconhecendo sequências específicas de DNA, e a Genentech reconheceu que o *HER2/neu* também é uma sequência de DNA.

Em um feito notável da engenharia genética, cientistas da Genentech criaram um anticorpo em camundongos que poderia encadear e bloquear a proteína *HER2/neu*. Mas um anticorpo em camundongos injetado em um humano seria instantaneamente reconhecido como externo e destruído pelo sistema imunológico humano. A solução engenhosa da Genentech foi criar um anticorpo híbrido humano-camundongo para bloquear o gene *HER2/neu* com alta especificidade, que se tornou a droga chamada trastuzumabe.

Mas havia ainda outro problema. Apenas cerca de 30% dos cânceres de mama carregam o gene anormal *HER2/neu*, então administrar esse medicamento caríssimo a todo paciente com câncer de mama seria um desperdício extraordinário e o custo seria um impeditivo. Assim, em mais um avanço inovador, os cientistas desenvolveram um teste simples para o gene. Agora apenas os pacientes que expressam o *HER2/neu* anormal recebem o trastuzumabe.

Esse desenvolvimento incrível iniciou uma nova era na terapia. As drogas não seriam somente armas guiadas com precisão, mas também personalizadas. Uma droga não precisa funcionar para todos os pacientes com uma doença para ajudar alguns deles. Poderíamos definir quem pensamos que seria beneficiado e tratar apenas eles. Essa abordagem economiza dinheiro e poupa os pacientes de efeitos colaterais desnecessários. Incrível! A medicina finalmente tinha encontrado o santo graal da terapia genética. Se pudéssemos identificar aquelas poucas mutações genéticas que geravam câncer em cada pessoa, poderíamos então selecionar a droga ou anticorpo apropriado. Os tratamentos poderiam ser personalizados por meio do teste genético para reverter e potencialmente curar a doença.

O CÓDIGO DO CÂNCER

Mesmo antes da aprovação da FDA, os pacientes com câncer de mama imploravam para a Genentech liberar a droga para casos excepcionais. Ninguém sabia ainda se funcionava, mas pacientes com câncer de mama em metástase não tinham outra opção, e o trastuzumabe era uma promessa de esperança. Em 1995, a Genentech criou o primeiro programa aprovado pela FDA para expandir o acesso às drogas para o câncer. O palpite estava correto. Em 1998, o trastuzumabe foi aprovado pela FDA para pacientes com câncer de mama e positivos para *HER2*. Em 2005, testes em humanos mostraram que ele reduzia o risco de morte por câncer de mama em cerca de um terço.[10] Na era da genética de precisão, a medicina oncológica tinha começado gloriosamente. Seriam apenas arco-íris de agora em diante, não é?

PARADIGMA DO CÂNCER 2.0

A revolução genética nos levou, no início dos anos 2000, a um grande início. Nosso arsenal na guerra ao câncer até então consistira em cortes (cirurgia), queimaduras (radiação) e envenenamento (quimioterapia). A completa aniquilação do câncer parecia extremamente rude se comparada com o uso altamente específico de anticorpos que tinham o gene como alvo para entregar uma carga mortal de toxinas. Apenas os "maus" eram mortos, evitando os danos colaterais comumente vistos em tratamentos mais antigos. A vitória parecia inevitável, à medida que acertávamos golpe atrás de golpe contra o câncer. Tínhamos novas armas capazes de penetrar a dura carapaça do câncer. Tínhamos novas defesas contra as pinças mortais do câncer. O próximo passo era mapear uma ou duas mutações genéticas para cada câncer, como tínhamos feito com a CML e o subgrupo com *HER2/neu* positivo no câncer de mama.

O imatinibe provou que o conceito funcionava em tumores "líquidos" do sangue, como a CML, e o trastuzumabe provou que também funcionava para tumores sólidos. Era apenas uma questão de encontrar as mutações de vários cânceres e então construir as drogas certas para destruí-los.

A revolução genômica não parava nem mostrava sinais de que estava diminuindo o ritmo. Na verdade, a velocidade do avanço tecnológico estava acelerando. As novas drogas, embora de difícil desenvolvimento, eram precificadas de acordo, e o lucro das primeiras foi gigantesco. Incontáveis startups, grandes empresas farmacêuticas e universidades se uniram nessa corrida do ouro. Com o mapa do genoma humano em mãos, encontrar as mutações que impediam os pesquisadores de curar o câncer seria uma mão na roda.

Nossa compreensão sobre o câncer tinha progredido substancialmente de uma "doença do crescimento excessivo" para uma "doença de mutações genéticas que causavam o crescimento excessivo" (veja a Figura 6.4). Tínhamos desvendado uma camada da verdade sobre a origem do câncer: os cancerígenos causavam o câncer porque causavam mutações genéticas. Agora que entendíamos a raiz do câncer, podíamos desenvolver drogas para salvar vidas.

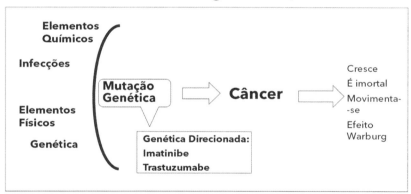

Figura 6.4

Ao entrar no século XXI, para muitas pessoas aparentemente estávamos no precipício de um mundo livre do câncer. O imatinibe e o trastuzumabe foram hits imediatos. Mas, como tantos outros hits, o primeiro foi o melhor.

7

O LEITO DE PROCUSTO DO CÂNCER

EM 2013, A ATRIZ vencedora do Oscar, Angelina Jolie, tomou a decisão de remover cirurgicamente as duas mamas depois de testar positivo para a mutação do gene *BRCA1*, que aumentava consideravelmente o risco de ter câncer de ovário e mama. A mãe dela morreu de câncer de ovário aos 56 anos, e a avó e a tia de Jolie também foram vítimas. Jolie tinha 38 anos e era mãe de 6 filhos, e decidiu se submeter a uma dupla mastectomia preventiva para evitar o mesmo destino; 2 anos depois, seus ovários foram removidos, o que causou uma menopausa prematura.

Mais da metade de um século se passou desde a descoberta da dupla hélice do DNA. Onde estavam todas as curas milagrosas prometidas pela genética? No fim, os pacientes — inclusive os inacreditavelmente ricos e as celebridades influenciadoras — são obrigados a remover cirurgicamente mamas e ovários para prevenir o câncer. Parece que nossa magia genética estava progredindo um pouco além da guilhotina de mamas contra o câncer. Como deu tudo errado no paradigma genético do câncer?

ESTUDOS COM GÊMEOS

A evidência mais clara contra uma base predominantemente genética para o câncer vem de estudos com gêmeos. Gêmeos idênticos compartilham genes idênticos, e os fraternos apenas 50% do material genético, em média — o mesmo que quaisquer dois irmãos. Gêmeos que cresceram na mesma casa também compartilham influências ambientais. Comparar os idênticos com os fraternos nos dá uma ideia do quanto os genes influenciam as taxas de câncer.[1]

Um grande estudo sobre os registros de gêmeos na Suécia, Dinamarca e Finlândia concluiu que a maior parte dos riscos da causa do câncer *não* é genética. Na verdade, ela só é responsável por 27% do risco. A vasta maioria dos cânceres (73%) é ambiental. Os autores concluíram que "Fatores genéticos herdados têm uma pequena contribuição para a suscetibilidade à maioria dos tipos de neoplasias". O ambiente tem o papel principal no desenvolvimento do câncer.

Essa estatística se confirma até mesmo em quem apresenta o gene *BRCA1*, geralmente referenciado como "sentença de morte por câncer de mama". O risco de pacientes com o *BRCA1* e *2* desenvolverem câncer de mama aos 50 anos é de 24% para quem nasceu antes de 1940, mas 67% para quem nasceu depois.

O principal problema não é o gene em si, mas o ambiente que permite que tendências cancerígenas se manifestem.[2] Em outras palavras, o crescimento do câncer depende não só da semente, mas também do solo, o fator mais importante. Até mesmo nos cânceres com alto risco genético, o ambiente é o elemento mais dominante para ditar se o câncer vai se desenvolver ou não. Na maioria dos cânceres comuns, a genética contribui com uma estimativa de apenas 20% a 40% do risco (veja a Figura 7.1).

Câncer de Mama

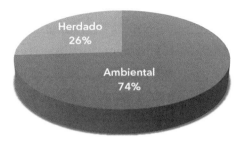

Câncer Colorretal

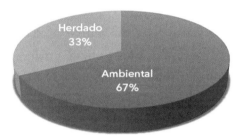

P. Lichtenstein et al., "Environmental and Heritable Factors in the Causation of Cancer", *New England Journal of Medicine* 343 (2000): 78-85.

Figura 7.1: Fatores na causalidade do câncer

Um acompanhamento de gêmeos de 31 anos revelou que o risco aumentado de câncer em gêmeos fraternos era de apenas 5%, mas de 14% em gêmeos idênticos.[3] Certamente, havia uma relação genética com o câncer, mas não é essa certeza que dizem ser. O câncer é amplamente causado por fatores ambientais, não genéticos. Isso fica ainda mais claro quando olhamos para as mudanças no risco de câncer quando uma população muda de ambiente de repente.

POPULAÇÕES ABORÍGENES

O câncer certamente existia em sociedades antigas — foi identificado em restos mumificados de egípcios antigos —, mas, diferentemente de hoje, era um incidente bastante raro.[4] Infelizmente, analisar registros fósseis e mumificados não é de fato esclarecedor, porque a expectativa de vida das pessoas antigas costumava ser muito menor do que a nossa, e sabemos que o risco de câncer aumenta com a idade. Mas há outros exemplos de sociedades nas quais o estilo de vida mudou em um período relativamente curto de tempo, como os indígenas da América do Norte.

No começo do século XX, considerava-se que sociedades indígenas, como os nativos americanos e canadenses, eram imunes ao câncer. Dentre todos os grupos étnicos, os nativos americanos tinham a menor taxa de câncer.[5] Em meados do século, acontecia, mas ainda era raro. Nas décadas de 1960 e 1970, descobriu-se que a tribo Ojibwa do noroeste de Ontário, no Canadá, teve uma taxa de câncer de acordo com a idade de apenas metade ou um terço do que nas populações não nativas (veja a Figura 7.2).[6]

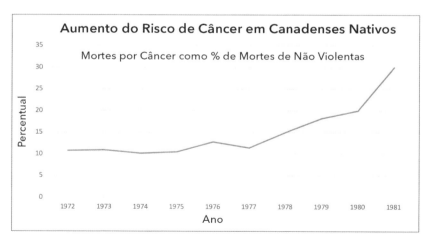

Figura 7.2

As taxas de câncer na população nativa Ojibwa tiveram um aumento acentuado nos anos 1980, coincidindo com maior influência do Oeste em seu estilo de vida. Seu fundo genético não teria mudado significativamente em poucas décadas, apontando mais uma vez para o efeito massivo do ambiente, predominantemente do estilo de vida e dieta, na incidência de câncer. Em outras palavras, a "semente" genética pode ser a mesma, mas a mudança do "solo" do ambiente altera de maneira significativa o risco de câncer.

Esse aumento acentuado ocorreu apesar de uma taxa decrescente do fumo nas populações nativas desde o início da década de 1970, o que teria diminuído a taxa de câncer. De 1975 a 1981, a taxa de mortes por câncer como porcentagem de mortes não violentas praticamente triplicou, de 10% para 30%. Se o câncer fosse amplamente causado por mutações genéticas, o que as estava causando? A dieta e o estilo de vida não são fatores mutagênicos, mas claramente tinham uma grande influência nas taxas de câncer — o que gerava um grande problema para o modelo SMT.

O experimento de câncer nos inuítes canadenses do ártico espelha o das populações nativas. Descrições de 1923 sugerem que o câncer era praticamente inexistente entre os inuítes;[7] um relatório de 1949 citou apenas quatorze casos de câncer em um período de dez anos.[8]

Depois da Segunda Guerra Mundial, no entanto, os inuítes, forçados a sair de suas terras tradicionais, começaram a morar em grandes centros urbanos, e seu estilo de vida mudou de caça de subsistência para um jeito de viver ocidental, com serviço e negociação como espinha dorsal. A dieta tradicional, de basicamente peixes e mamíferos marinhos (com pouquíssimos carboidratos e vegetais e com altos níveis de proteína e gordura), começou a incluir comida importada, contendo grãos e açúcares refinados em sua maioria. À medida que o estilo de vida inuíte começou a mudar na década de 1950, a taxa de câncer por idade mais do que dobrou (veja a Figura 7.3).

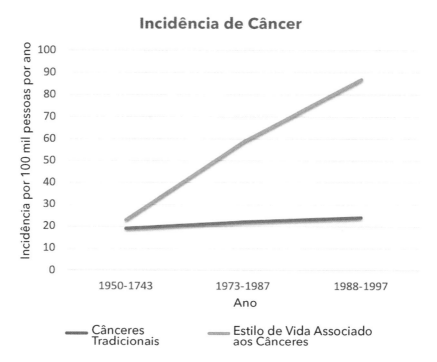

J. T. Friborg and M. Melbye, "Cancer Patterns in Inuit Populations", *Lancet Oncology* 9, no. 9 (2008): 892-900.

Figura 7.3: Padrões do câncer em populações inuítes

Os tipos de cânceres que afetam os inuítes também estavam mudando.[9] Tradicionalmente, os inuítes sofriam de cânceres causados pelo vírus de Epstein-Barr, incluindo os nasofaríngeos e os das glândulas salivares. Os mais comuns na população branca tanto na época quanto agora são os de pulmão, mama e cólon. Apesar de as taxas dos cânceres relacionados ao EBV entre os inuítes não terem aumentado de 1950 a 1997, as dos associados ao estilo de vida, típicos da população branca, aumentaram de modo abrupto.[10]

Como a genética das populações nativas ficou praticamente igual, e o estilo de vida não é mutagênico, a teoria da mutação somática não conseguiu explicar como a mudança ambiental gerou esse dramático aumento nas taxas de câncer. A "semente" genética era a mesma, mas a alteração do "solo" do ambiente, incluindo dieta e estilo de vida, alterou substancialmente o risco de câncer.

ESTUDOS COM IMIGRANTES

A SMT presumia que os cancerígenos agiam aumentando as taxas de mutação genética, e previa que a migração de um país para outro não as mudaria substancialmente. A taxa de risco de câncer de mama de uma mulher japonesa que se muda para os Estados Unidos não deveria mudar. E o de câncer de próstata de um homem japonês que se muda para o mesmo lugar também não deveria mudar. Mas muda — e muda muito.

A taxa de câncer de mama nos Estados Unidos é de duas a quatro vezes maior do que na China ou no Japão, mesmo para imigrantes. O risco de uma mulher chinesa que se muda para São Francisco desenvolver câncer de mama é o dobro do que se essa mesma mulher ficasse em Xangai. Em algumas gerações, o risco de câncer para a família dessa mulher chinesa imigrante se aproxima do de uma mulher branca em São Francisco (veja a Figura 7.4). Os dados são semelhantes para imigrantes japoneses nos Estados Unidos.

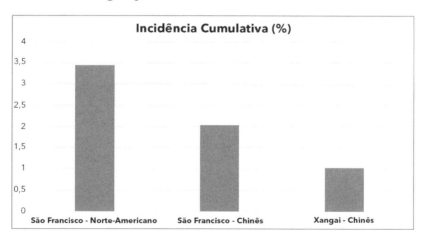

R. G. Ziegler et al., "Migration Patterns and Breast Cancer Risk in Asian-American Women", *Journal of the National Cancer Institute* 85, no. 22 (17 de novembro de 1993): 1819-27.

Figura 7.4: Mudança do risco do câncer de mama com a migração

As taxas do câncer dependem do ambiente — principalmente da dieta e do estilo de vida.

As taxas de câncer são mais baixas para mulheres asiáticas na Ásia, intermediárias para imigrantes asiáticas nos Estados Unidos e mais altas para ásio-americanas que nasceram e cresceram nos Estados Unidos.[11]

O mesmo fenômeno pode ser observado em outros cânceres. Um homem japonês que imigra para o Havaí tem cerca de sete vezes mais risco de câncer de próstata se comparado a um homem japonês que mora em Osaka, no Japão. Para o câncer de estômago, é o contrário; a taxa para um homem japonês no Japão era quase cinco vezes maior do que a de um imigrante japonês no Havaí. Nesse caso, sabemos que esse risco provavelmente se dá pela redução da exposição à infestação bacteriana de *H. pylori* (veja a Figura 7.5).[12]

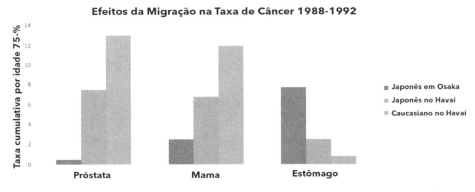

J. Peto, "Cancer Epidemiology in the Last Century and the Next Decade", *Nature* 411, no. 6835 (17 de maio de 2001): 390-95.

Figura 7.5: Epidemiologia do câncer no último século e na próxima década

Esses padrões de imigração claramente contradizem o paradigma do câncer como uma doença da mutação genética. No máximo, a tendência genética abrange 30% do risco atribuível. É o ambiente em que vivemos — especificamente, dieta e estilo de vida — que carrega o maior peso na determinação do nosso risco de câncer. O paradigma genético do câncer focou somente a "semente", mas é tanto a semente *quanto* o solo *quanto* a interação dos dois que determinam o risco de câncer.

O PROJETO GENOMA HUMANO E ALÉM

O paradigma da SMT regulou as pesquisas do câncer dos anos de 1970 a 2010 como um ditador implacável. Os pesquisadores que não se conformavam logo se encontravam no gulag siberiano da pesquisa. A guerra ao câncer durante o reinado da SMT teve um progresso extremamente lento. Taxas de sobrevivência para os tipos mais comuns de câncer quase não mudaram. As pessoas não estavam vivendo mais. As taxas de câncer não estavam caindo. A paralisação da pesquisa do câncer contrastava com quase todas as outras conquistas humanas do final do século XX.

A tecnologia — de biotecnologia e genética a computadores e semicondutores — estava avançando em um ritmo nunca visto na história humana. A conectividade de rede (internet, mídias sociais) avançou em uma velocidade alucinante. O poder de computação dobrava praticamente a cada dezoito meses. A viagem espacial tinha se tornado uma realidade. Na medicina, mortes por doenças cardíacas estavam caindo rapidamente à medida que avanços em medicamentos, monitoramento, intervenção e cirurgia foram combinados para reduzir essas mortes quase pela metade.

Mas e o câncer? O câncer era uma criança delinquente. Certamente não o estávamos ignorando. Não faltava dinheiro. As pesquisas sobre o câncer consumiam bilhões de dólares todos os anos; somente o orçamento do National Cancer Institute para 2019 foi de US$5,74 bilhões. Se incluir doações e outros financiamentos, incluindo a indústria farmacêutica, a quantia gasta em pesquisas e programas para o câncer provavelmente excedeu US$20 bilhões por ano. Não havia falta de pesquisadores. Na época da publicação deste livro, a PubMed.gov, parte da U.S. National Library of Medicine, listava 3,83 milhões de artigos publicados sobre o câncer. *Três vírgula oitenta e três milhões de artigos!* Mas, apesar de ano após ano de pesquisas e um investimento de dinheiro e tempo consideráveis, os cânceres comuns no início dos anos 2000 eram tão mortais quanto em 1971. Obviamente, estávamos perdendo a guerra de Nixon contra o câncer. Não, o problema não era a falta de dinheiro ou de pesquisadores. Era a falta de novas ideias.

92 O CÓDIGO DO CÂNCER

Depois de um início tão favorável, o progresso do tratamento do câncer no início do século XXI praticamente estacionou. As drogas milagrosas que pareciam uma promessa de cura eram exceções — tratamentos úteis para algumas pessoas que não impactavam a maioria dos pacientes.

O Projeto Genoma Humano, completado em 2000, mapeou o genoma humano inteiro, mas não esclareceu nada sobre o problema do câncer; então, em 2005, um novo projeto genético de varredura foi proposto. O Atlas do Genoma Humano (TCGA) tinha um escopo ainda mais ambicioso do que o anterior. Em vez de sequenciar um único genoma humano, sequenciaria centenas de genomas de pacientes com câncer. O custo estimado para esse projeto foi de US$1,35 bilhão ao longo de 9 anos.[13] Muitos pesquisadores acreditavam que o TCGA seria exatamente a resposta há muito esperada que nos permitiria conhecer o inimigo e brigar nos nossos termos. Enquanto o antigo projeto tinha sequenciado um único genoma humano, o TCGA sequenciaria mais de 10 mil genomas completos.

Nem todo mundo se convenceu de que o TCGA era uma boa ideia para esses bilhões de dólares em pesquisa. Afinal de contas, tínhamos acabado de terminar um megaprojeto genético com pouca coisa para mostrar. O Dr. Craig Venter, que havia recentemente completado o Projeto Genoma Humano, opinou: "Desviar 1 ou 2 bilhões de dólares de outras áreas de pesquisa quando não está claro qual resposta conseguiríamos... deve haver maneiras melhores de progredir com a pesquisa do câncer."[14] Profético, sim. Atencioso, não.

Outros pesquisadores sugeriram que deveríamos "Apertar o cinto e nos preparar para 'mais do mesmo'".[15] A questão, não apreciada na época, era que esse megaprojeto era a culminação definitiva e a continuação de uma linha de pesquisa fútil que até então tinha vencido algumas poucas batalhas menores em uma guerra que estávamos claramente perdendo.

Se a teoria da mutação somática não era a resposta para combater o câncer, então afobar ainda mais bilhões de dólares em pesquisas sem resultados tiraria recursos de outras, potencialmente mais produtivas. O custo de adiar essa pesquisa seria mensurado em vidas humanas. Mas a SMT era a teoria dominante, e opiniões dissidentes não foram recebidas com entusiasmo. No fim das contas, embora o paradigma genético tenha revelado alguns dos segredos do câncer, as comunidades médicas e científicas continuaram a investir mais bilhões de dólares nessa estratégia falida.

Esse era o lugar onde estávamos em 2006, preparados para gastar quantidades gigantes em outra enorme tentativa com base somente na legitimidade minguante da SMT. Em 2009, o Atlas do Genoma Humano recebeu outros US$100 milhões do National Institutes of Health e mais US$175 milhões do governo norte-americano no financiamento do estímulo. O TCGA por fim expandiu para o ainda maior International Cancer Genome Consortium, envolvendo 16 nações, incluindo mais de 150 pesquisadores em mais de uma dúzia de institutos de pesquisa pela América do Norte.

Em 2018, o PanCancer Atlas,[16] a culminação do TCGA e um esforço de pesquisa que se seguiu, foi declarado completo. Em uma análise genômica detalhada, mais de 10 mil tumores em 33 tipos diferentes de cânceres foram mapeados com sucesso. Todos os códigos genéticos para quase todo câncer que aflige a humanidade eram agora conhecidos.

Esse anúncio não foi recebido com muita animação, e poucos fora da comunidade da pesquisa do câncer souberam dele. Para ser justo, até mesmo *dentro* da comunidade de pesquisa poucos se importaram. Não houve nenhuma manchete no *New York Times*. Não houve matéria de capa na revista *Time*. Era quase como se tivéssemos levado pessoas a Marte e ninguém percebesse. O que aconteceu? O megaprojeto TCGA, como o HGP antes dele, fracassou na produção de muitos insights úteis no câncer e, pior, não produziu nenhum tratamento útil.

Parecia que a SMT tinha trazido sentido para tudo quando começamos. O que deu errado? O problema não era que tínhamos fracassado quanto a encontrar as mutações genéticas. O problema era que tínhamos descoberto muitas mutações — inúmeras.

O LEITO DE PROCUSTO

Na mitologia grega, Procusto é o filho de Poseidon, deus do mar. Ele convidava quem estava passando para descansar em sua casa à noite. Ao mostrar sua cama, se o convidado fosse muito alto, ele cortava seus membros até que coubessem direito na cama. Se fosse muito baixo, ele os esticava até que coubessem direito na cama. O grande pensador e filósofo contemporâneo Nassim Nicholas Taleb costuma usar essa alegoria do leito de Procusto para descrever como os fatos costumam ser torturados para se encaixar em certa narrativa. O segmento abrangente e geralmente cego da teoria da mutação somática necessitou de um leito de Procusto para encaixar os fatos.

A SMT considera o câncer uma doença de mutações genéticas aleatoriamente acumuladas. Mas quantas? Como notamos, alguns cânceres são dirigidos por uma única mutação, mas, para a maior parte dos cânceres, isso é muito simplista. Para fazer esses novos fatos se encaixarem no leito de Procusto, os pesquisadores do câncer agora sugeriam a "hipótese de Knudson". Em vez de uma única mutação, era necessária uma combinação de duas mutações trabalhando juntas para produzir um câncer. Quando isso foi reconhecido como muito simplista, a SMT foi expandida para que talvez três ou quatro mutações juntas pudessem produzir o crescimento excessivo e outras características necessárias para que uma célula se tornasse cancerosa. Cada mutação acumulada move uma célula mais e mais perto de se tornar câncer. Então, a pergunta real agora tinha se tornado: quantas mutações genéticas eram necessárias para a transformação cancerosa? Duas? Três? Quatro?

Em 2006, havia sinais inquietantes de que as mutações do câncer eram mais complexas do que o imaginado. Muito, muito mais. O pesquisador do câncer Dr. Bert Vogelstein, do Johns Hopkins, encontrou 189 genes que tinham sofrido mutações significativas em dois ou na maioria de cânceres sólidos, de mama e de cólon. Não havia duas ou três ou quatro mutações genéticas, havia *centenas*. E, o pior, essas mutações são diferentes de um câncer para outro. Cada tumor carregava uma média de onze mutações. Por exemplo, o câncer de mama número um teria onze mutações, mas o número dois teria onze mutações *completamente diferentes.* Dois cânceres de mama que pareciam clinicamente idênticos poderiam ser diferentes geneticamente, não se parecendo quase nada um com o outro.[17] Essas descobertas contrastavam muito com a esperança oferecida pelo cromossomo Filadélfia, em que todos os casos de um tipo específico de câncer compartilhavam uma única mutação idêntica. Se escolhêssemos cem casos aleatórios da leucemia mieloide crônica (CML), quase todos teriam evidência do mesmo cromossomo Filadélfia. Mas, para os cânceres mais comuns, cem casos aleatórios tinham cem diferentes perfis genéticos de mutações, cada um completamente diferente do outro.

Ocorreu que os cânceres comuns eram *muito* mais complexos do que os estudados anteriormente. Não apenas havia mais mutações, mas elas variavam de pessoa para pessoa. Isso significava que uma droga que era eficaz para o câncer colorretal na Pessoa A provavelmente não seria eficaz para a Pessoa B. Para se usarem os mesmos princípios da "medicina personalizada, direcionada" como o imatinibe, seriam necessários de dez a vinte medicamentos diferentes de "bomba inteligente" para qualquer paciente individual. As combinações são praticamente infinitas.

À medida que as primeiras resmas de dados do TCGA começaram a chegar, pouco a pouco, os primeiros pressentimentos da enormidade do desafio começaram a ser filtrados. Em vez de algumas mutações, a maioria dos cânceres tinham de cinquenta a oitenta mutações. Era um pandemônio genético.

Quando 2015 chegou, os pesquisadores tinham identificado *10 milhões* de mutações diferentes. Dez milhões.[18] As mutações não difeririam apenas de paciente para paciente, mas até mesmo no mesmo tumor do mesmo paciente! Eles não estavam tentando encontrar uma agulha no palheiro. Estavam tentando encontrar uma agulha específica em um palheiro específico, um método de pesquisa muito mais doloroso.

Eram necessárias mais revisões procusteanas *ad hoc* à SMT. Múltiplas mutações individuais se acumulavam em "caminhos" de mutação. Aquelas importantes para a carcinogênese eram chamadas de mutações "condutoras". Outras mutações, que se acreditava não ter nenhum efeito, eram as mutações "passageiras". Estas, de repente, não contavam. Outros pesquisadores tentavam dividir essas mutações em "montanhas" e "morros". As montanhas eram mutações que ocorriam na maioria dos cânceres daquele tipo. Os morros eram mutações que ocorriam apenas em uma minoria. Os pesquisadores estavam em desespero tentando entender o número impressionante de mutações genéticas sendo identificadas.

Mesmo com todo esse trabalho procusteano, estudos estimavam que cada câncer de mama ou de cólon ainda requeria cerca de 13 mutações direcionadas.[19] No câncer pancreático metastático, eram necessárias 49 mutações.[20] Em 2013, Bert Vogelstein estimou que mais de 140 mutações genéticas diferentes poderiam direcionar o crescimento do câncer, e que cada mutação direcionada aumentava a vantagem do crescimento seletivo de uma célula em uma porcentagem minúscula de 0,4%.[21] Uma única mutação genética não gerava câncer. A maioria deles tinha dezenas e dezenas de mutações que, individualmente, contribuíam minimamente para o crescimento do câncer. Uma análise mais recente de 2015 de mais de 2 mil amostras de câncer de mama encontrou mais de 40 mutações em genes direcionados.[22]

Cânceres diferentes tinham taxas diferentes de mutação. Alguns cânceres tinham centenas de mutações, e alguns não tinham nenhum. Um estudo de 210 cânceres humanos descobriu mais de 1.000 mutações diferentes. Mas um total de 73 cânceres não tinha nenhuma mutação! Esse é obviamente um problema para a SMT, que sugere que mutações geram câncer. Se as mutações conduziam o câncer, como 35% dos cânceres nesse estudo não tinham nem uma única mutação? Um total de 120 mutações condutoras foram identificadas.[23] O câncer de pulmão e o melanoma da pele continham quase 200 mutações por tumor; no câncer de mama, eram perto de 50; e nas leucemias agudas, perto de 10.[24]

Outro problema significativo para a SMT era a ideia de que todas as células cancerosas eram clonadas de uma célula cancerosa original. Todas as células cancerosas em um paciente específico deveriam ser réplicas genéticas da original, mas isso claramente também não é verdade. No mesmo paciente, o câncer metastático pode ser diferente geneticamente do tumor original. Um lugar da metástase pode ser diferente de outro em vinte ou mais alterações genéticas.[25] Esse grau de heterogeneidade genética era bastante inesperado. Até na mesma massa de tumor, as células carregavam mutações diferentes. Os cânceres tinham diferenças relacionadas às mutações genéticas das seguintes maneiras:

- Diferentes tipos de cânceres tinham diferentes mutações.

- O mesmo tipo de câncer em pacientes diferentes tinha mutações diferentes.

- O mesmo câncer no mesmo paciente tinha mutações diferentes no tumor principal se comparado ao câncer metastático.

- O mesmo câncer no mesmo paciente tinha diferentes mutações em diferentes locais de metástase.

- O mesmo câncer no mesmo paciente no mesmo tumor tinha mutações diferentes.

A verdade nua e crua acabou sendo uma que a comunidade de pesquisa não poderia negar: os cânceres eram muitíssimo mais geneticamente diferentes do que parecidos. A busca para encontrar mutações genéticas do câncer foi *muito* bem-sucedida.[26] O câncer era uma trapalhada desconcertante de peculiaridades genéticas que quase não tinham conexões umas com as outras. As mutações genéticas estavam em todo lugar e em nenhum lugar. Alguns cânceres tinham centenas de mutações, e outros não tinham nenhuma. A taxa da mutação necessária para que um câncer se desenvolva é muito maior do que as conhecidas taxas de mutação em células humanas. As células normais simplesmente não sofrem mutação em uma taxa próxima da necessária para produzir câncer. Quebras foram formadas no paradigma genético, e as mutações estavam invadindo como ervas daninhas.

8

O PROBLEMA DO DENOMINADOR

NOS ANOS 2000, centenas de genes que potencialmente causam câncer foram identificados. Onde quer que os pesquisadores olhassem, havia mais oncogenes e genes supressores do tumor. Supostamente, uma única mutação em qualquer gene controlador do crescimento poderia causar câncer. Então, por que não era todo mundo que estava tendo câncer?

Há um problema comum nos estudos observacionais chamado problema do denominador. Suponha que tenhamos analisado cem ótimos jogadores de beisebol e descoberto que todos eles têm um fígado. Talvez possamos concluir que ter um fígado o torna um ótimo jogador de beisebol. Mas essa é uma falácia lógica, porque muitas pessoas que têm fígado *não* são ótimas jogadoras de beisebol. De todas as pessoas que têm fígado, quantas são excelentes jogadoras de beisebol se compararmos com as que não são?

Se pegarmos cem amostras de câncer e descobrirmos que todas têm mutações genéticas, pode ser que cheguemos à conclusão de que ter uma mutação genética é a chave para o desenvolvimento do câncer. Mas essa conclusão não é lógica, porque ainda falta uma parte importante da informação: o denominador. Se cem amostras de tecido *não canceroso* também apresentarem mutações genéticas, sua importância na gênese do câncer claramente diminui. Para avaliar a importância das mutações genéticas no câncer, precisamos comparar o seguinte:

Sem saber o denominador, não poderemos saber a importância das mutações genéticas. Quantas células tinham as mutações mas não eram câncer? Esse número acabou sendo bastante alto. Um total de 4% do DNA da célula podia ter mutações, e essa célula ainda poderia ter aparência e atitudes normais. Esse é um grau de tolerância surpreendentemente alto.[1] Se estimarmos que há 25 mil genes em um humano, então poderia haver cerca de mil mutações genéticas sem o desenvolvimento do câncer.

$$\frac{\text{Mutações genéticas em tecido canceroso}}{\text{Mutações genéticas em tecido não canceroso}}$$

Os pacientes com câncer tinham, sim, muitas mutações genéticas, assim como os que não têm câncer. Algumas pessoas saudáveis tinham até mesmo *mutações genéticas idênticas* às dos indivíduos com câncer. Uma análise detalhada de 212 de 31.717 casos de câncer concluiu que "a grande maioria das aberrações observadas no grupo afetado pelo câncer, se não todas, também eram vistas em sujeitos sem câncer".[2] Essas descobertas trouxeram um grande problema para o modelo da SMT. O Atlas do Genoma do Câncer encontrou inúmeras mutações, mas a pergunta mais importante que *não* foi feita era: quantas células normais carregam as mesmas mutações do caminho canceroso, mas *não* se desenvolvem em câncer? A SMT previa que as células normais teriam poucas mutações ou que elas não seriam críticas. Essa previsão estava muito errada. O recente sequenciamento genético de peles descartadas em cirurgias estéticas, completamente livres de câncer, geraram resultados impressionantes. Quase uma em cada quatro amostras continha mutações que sabemos que estão presentes no câncer — ainda assim, não havia câncer.[3]

Além disso, o sequenciamento genético de espécimes do esôfago tirados de doadores de órgãos sem histórico de câncer também gerou resultados surpreendentes. A célula média *saudável* sem evidência de doença ou câncer continha "pelo menos, várias centenas de mutações por célula em pessoas com 20 e poucos anos, aumentando para 2 mil mutações por célula mais tarde na vida".[4] O oncogene *NOTCH1*, por exemplo, considerado a principal mutação do câncer de esôfago — está presente em cerca de 10% do total de tal câncer —, também foi encontrado em 80% de todas as células do esôfago em pacientes sem câncer. Oitenta por cento! Nos espécimes de meia-idade e mais velhos, foram encontradas 2.055 mutações apenas nesse oncogene — ainda assim, nenhuma delas tinha se transformado em câncer. Em outras palavras, a semente estava lá, mas o câncer não tinha crescido.

Essa evidência aponta para um fato simples e, ainda assim, estarrecedor: a premissa de que uma única mutação em um oncogene ou gene supressor do tumor é a origem da maior parte do crescimento do câncer é muito simplista. A SMT tinha ignorado o problema do denominador. Mas havia ainda outro problema. As mutações genéticas eram a causa imediata, não a raiz, do câncer.

CAUSAS IMEDIATAS VS RAIZ

Para qualquer doença, entender a causa-raiz (conhecida como etiologia) é a base de todo tratamento racional. Entre a causa-raiz e o resultado final, há muitos intermediários, chamados de causas imediatas. Elas geralmente são imediatamente óbvias. A causa-raiz de uma doença é o que geralmente consideramos como a causa "real" do evento, e determiná-la costuma exigir bastante reflexão.

Por exemplo, a falência do fígado é causada por uma fibrose conhecida como cirrose. Essa informação é verdadeira, mas não muito útil. Em vez disso, queremos saber o que causa a *cirrose*. Se você sabe que ela é causada pelo vírus da hepatite C, então talvez possa prescrever um remédio antiviral para tratá-la. Se sabe que é causada pelo álcool, pode aconselhar o paciente a não beber mais álcool. O tratamento bem-sucedido depende da causa-raiz (veja a Figura 8.1).

Figura 8.1

Essa abordagem pode ser aplicada à maior parte da resolução de problemas, não apenas na medicina. Por exemplo, um avião cai quando a força da gravidade excede a força de sustentação. Dessa análise simplista, pode ser que você conclua que a chave para prevenir quedas de avião seja aumentar a sustentação, criando asas maiores, ou diminuir a gravidade ao diminuir o peso. Mas soluções são praticamente inúteis porque abordam causas imediatas, não a raiz.

Para entender o problema, você pode subir um nível no pensamento lógico. *Por que* a força da gravidade excedeu a de sustentação? Poderíamos catalogar todas as partes do avião que tiveram um mau funcionamento e o porquê: rachaduras na asa, rachaduras na cauda, falha no motor, falha elétrica. Tudo isso é o *como* o avião caiu (causa imediata), mas ainda não resolve a questão do *por quê*. Por que todos esses problemas ocorreram? A causa-raiz pode ser uma manutenção malfeita, pouco treinamento do piloto, tempo rigoroso ou quaisquer outras causas.

Uma solução para a causa-raiz, como melhor manutenção, melhor treinamento do piloto ou melhor previsão do tempo, é altamente eficaz. Asas maiores, menos peso ou motores maiores não são. A análise de mais alto nível da causa fornece soluções eficazes. Enquanto tratar a causa-raiz é eficaz, tratar a causa imediata não é (veja a Figura 8.2). Como isso se aplica ao câncer? Mutações genéticas eram apenas a causa imediata do câncer, o que fazia com que essas mutações ocorressem.

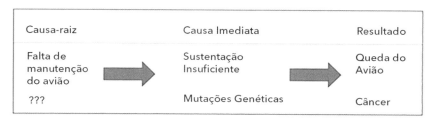

Figura 8.2

Na pesquisa do câncer, gastamos enormes recursos para catalogar milhares de mutações diferentes. O câncer de pulmão, por exemplo, tem mutações nos oncogenes *AKT1, ALK, BFAF, EGFR, HER2, KRAS* e *NRAS*. Isso é *como* o câncer se desenvolveu, não *por quê*. Todas são causas imediatas, não raiz. Se eu lhe perguntar: "O que causa o câncer de pulmão?", você responderia "O câncer de pulmão é causado por uma mutação no gene *AKT1*" ou "O câncer de pulmão é causado pelo cigarro"? Nem importa muito quais mutações genéticas foram induzidas pelo cigarro se soubermos a causa-raiz. Posso salvar mais vidas ao saber que fumar causa câncer do que todas as várias mutações vistas no câncer de pulmão. Parar de fumar é uma das medidas anticâncer mais bem-sucedidas que temos à disposição.

Uma vez que tenhamos identificado as exposições ocupacionais como uma causa-raiz para o câncer (por exemplo, fuligem, amianto), a prevenção reduz consideravelmente o risco. Uma vez que tenhamos identificado as causas virais e infecciosas, a prevenção (como vacina contra hepatite B ou HPV, melhora no saneamento) reduz o risco. Mas devemos encontrar a causa-raiz, não a mutação genética do câncer de rim, cólon ou estômago. Em quase todas as doenças humanas, tratar a causa-raiz, não a imediata, é a chave para o sucesso.

Os cânceres contêm muitas mutações; não há dúvidas disso. Passamos décadas catalogando todas elas. Mas *por que* o câncer desenvolve essas mutações? O paradigma do câncer 2.0 sugeria que eram acumuladas simplesmente pelo acaso (veja a Figura 8.3). As causas-raiz conhecidas do câncer (elementos químicos, radiação e vírus) aumentam as taxas de mutação, permitindo que algumas se agreguem aleatoriamente em um câncer. Mais uma vez, um número infinito de macacos aleatoriamente batendo nas teclas de um número infinito de máquinas de escrever por fim produziriam *Guerra e Paz*.

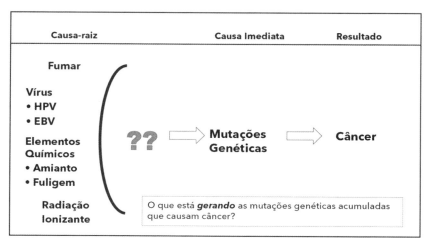

Figura 8.3

Essa é uma das falhas fatais da teoria da mutação somática. As mutações estavam se acumulando, *mas sua ocorrência não era nada além de aleatória*. Dado que centenas de mutações estavam trabalhando em conjunto para criar o câncer, parecia que essas mutações tinham um propósito e que eram coordenadas.

As células são como relógios bem ajustados. Tudo tem um propósito. Remover aleatoriamente um parafuso dificilmente fará com que um relógio funcione melhor. Em vez disso, o resultado mais provável é o mau funcionamento. Em uma célula, é mais provável que uma mutação aleatória seja danosa ou até mesmo letal. Assim, a chance de reunir, por acaso, duzentas mutações aleatórias que não matavam a célula mas traziam novas habilidades poderosas a ela é, de alguma forma, menor do que ganhar na loteria.

A taxa de mutação genética na população geral é muito baixa e muitíssimo menor do que a taxa necessária para causar tantos cânceres. O processo de reunir aleatoriamente de cinquenta a duzentas mutações de forma coerente é tão extraordinariamente complexo que o câncer deveria ser uma doença rara, em desaparecimento. Mas ele não o é. Em vez disso, é cada vez mais comum, a segunda causa de morte entre os norte-americanos. Estima-se que 50% da população geral terá adenoma colônico (uma lesão pré-cancerosa) aos 80 anos.[5]

Cerca de 80% dos homens acima dos 90 anos exibirão evidência de câncer de próstata.[6] Estima-se que o câncer de mama seja um risco na vida de uma em cada nove mulheres.

Há ainda outra falha fatal na SMT. Se todas as mutações do câncer se acumulam aleatoriamente, então por que todos possuem tantas das *mesmas* características? Para se tornar câncer, as células devem ganhar algumas novas habilidades especiais. Já discutimos as quatro características: cresce, se torna imortal, se movimenta e usa o efeito de Warburg. Como pode todo câncer da história desenvolver aleatoriamente, do zero, todas essas habilidades assombrosas? Como duzentas mutações aleatórias diferentes de alguma forma atingem o mesmo fim e resultado? Se esses macacos digitadores produzirem cem cópias de *Guerra e Paz*, mas nenhum outro romance clássico, então não é aleatório. Esses macacos estavam *tentando* escrever *Guerra e Paz*. A célula está *tentando* desenvolver câncer.

Se uma linha aérea sofre centenas de quedas todos os anos enquanto as outras não sofrem nenhuma, então não há nada de aleatório nisso. No câncer, o amianto causa danos no DNA, mutações genéticas e também mesotelioma, mas não causa câncer de mama ou colorretal. Quase mais nada no mundo causa o mesotelioma. Então, o dano genético causado pelo amianto claramente não é aleatório.

Essas características do câncer são cuidadosamente selecionadas. Algo está causando o crescimento, a movimentação, a imortalidade e o efeito de Walburg nesses oncogenes e genes supressores do tumor. O próximo avanço nos paradigmas do câncer seria entender o que causa essas mudanças.

REDUCIONISMO EXORBITANTE

A teoria da mutação somática é simples, atraente, elegante e extremamente incorreta. Em 2002, os pesquisadores do câncer Hahn e Weinberg publicaram um artigo no *New England Journal of Medicine* observando que: "A atual linha de pesquisa na base molecular do câncer tem sido muito decepcionante. Em

106 O CÓDIGO DO CÂNCER

vez de revelar um pequeno número de determinantes genéticos e bioquímicos que operam nas células cancerosas, a análise molecular dos cânceres humanos revelou um conjunto desconcertantemente complexo de tais fatores."[7] O próximo paradigma do câncer teria que dar sentido a esse conjunto desconcertante.

O teste derradeiro da utilidade do paradigma do câncer é sua habilidade de desenvolver tratamentos revolucionários. A SMT começou com uma grande promessa, entregando as drogas imatinibe e trastuzumabe, mas esses avanços provaram-se como exceções, não regra. Desde então, tratamentos bem-sucedidos derivados do paradigma genético do câncer ficaram praticamente inativos; estima-se, generosamente, que haja cinco medicamentos de terapia-alvo. Acho que todos podemos concordar que cinco drogas em cinquenta anos de pesquisa genética dificilmente vencerão a guerra ao câncer.

Havia ainda outro problema no desenvolvimento de drogas que miram a genética para o câncer: a resistência à droga. Se o alvo genético muda constantemente, como é possível desenvolver uma terapia eficaz? Assim que mirasse um caminho, o câncer simplesmente encontraria outro. O câncer poderia ativar cinco genes diferentes para ultrapassar qualquer caminho que tentássemos bloquear. Estávamos atacando sua força, não sua fraqueza. O câncer geralmente tem centenas de mutações. Bloquear uma única mutação dificilmente impediria o crescimento, porque há outras 99 mutações. O câncer pode criar mutações para desviar de qualquer coisa que coloquemos em seu caminho, porque é isso que ele faz de melhor.

As mutações genéticas podem explicar o mecanismo de *como* os cânceres continuam crescendo, mas não explicam a pergunta fundamental de *por que* houve a mutação desses genes. A SMT é falha porque olha somente para dentro, em nossos genes, em vez de olhar para fora, no ambiente. Mas muitos atributos ambientais obviamente afetam o risco de câncer. A semente é importante, mas o solo é ainda mais importante.

O paradigma do câncer 2.0 trata o câncer como uma loteria genética, mas ele não é meramente uma questão de má sorte. A maior parte dos riscos conhecidos devem-se a fatores ambientais, não aos genes. É a fumaça do tabaco, radiação, infecções, e a última grande fronteira da medicina oncológica, que é pouco explorada: a dieta. A boa notícia é que esses fatores estão em nosso controle.

A SMT foi o caso real em que não se via a floresta, apenas as árvores. Quando estamos no meio de uma floresta, ela não parece tão grande. Uma árvore aqui, outra ali, uma terceira lá. Qual o grande problema? Mas se você já viu uma floresta nacional como Yosemite de um helicóptero, pôde apreciar a beleza estonteante dela.

Considere outra analogia. Você está estudando o significado da Declaração da Independência, então examina de perto cada uma das cartas, assim como os pesquisadores do câncer podem olhar de perto cada nova mutação genética. Você cria um "Atlas Completo das Cartas", assim como foi criado o Atlas do Genoma do Câncer. As letras A, E e T aparecem (hipoteticamente falando) centenas de vezes, mas Z e X quase nunca aparecem. Esse esforço exaustivo o ajuda a entender o papel de um país independente na história do mundo? De jeito nenhum.

Na ciência, isso é chamado de "reducionismo exorbitante*". Reduzir um problema até o menor componente necessariamente significa perder de vista o todo. Não é possível entender o trânsito da hora do rush catalogando como cada motorista freia e acelera. Sim, a combinação desses atos individuais de frear e acelerar causam o engarrafamento. Mas saber esse nível de detalhe não é útil. Não são ações aleatórias. *Por que* esses motoristas aceleram e freiam?

Da mesma maneira, não é possível entender o câncer ao catalogar exaustivamente milhares de mutações genéticas nos genes supressores de tumor (freios) e nos oncogenes (aceleradores). Sim, essas mutações individuais juntas causam o câncer. Mas saber esse nível de detalhe geralmente não é útil.

Com a SMT, nos aproximamos muito do problema — bem em sua formação genética — e encontramos coisas sem nexo. Encontramos milhares de mutações diferentes espalhadas entre centenas de oncogenes e genes supressores do

---

* N. da T.: preposterous, no original.

tumor, mas isso não nos ajudou a montar a história. Cada mutação descreve uma peça minúscula do quebra-cabeça, e o foco implacável na catalogação de novas mutações drenou a vida de outras áreas de pesquisa do câncer.

Insistir que o câncer é uma doença de mutações genéticas é como insistir que a Declaração da Independência é uma coleção de cartas. É verdade, e daí? Como isso nos ajuda a entender o câncer?

CONCLUSÃO

A teoria da mutação somática avançou nossa compreensão acerca do câncer, mas não como havíamos antecipado. Em vez de decodificar o componente genômico, desenterrou um número desorientador de mutações genéticas envolvidas. Um único câncer colorretal contém cerca de cem mutações genéticas separadas, e esses padrões de mutação diferem muito de um paciente a outro.[8] Outros estudos estimaram que havia mais de 11 mil mutações nos cânceres colorretais em humanos.[9] A SMT tentou se adaptar a essas descobertas inesperadas ao adicionar uma série de modificações *ad hoc*. Algumas mutações, chamadas de "condutoras", eram importantes, e outras, "passageiras", não. Não houve um único clone genético, mas mudanças na evolução do clone com o tempo. E isso não para de acontecer. A cada interação, a complexidade da SMT aumentava, até que não era mais uma teoria simples e elegante. Em vez disso, carregava consigo múltiplas adições desajeitadas e remendadas.

Finalmente, toda a SMT colapsou sob o peso de todas essas modificações. Ela simplesmente não podia ser suficientemente alterada para encaixar todos os fatos conhecidos do câncer. E, o que é pior, não podia entregar mais do que uns poucos tratamentos eficazes. Enquanto isso, a terapia do câncer ficava para trás em quase todas as outras áreas da medicina, e os pacientes morriam. Era hora de deixar o leito de Procusto para trás.

9

UM FALSO AMANHECER

O IMATINIBE, A PRIMEIRA droga da era da medicina personalizada e de precisão, foi um verdadeiro divisor de águas. Com sua introdução, um paciente que sofria de leucemia mieloide crônica (CML) poderia viver pelo mesmo tempo e com a mesma saúde de uma pessoa sem a doença.[1]

Antes do imatinibe, a expectativa de vida de um homem de 65 anos diagnosticado com CML era de menos de 5 anos, e de 15 anos para alguém sem a doença. Com o imatinibe, aquele homem com CML tinha uma expectativa de vida praticamente idêntica à que teria se não tivesse desenvolvido a doença.

Mas outras drogas de terapia-alvo, embora eficazes, não necessariamente se qualificaram como divisores de águas. Esse é o caso do inibidor da quinase do linfoma anaplásico (*ALK*) chamado crizotinibe, que foi recebido como um dos maiores avanços na medicina genômica das últimas duas décadas. Provou-se que essa droga trata alguns tipos de câncer de pulmão (de células não pequenas), mas seus benefícios são limitados. Uma meta-análise recente do crizotinibe encontrou evidências insuficientes de que a droga melhorava a sobrevivência como um todo.[2] Divisor de águas? Discutível. Em 2019, um único mês do medicamento custava US$19.589,30.[3]

110 O CÓDIGO DO CÂNCER

Boa parte dos frutos da revolução genética já tinha sido colhida. Recentemente, as drogas desenvolvidas oferecem parcos retornos. Mas, apesar dessa falta de resultados, os pesquisadores demoraram muito para mudar o curso. Em 2017, o Dr. José Baselga, ex-chefe do Memorial Sloan Kettering Cancer Center, um dos primeiros hospitais de câncer dos Estados Unidos, pediu mais dinheiro para continuar o que ele chamou de "oncologia direcionada pelo genoma".[4] "O câncer é uma doença do genoma", afirmou corajosamente, citando a agora velha era da descoberta do imatinibe nos anos de 1990. Baselga caiu na desgraça quando uma investigação do *New York Times* revelou que ele foi negligente na divulgação de conflitos de interesse financeiro em surpreendentes 87% dos artigos que tinha escrito no ano anterior.[5]

A ideia cativante de um tratamento de precisão personalizado é um apelo tanto para os pacientes e médicos quanto para as agências de financiamento.[6] Em 2015, o presidente Barack Obama, incapaz de resistir aos sinais, direcionou mais milhões de dólares para o Precision Medicine Initiative Cohort Program. Mesmo então, havia evidências bastantes de que a medicina de precisão baseada em genética não cumpria a promessa inicial.[7]

A medicina do câncer de precisão depende de duas etapas cruciais: detectar a mutação genética específica do paciente e entregar uma droga de terapia-alvo para aquela mutação. Fomos bem-sucedidos na primeira, identificando milhões de variações genéticas, muito mais do que o que podemos investigar. Mas e a etapa dois? Realmente conseguiríamos entregar uma droga que mira naquela mutação? Em 2015, apenas 83 de 2 mil pacientes consecutivos tratados no hospital especializado em câncer, University of Texas MD Anderson Cancer Center, em Houston, e que fizeram um teste de genoma completo encontraram a terapia-alvo correta, o que representou uma taxa de 4% de sucesso.[8]

O National Cancer Institute não teve resultados melhores em seu estudo clínico na Molecular Analysis for Therapy Choice (NCI-MATCH).[9] Depois de mapear 795 genomas do câncer, o NCI encontrou uma terapia-alvo para 5% dos pacientes — e nem todos eles responderam ao tratamento. Até mesmo em uma otimista taxa de resposta de 50%, isso constituiria uma taxa de resposta de 1% para os cuidados personalizados do câncer, como uma melhora de meses na expectativa de sobrevivência. Era esse o péssimo estado do tratamento do câncer na medicina genômica em 2018.

Esses resultados ruins não foram devidos à falta de medicamentos disponíveis. A Food and Drug Administration estava aprovando uma cornucópia de novos medicamentos "direcionados ao genoma" em um ritmo sem precedentes. De 2006 a 2018, 31 novas drogas para câncer avançado ou em metástase foram aprovadas. Parecia incrível. Quase três novas drogas por ano eram direcionadas aos pacientes mais doentes. Ainda assim, apesar de tantos novos medicamentos e da tecnologia do sequenciamento genético que avançava rapidamente, um estudo de 2018 estima que a terapia-alvo apresentou algum benefício para uma taxa minúscula de apenas 4,9% dos pacientes.[10] Mesmo depois de 50 anos de estudo intensivo, esse paradigma do câncer fracassou com mais de 95% das pessoas. Isso não é nada bom. Como poderiam tantos "novos" medicamentos genômicos entregarem tão poucos benefícios?

Um dos motivos é que a maioria dos "novos" medicamentos não são novos, mas meramente cópias de remédios já existentes. Desenvolver uma droga inovadora é difícil e envolve um risco financeiro substancial. Até mesmo drogas altamente eficazes podem fracassar devido a efeitos colaterais inaceitáveis. Copiar drogas existentes, em vez de inovar, é uma estratégia muito mais lucrativa. Se a farmacêutica A desenvolver uma droga que bloqueia o gene A, então pelo menos cinco outras farmacêuticas logo desenvolverão cinco outras, praticamente idênticas. Para contornar a proteção da patente, elas mudam algumas moléculas em uma cadeia química não tão importante e a chamam de nova droga. Elas não apresentam quase nenhum risco financeiro, porque é quase certo que funcionarão.

Imagine que você venda livros infantis. Você poderia ou escrever um romance original, ou simplesmente plagiar toda a série Harry Potter mas mudar o nome do herói para "Henry Potter". É um ótimo romance? Sim. Dá dinheiro? Sim. É inovador? Nem um pouco. Daí a proliferação de drogas como imatinibe, nilotinibe e dasatinibe, que são variações básicas na mesma

112 O CÓDIGO DO CÂNCER

molécula. Em vez de encontrar um novo tratamento genético, todos aqueles dólares de pesquisa das farmacêuticas apenas nos deu vários "mais do mesmo". O plágio é uma estratégia corporativa melhor do que a inovação. Os benefícios podem ser poucos, mas os lucros são máximos.

Há outras maneiras de aparentar progresso. Das muitas maneiras de jogar o jogo da pequisa médica, usar desfechos substitutos é uma das melhores.

DESFECHOS SUBSTITUTOS

Os desfechos substitutos são resultados que, por si sós, são insignificantes, mas preveem resultados com os quais nos importamos. O perigo de confiar em desfechos substitutos é que nem sempre refletem com precisão o resultado desejado. Por exemplo, duas drogas para o coração (encainide e flecainida) foram amplamente prescritas porque reduziam os batimentos cardíacos fora do ritmo normal (chamados de ectopia ventricular) depois de um ataque cardíaco, um desfecho substituto para um infarto fulminante. Mas um estudo clínico apropriado provou que elas *aumentavam* consideravelmente o risco de morte repentina.[11] Os medicamentos não estavam salvando as vidas dos pacientes; estavam acabando com elas.

Nos estudos clínicos do câncer, a sobrevida livre de progressão (PFS) e a taxa de resposta (RR) são dois substitutos comumente usados para o resultado no qual estamos mais interessados, a sobrevida global. A PFS é mensurada como o tempo do tratamento à progressão da doença, definida como um aumento de menos de 20% no tamanho do tumor. A taxa de resposta (RR), nesse cenário, seria a porcentagem de pacientes cujo tumor diminui mais de 30%. Para ser bem-sucedidos, esses substitutos devem prever o resultado clínico — a sobrevida global —, mas eles não o fazem.[12] A grande maioria dos estudos (82%) descobriu que a correlação entre marcadores substitutos e sobrevida global era baixa.[13] Tanto a PFS quanto a RR são desfechos substitutos que se baseiam inteiramente na redução do tamanho do tumor, mas sobreviver ao câncer depende quase que inteiramente da habilidade de impedir a metástase, uma besta fundamentalmente diferente (veja a Figura 9.1). O resultado ser mensurado com facilidade não o torna significativo.

Figura 9.1

O tamanho é somente um único fator que contribui para a mortalidade geral de um tumor e, indiscutivelmente, é um dos menos importantes. O câncer se torna mais letal quando cria mutações para ficar mais agressivo e ter mais probabilidade de metástase, e desfechos substitutos baseados em tamanho como PFS e RR não fazem muita diferença. Diminuir 30% de um tumor quase não tem nenhum efeito na sobrevida, porque o tumor tem a habilidade de crescer novamente.

Nunca se faz uma cirurgia para remover 30% de uma massa tumoral de um paciente, porque seria inútil. Os cirurgiões vão a fundo para certificar-se de que "pegaram tudo", porque deixar até mesmo uma parte microscópica de um tumor significa que definitivamente haverá recorrência. Enquanto uma porcentagem minúscula de 6% das drogas alcançou esse limiar de completa remissão, de 2006 a 2018, 59 drogas oncológicas foram aprovadas pela FDA com base na RR.

Todos esses problemas significativos de usar os substitutos mais baratos mas falhos para a sobrevida global são bem conhecidos. Antes de 1992, menos de 3% das triagens usaram desfechos substitutos. Então tudo mudou. De 2009 a 2020[14], dois terços das aprovações da FDA vieram de triagens que usaram a PFS como desfecho substituto. Das drogas que receberam o título de "inovadoras", 96% usaram um desfecho substituto.[15] O que aconteceu?

O CÓDIGO DO CÂNCER

Em 1992, a FDA criou um caminho acelerado que permitia a aprovação com base em desfechos substitutos. Para compensar, as farmacêuticas prometeram conduzir estudos pós-aprovação para confirmar o benefício da droga. Elas se apressaram para obter as aprovações usando essas regras mais brandas,[16] mas estudos confirmatórios demonstraram que apenas 16% das aprovações realmente melhoravam os benefícios de sobrevida global. Isso significa que 84% não o faziam. Se estivéssemos na escola, uma nota de 16% não seria um A ou B, nem mesmo um F. Seria como apresentar um artigo e receber a nota H. Isso é ruim. Muito ruim.[17]

Essa confiança nos desfechos substitutos já levou a erros custosos. Em 2008, a FDA aprovou a droga bevacizumabe para o câncer de mama metastático com base em uma melhora de 5,9 meses na PFS,[18] embora a sobrevida global não tenha sido alterada. Estudos subsequentes descobriram uma PFS *reduzida*, sem nenhum benefício para a sobrevida global ou qualidade de vida e toxicidade substancial. A FDA retirou a aprovação para o uso do bevacizumabe no tratamento do câncer de mama em 2011.[19]

A moral da história do bevacizumabe era ignorada com frequência. Em 2012, a droga everolimo foi aprovada para o tratamento do câncer de mama metastático com base principalmente em estudos de desfechos substitutos.[20] Em 2014, estudos subsequentes deixaram claro que ela não fornecia benefícios substanciais[21] Em 2015, a droga palbociclib recebeu aprovação para ser usada no câncer de mama, mas, uma vez mais, estudos posteriores não encontraram benefícios para a sobrevida.[22] Enquanto isso, milhares de homens e mulheres sofreram a devastação de terem a esperança de uma cura milagrosa, e vê-la se desvanecer diante de seus olhos — seus sonhos de recuperação foram lentamente drenados, assim como suas contas bancárias.

Desfechos substitutos permitem aprovação mais rápida, o que economiza tempo. Seria de se pensar que é uma boa coisa para os pacientes com câncer, para quem o tempo é precioso. Mas quanto tempo realmente economizamos? Uma droga moderna para o câncer leva cerca de 7,3 anos para chegar ao mercado,[23] com 38% delas sendo aprovadas com base na RR e 34% na PFS. O uso de desfechos substitutos geralmente economiza um total estimado de 11 meses. Esse tempo realmente vale uma taxa de erro de 80%?

Cinco drogas para o câncer já foram aprovadas por meio do programa acelerado e então foram recolhidas quando estudos subsequentes mostraram serem inúteis. Elas foram vendidas para um público vulnerável durante 3,4 a 11,5 anos.[24] Isso é uma vergonha. Imagine que você tenha vendido sua casa para pagar por um tratamento de câncer, sem saber que a droga taxada como a mais nova e melhor é literalmente inútil. E o pior, passar por um tratamento com aquela droga significa que você não recebeu tratamentos que talvez teriam sido benéficos.

Apesar dos 72 "novos" medicamentos para o câncer aprovados entre 2002 e 2014, a droga média estendia a vida por uma média de 2,1 meses.[25] Isso é só uma média, e a maioria delas não oferecia nenhum benefício de sobrevida. A séria realidade da baixa performance das novas drogas para o câncer[26] vai totalmente contra a percepção pública de que a comunidade médica está avançando na guerra ao câncer.[27] Um estudo descobriu que metade das drogas ditas "divisoras de águas" na mídia ainda não tinha recebido aprovação de uso pela FDA; 14% delas não tinham nem sido testadas em humanos ainda. Os cientistas já curaram muitos milhares de cânceres em camundongos. Já nos humanos, nem tanto. A pequisa do câncer produz muita publicidade e celebração, mas poucos avanços reais. Eles são extremamente raros, e isso é de cortar o coração.

O objetivo do tratamento é melhorar a sobrevida global e a qualidade de vida. É difícil atingir, e extremamente caro mensurar, esses resultados centrados no paciente. Para mostrar benefícios onde na verdade eles não existiam, podem-se mover as metas usando desfechos substitutos.[28] Para uma empresa farmacêutica, um estudo positivo significa aprovação da FDA, o que significa renda. Mas muitas das drogas têm eficácia limitada quando em uso, então o que resta à empresa farmacêutica? Oras, aumentar os preços, claro!

PREÇOS EM ALTA

Quando foi lançado em 2001, o imatinibe custava US$26.400 ao ano. Um preço bem alto, com certeza, mas era uma droga milagrosa e valia cada centavo. Em 2003, sua venda totalizou US$4,7 bilhões no mundo todo — um megassucesso que gerou retornos imensos e merecidos para a desenvolvedora. Os preços (ajustada a inflação) começaram a ficar mais altos em 2005, subindo cerca de 5% ao ano. Em 2010, os preços aumentavam 10% ao ano acima da inflação.[29] Para aumentar ainda mais seus ganhos, muitíssimos mais pacientes estavam vivendo por mais tempo com a doença. Era bonança em dobro para as grandes farmacêuticas.

- Mais pacientes sobrevivendo à CML = mais clientes.

- Mais clientes + preços altos por paciente = mais dinheiro.

Em 2016, o custo de um ano dessa droga milagrosa era mais de US$120 mil. Na época, a droga já estava no mercado há 15 anos. Isso é uma antiguidade na ciência médica. Não era mais uma inovação; fazia parte do estudo da medicina. O custo real de manufatura, mesmo depois de adicionar uma margem de lucro de 50%, é estimado em US$216 ao ano.

Quando surgiram novos concorrentes do imatinibe, os preços deveriam ter caído. Mas algo estranho aconteceu: os preços aumentaram. A competição não é nem de perto tão lucrativa quanto a fixação de preço e o conluio, então a ascensão estratosférica continuou. O dasatinibe, uma cópia do imatinibe, teve um preço mais alto do que a droga que estava tentando substituir: era um genérico do iPhone tentando ser mais caro do que o iPhone original.[30] Isso exerceu uma força no preço do imatinibe: para cima. Os custos da droga eram limitados ao que o pagante (geralmente quem paga impostos) podia quitar.

Aumentar os preços das drogas depois do lançamento agora é um lugar-comum. Em média, os preços ajustados à inflação aumentam 18% nos 8 anos depois do lançamento,[31] não importando a concorrência nem a eficácia. Imagine se a Apple vendesse o iPhone original todos os anos sem uma atualização mas aumentasse o preço em 18% ao ano — quem compraria um celular novo? Ninguém. Mas os pacientes de câncer não têm o luxo de fazer tal escolha. Assim, o aumento do preço é uma prática rotineira do cenário do câncer atual.

No final dos anos 1990, o paclitaxel se tornou a primeira droga contra o câncer a alcançar US$1 bilhão em vendas.[32] Em 2017, seria necessário atingir vendas de US$2,51 bilhões para que uma droga alcançasse o top dez da oncologia.[33] É por isso que os medicamentos para o câncer atingiram três dos primeiros cinco lugares na lista de drogas mais vendidas em 2017.[34]

A droga mais vendida em 2017 foi o Revlimid, derivado da talidomida, com vendas de US$8,19 bilhões. É fácil atingir tal número quando a droga custa excessivos US$28 mil por mês. Introduzida no final dos anos 1950, a talidomida foi muito prescrita para o tratamento do enjoo matinal durante a gravidez. Tragicamente, o uso em mulheres grávidas causava morte e deformação dos membros em fetos, e ela foi retirada do mercado em 1961. A talidomida renasceu, no entanto, em 1998, quando foi aprovada para o tratamento da hanseníase e, o que é mais animador, do mieloma múltiplo, um tipo de câncer do sangue.[35]

Nos anos de 1950, o medicamento custava centavos. Em 1998, a talidomida renascida custava US$6 por cápsula. Apenas seis anos depois, o preço quintuplicou, para US$29 a cápsula. O custo de manufatura é minúsculo. No Brasil, um laboratório governamental a vende por US$0,07 cada.[36] O custo médio anual do medicamento para o câncer antes dos anos 2000 era menor do que US$10 mil. Em 2005, esse número tinha atingido entre US$30 mil e US$50 mil. Em 2012, doze de treze novos medicamentos aprovados custavam mais de US$100 mil por ano. Esse aumento de dez vezes em doze anos está muito acima do razoável.[37]

Combinar os altos preços com a baixa eficácia significa que o custo-benefício é péssimo. Um custo geralmente aceitável de um ano de vida ajustado pela qualidade (QALY) é US$50 mil.[38] O cenário do câncer teve um custo estimado por QALY de menos de US$35mil.[39] O imatinibe estava começando a forçar o limite, em US$71 mil. Mas o regorafenib, usado no tratamento do câncer colorretal metastático,[40] custa assustadores US$900 mil por QALY.

O preço é uma heurística razoável da qualidade para a maioria dos bens de consumo. O que custo caro costuma ter mais qualidade. Os tênis da Nike geralmente são mais caros e têm uma qualidade melhor do que tênis de segunda linha. Isso não se aplica à medicina do câncer, em que uma droga com um preço extremamente alto não necessariamente funciona melhor do que uma mais barata. Muitas das caras podem nem funcionar.[41] Isso, com certeza, é um problema quando os custos do medicamento são a principal causa de falência nos Estados Unidos.[42]

PERDENDO A GUERRA

O paradigma do câncer 2.0 tinha atingido o fundo do poço. O câncer ainda era imbatível, e a situação era desoladora. Milhões de dólares de pesquisas sobre o câncer em várias décadas produziram uma abundância de novas drogas. Algumas realmente ótimas, mas a maioria pouco eficazes e incrivelmente caras. Os benefícios são questionáveis, a toxicidade é alta e o custo, mais alto ainda. As drogas não eram propriamente úteis, mas *especialmente* lucrativas. A falta de novos medicamentos, o uso de desfechos substitutos, e os preços no teto e ainda subindo: é assim que se perde a guerra contra o câncer. Mas o dia é sempre mais escuro pouco antes do amanhecer.

PARTE III

TRANSFORMAÇÃO

(Paradigma do Câncer 3.0)

10

A SEMENTE E O SOLO

FOI O CIRURGIÃO INGLÊS Stephen Paget (1855–1926) que fez a primeira comparação do câncer a uma semente. Em 1889, ele escreveu: "As sementes são carregadas para todos os lados; mas apenas vivem e crescem se caem em um solo congênito."[1] As plantas crescem quando a semente, o solo e as condições são favoráveis. Se algum componente importante não está presente, a planta não cresce. As células cancerosas também são sementes cheias de potencial maligno; mas, sem o solo apropriado, raramente florescem.

Sem uma semente, uma planta não crescerá, não importa o solo ou as condições. Uma semente viável plantada na argila não crescerá. Uma semente viável plantada no solo certo ainda não crescerá sem luz e água adequadas. É necessário ter a semente correta, o solo correto e as condições (ambientais) corretas. O câncer também é uma semente que floresce no solo correto, sob as condições corretas. Infelizmente, até agora, as pesquisas sobre o câncer focaram exaustiva e quase exclusivamente a semente (mutações genéticas), e ignoraram o solo e as condições.

Considere outro exemplo. Alguns dos melhores jogadores de hóquei no gelo do mundo todo vêm do Canadá, e os de basquete, dos Estados Unidos. Se olhássemos apenas a semente nesses ambientes, poderíamos criar a hipótese

122 O CÓDIGO DO CÂNCER

de que canadenses e norte-americanos têm atributos geneticamente distintos: um com o gene do "hóquei", outro do "basquete". Isso obviamente está errado. A diferença na habilidade e nas conquistas se dá por conta dos diferentes ambientes e culturas. Ver um problema no "solo" apenas como um problema na "semente" é um erro crítico.

A genética do câncer cervical é muito menos importante que a presença do papilomavírus humano (HPV); a do câncer de pulmão, que a exposição à fumaça do cigarro; a do câncer de mama, que as diferenças de estilo de vida entre o Japão e os Estados Unidos; a mesotelioma, que a presença de amianto no ambiente; a do câncer de estômago, que um teste positivo para *H. pylori*. A lista, é claro, continua sem parar. Muito do que sabemos sobre a etiologia do câncer vem de se considerarem os problemas do solo, não da semente.

Ainda assim, a teoria da mutação somática (SMT) foca o interno, o problema da "semente". É verdade que em alguns casos raros a semente é o fator mais importante no câncer. O cromossomo Filadélfia é a principal causa de leucemia mieloide crônica (CML). Consertar o problema genético da semente com o imatinibe cura a doença. Não importa muito se o paciente fuma, tem uma infecção viral ou se muda do Japão para os Estados Unidos. Se você tem o cromossomo Filadélfia, provavelmente terá CML. Infelizmente, esses tipos de câncer são exceções, não a regra geral. Para a maioria deles, estudar somente a semente não ajuda a entender por que ela cresce.

Se uma mulher japonesa se muda para os Estados Unidos, seu risco de desenvolver câncer de mama praticamente triplica em duas gerações. A semente genética é a mesma, mas o solo é diferente. Apesar de essa informação ser alarmante, também é empoderadora: significa que, se entendermos de que tipo de solo o câncer de mama precisa, podemos reduzir o risco em um terço apenas mudando o ambiente, predominantemente por meio de mudanças na dieta e no estilo de vida. Essa é uma oportunidade incrível, porque significa que nossos genes não são nosso destino.

EPIGENÉTICA

O campo emergente dedicado ao estudo de como um ambiente pode mudar um organismo sem alterações no DNA é chamado de epigenética. A palavra *epigenética* deriva do prefixo grego *epi*, que significa "sobre" ou "por cima". A regulação genética ocorre no nível acima do DNA, daí o nome. A epigenética não se preocupa com as mudanças ou mutações genéticas no DNA, mas com a maneira como esses genes são ou não expressados.

A epigenética afeta a embalagem dos genes, não os genes em si. Os detalhes desse processo não estão no escopo deste livro, mas uma versão simples é: um dos principais mecanismos da mudança na epigenética é chamado de metilação do DNA. Mudanças na metilação do DNA de genes supressores do tumor podem silenciá-los,[2] o que favorece o crescimento e o câncer. Essa mudança na expressão do gene — e o consequente risco para o câncer — ocorre sem nenhuma mutação genética.

Pense na partitura de uma música. As notas oferecem um diagrama, mas você pode adicionar crescendos, diminuendos e outras marcas de como tocar a música, alterando-a de várias maneiras. As mesmas notas escritas podem produzir músicas bem diferentes. Uma música dos Beatles soa completamente diferente ao ser tocada pelo Aerosmith. No caso dos genes, a sequência de DNA de um gene fornece o diagrama, mas o ambiente pode alterar a expressão dos genes de diversas maneiras, sem fazer qualquer mudança no diagrama original. Uma mutação genética, no entanto, é uma mudança permanente, semelhante a inserir ou remover notas na partitura.

Muitos fatores ambientais, como dieta e exercício, podem influenciar a expressão genética. A epigenética derruba o antigo dogma de que o código genético é o determinante-chave da expressão e função genética celular. O pacote do gene pode ser tão, ou *mais*, importante que o gene em si, e essas mudanças epigenéticas são predominantemente influenciadas por fatores ambientais. Esse fenômeno é obviamente um desafio para o velho modelo da SMT, que foca apenas as mutações genéticas.

Se os genes em si não mudam, então decifrar o código genético subjacente tem utilidade limitada. No momento em que os trabalhos no Atlas do Genoma do Câncer (TCGA) começaram, já se sabia que as mudanças na metilação do DNA eram vitais para o desenvolvimento de alguns cânceres.[3] Considera-se que vários cancerígenos conhecidos agem por vias epigenéticas. No câncer do cólon, até 10% dos genes codificadores de proteína são metilados de forma diferente do que acontece nas células do cólon normais, enfatizando o papel da epigenética.[4]

Isso representa uma mudança gigante da SMT. O desenvolvimento do câncer depende tanto das mutações intrínsecas quanto das pressões de seleção extrínsecas do ambiente em que o câncer cresce. Isso não minimiza a importância de ter a semente certa, mas inclui o solo na nossa compreensão acerca do crescimento do câncer. O ambiente exerce uma pressão de seleção natural nas "sementes" que mais provavelmente sobreviverão. Um câncer pode florescer ou fica dormente, a depender do estado do corpo.

Esse novo paradigma oferece uma compreensão com mais nuances de como as células cancerosas interagem com o ambiente para produzir cânceres clinicamente significativos. O ambiente seleciona quais sementes vão prosperar e quais vão murchar.[5] O que causa essa seleção? Essa é a pergunta que devemos nos fazer (veja a Figura 10.1).

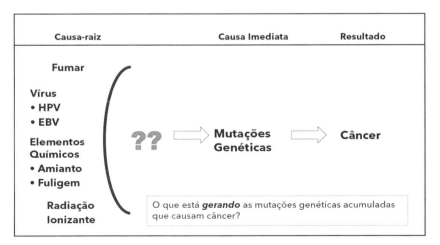

Figura 10.1

DESENVOLVENDO NOVOS PARADIGMAS

Em 2009, o National Cancer Institute (NCI), em uma estratégia não característica, foi além do quadro esperado de pesquisadores para pedir ajuda a outros cientistas na guerra contra o câncer. Esse chamado não foi feito para biólogos ou pesquisadores do câncer, mas para o físico teórico Paul Davies e o astrobiólogo Charley Lineweaver. Sem nenhum conhecimento prévio sobre o câncer e, o mais importante, nenhuma noção preconcebida, eles seriam os precursores do próximo capítulo da nossa compreensão sobre o câncer.[6]

O NCI perceptivelmente entendeu que financiar os mesmos cientistas gera as mesmas respostas, exaustivas e definitivamente não muito úteis. Mas os físicos poderiam oferecer uma perspectiva completamente nova sobre a questão do câncer e, talvez, levar a pesquisa a uma direção mais produtiva. Larry Nagahara, diretor do programa do NCI para essa iniciativa, notou que as perguntas que um físico faria sobre o câncer poderiam ajudar a "dar uma luz sobre como o câncer se desenvolve enquanto doença". Se nem todos os cavalos e homens do rei conseguiram juntar o Humpty Dumpty outra vez*, então talvez fosse hora de pedir ajuda para alguém de fora do reino. O NCI financiou doze Physical Sciences–Oncology Centers, com US$15 milhões cada, para analisar a questão das origens e do tratamento do câncer.

Por que trazer cientistas de outros campos para estudar o câncer foi tão importante? Os médicos e pesquisadores da medicina seguem os ditos da "medicina baseada em evidências". O status quo é considerado fundamentalmente correto, e mudar essa compreensão requer muitos estudos de revisão por pares. Infelizmente, esses estudos costumam demorar décadas e custam milhões de dólares, então quase não há progresso. Velhos paradigmas da doença sobrevivem, mesmo que os pacientes morram.

Por exemplo, nos anos de 1960, muitas pessoas suspeitavam que o fumo passivo causava as mesmas doenças que o fumo ativo: doenças pulmonares e câncer. Era superóbvio e lógico. Mas sem evidências de pesquisas revisadas por

---

* N. da T.: Trecho extraído da rima da Mamãe Ganso, "Humpty Dumpty".

126 O CÓDIGO DO CÂNCER

pares, foi considerado apenas uma hipótese. Então, décadas de pesquisa e milhões de dólares foram necessários para provar que o fumo passivo era realmente perigoso antes que medidas aparentemente de senso comum fossem tomadas.

O fumo não foi proibido em aviões antes de 1988. Fumar causava câncer, mas durante décadas permitimos que o fumo tóxico e passivo circulasse entre todos os passageiros de um avião. Os restaurantes tinham áreas para não fumantes que, como por mágica, protegiam os clientes do outro lado do salão da fumaça nociva. É assim que a medicina baseada em evidências funciona: defende vigorosamente o status quo contra novas ideias. A cada passo no caminho, a verdade é pavimentada com décadas de questionamentos e demandas para "ver as evidências". Teria sido mais sensato forçar as empresas do tabaco a provar que o fumo passivo era seguro do que forçar pesquisadores médicos a provar que era danoso. Mas, como o status quo concordava que o fumo passivo era seguro, os pesquisadores é quem deveriam provar os danos.

Na nutrição, as diretrizes estabelecidas nos anos 1970 aconselhavam os norte-americanos a restringir severamente toda a gordura e comer mais carboidratos. A pirâmide alimentar de 1992 publicada pelo Departamento da Agricultura dos Estados Unidos (USDA) aconselhava os norte-americanos a comer de seis a onze porções diárias dos grupos de pães, cereais, arroz e macarrão. As imagens usadas incluíam imagens de tais comidas "saudáveis" como pães, macarrões e bolachas de farinha branca. O USDA também aconselhava os norte-americanos a comer poucas quantidades de comidas como abacate, salmão, nozes e azeite devido a medos desmedidos da gordura.

Demoraria décadas até que essas comidas naturais e integrais fossem consideradas aceitáveis e talvez até mesmo saudáveis — tudo porque a medicina baseada em evidências defende tão vigorosamente o status quo. Ainda que as diretrizes dietéticas originais tenham sido baseadas em evidências científicas falhas, qualquer mudança nelas deve ser provada com rigor, por meio de estudos multimilionários. Como os humanos comiam abacate e azeite há décadas sem nenhum problema, teria sido mais sensato forçar os pesquisadores a provar que as comidas tradicionais como o azeite eram danosas, em vez de provar que eram seguras.

A medicina do câncer não é diferente. Uma vez que o paradigma genético da teoria da mutação somática foi estabelecido, ele foi considerado sacrossanto. Por mais que evidências se acumulassem contra a SMT como paradigma viável do câncer, os pesquisadores ainda se agarravam a ela como um homem se afogando se agarra a um bote salva-vidas. A pesquisa médica insiste que todos os novos artigos nas revistas médicas sejam revisados por outros cientistas, que podem demandar mudanças antes da publicação ou se recusar a publicar. Ideias radicalmente novas em geral são rejeitadas de imediato, sem nunca ver a luz do dia. A revisão por pares é uma busca por consenso, que pesquisadores presumem ser a verdade. Isso garante que velhas opiniões se mantenham e que novas ideias sejam sufocadas.

A física funciona de um jeito diferente. Pode ser que você comece com uma teoria clássica como as três leis de Newton, mas, quando se encontra uma anomalia, como a dualidade onda-partícula da luz, então deve criar uma teoria diferente para explicá-la. Ainda que você não possa provar a existência da energia quantum, se a nova teoria explica os fatos conhecidos e as descobertas anômalas melhor que a teoria original, então ela a suplanta. Então, um vendedor de patentes da Suíça (Albert Einstein) conseguiu encontrar apoio para suas teorias radicais da relatividade geral e restrita muito antes de ter uma prova real. Enquanto a física está sempre avaliando novas teorias, a medicina está sempre tentando rejeitá-las.

A física também abraça a anomalia, porque a ciência avança apenas com a explicação delas. O grande físico norte-americano Richard Feynman uma vez disse: "O que não se encaixa é sempre mais interessante; a parte que não acontece como esperado." A medicina, por outro lado, rejeita as anomalias. Se o consenso é que o câncer é causado pelas mutações genéticas, qualquer dado anômalo pode ser convenientemente ignorado.

O processo de revisão por pares não tolera a dissensão. Novas teorias são publicadas apenas se alguns outros cientistas estão de acordo. Na física, a teoria só é boa se explicar as observações conhecidas. Na medicina, a teoria só é boa se todos os outros concordarem com ela. Isso explica o ritmo rápido nas ciências físicas e a quase falta de ritmo na pesquisa médica. Esta funciona bem quando já está fundamentada no caminho certo, como em infecções, mas fracassa ao lidar com doenças como o câncer, cuja etiologia é completamente desconhecida. Talvez isso se deva às altas consequências de uma teoria falha na medicina, em que o preço é pago em vidas perdidas.

A física segue em frente a passos larguíssimos — em quanta, se preferir. Uma única teoria correta, como a relatividade de Einstein ou a teoria quântica de Niels Bohr, move todo o campo em uma distância incrível. A ciência médica, por outro lado, se move laboriosamente, um único passo por vez. É assim que passamos décadas vilificando todas as formas de gorduras na dieta antes de gastar milhões de dólares em pesquisa para mostrar que algumas gorduras naturais, como as nozes e o azeite, são boas para nós.

Mesmo na medicina, há avanços ocasionais. Na doença cardíaca, novos procedimentos, tecnologias (por exemplo, o marca-passo) e medicamentos diminuíram vagarosamente a taxa de mortes cardiovasculares nos últimos sessenta anos. O câncer? Não tanto. O mundo da tecnologia anda em um trem-bala; o mundo da medicina se arrasta; mas o câncer continua parado. E isso apesar dos bilhões de dólares em pesquisa gastos todos os anos, mais "caminhadas pelo câncer" do que se poderia caminhar e mais fitas rosas do que se poderia contar.

Em 2014, o renomado oncologista Robert Weinberg notou que mesmo na década de 1970 a pesquisa do câncer tinha gerado uma quantidade enorme de dados, "mas não havia essencialmente nenhum insight sobre como a doença começa e progride para suas conclusões de ameaça à vida". Como resultado, Weinberg lamentou que a pesquisa do câncer era tida como "desdém disfarçado de doença" e que "nunca se deve confundir a pesquisa do câncer com ciência!".[7]

Quando foi convidado pelo NCI, o Dr. Paul Davies confessou que não tinha conhecimento prévio sobre o câncer. Ótimo, disse o NCI. Era exatamente o que queriam. Davies estava interessado principalmente em astrobiologia e nunca nem tinha pensado sobre o câncer. Isso lhe deu liberdade para começar com talvez as duas perguntas mais básicas: o que é o câncer? Por que ele existe? Não tínhamos respostas satisfatórias para essas perguntas. O que inicia a transformação cancerosa da célula? Por que não são *todas* as células que se transformam em câncer? As células cancerosas se originam e sofrem mutação de nossas próprias células. Mas em que ambiente?

Uma pergunta ainda mais profunda sobre a origem do câncer ainda tinha que ser feita: por que praticamente todas as células no corpo humano se transformam em câncer? Há cânceres no pulmão, de mama, no estômago, no cólon, nos testículos, no útero, no colo uterino, nas células sanguíneas, no coração, no fígado e até mesmo em fetos. A habilidade de se tornar cancerosa é *inata* em toda célula do corpo, quase sem exceção. É claro, algumas células se tornam câncer com mais frequência que outras, mas, em teoria, nenhuma célula *não pode* se transformar em câncer. Os oncogenes e os genes supressores do tumor descobertos tão laboriosamente nos últimos 25 anos são mutações de genes *normais*. *Cada uma das células* do nosso corpo contém a semente do câncer. Por quê?

Esse mistério é ainda mais profundo. O câncer não é somente uma doença humana. Davies observou: "O que me espantou desde o início foi que algo tão penetrante e teimoso quanto o câncer deve ser uma parte mais profunda da história da vida em si. Tenho certeza de que o câncer pode ser encontrado em quase todos os organismos multicelulares, sugerindo que sua origem data de centenas de milhões de anos atrás."[8] Os cães têm câncer. Os gatos têm câncer. Os camundongos têm câncer. Mesmo os organismos multicelulares mais primitivos desenvolvem câncer. Em 2014, ele foi descoberto em duas espécies de hidra. Pode ser que você se lembre, das aulas de biologia no ensino médio, de que a hidra é um organismo aquático simples e pequeno que evoluiu muito cedo de organismos unicelulares.[9]

As origens do câncer são encontradas nas origens de todas as vidas multicelulares. Pode ser que isso pareça óbvio para quem não está na área do câncer, mas não para quem está no curso do conhecimento. "O câncer", observou Davies, com astúcia, "está muito profundamente embutido na maneira como a vida multicelular é criada".[10]

130 O CÓDIGO DO CÂNCER

O câncer é mais velho que a humanidade. Buscar as respostas para as origens do câncer entre os genes dos humanos é fútil. As respostas simplesmente não estão presentes. O câncer era algo muito mais velho e mais fundamental à vida na terra do que a humanidade.

A maioria dos pesquisadores e médicos via os cânceres como um tipo de erro genético maluco. Mas, para o forasteiro Davies, o comportamento das células cancerosas parecia tudo, menos fora de controle. Em vez disso, parecia que o câncer era uma técnica altamente sistemática e organizada para a sobrevivência. Não é um acidente que o câncer sobrevive a tudo que o corpo joga nele. Não é um acidente que o câncer sobreviva a tudo que a medicina moderna joga nele. Ele sobrevive à quimioterapia, os venenos mais devastadores em nossa farmacopeia, à radiação e às nossas melhores tentativas cirúrgicas. Passamos décadas desenvolvendo anticorpos humanizados com as armas genéticas mais precisas já vistas — ainda assim, o câncer só dá risada. Isso não é aleatório. É altamente organizado. Pensávamos que o câncer era maluco, como o Coringa, quando na verdade ele se parece mais com o Lex Luthor: perversamente inteligente.

O câncer deve desenvolver e coordenar muitos "superpoderes" que permitem que sobreviva. Ele cresce. É imortal. Movimenta-se. Usa o efeito de Warburg. Todos esses atributos milagrosos se juntam precisamente em um local e tempo exatos somente como um acidente doido?

Isso é como jogar uma pilha de tijolos no ar e fazer com que eles caiam exatamente na forma de uma casa. Além disso, como pode tal acidente maluco acontecer em toda célula no corpo e em todo organismo multicelular conhecido? Se algo parece "estúpido" mas funciona (sobrevive), então, por definição, não é estúpido. Ainda assim, víamos o câncer como algum tipo de coleção aleatória de erros genéticos estúpidos. Sim, havia alguma estupidez acontecendo, mas não era a do câncer.

O "reducionismo exorbitante" de olhar somente para a genética do câncer tinha fracassado. Não víamos a floresta, e sim as árvores, mas um novo paradigma que traria insights renovados às origens do câncer estava surgindo.

11

AS ORIGENS DA VIDA E AS ORIGENS DO CÂNCER

ACOSTUMADO A PENSAR sobre a vida em outros planetas, o cosmólogo Paul Davies se perguntou como o câncer se encaixa na história da vida na Terra. Como o câncer é tão antigo quanto a vida multicelular em si, as origens do câncer, concluiu, devem estar nas origens da vida.

Então, vamos dar um passo atrás. Como a vida na Terra evoluiu?

Estima-se que a vida na Terra começou há 3,8 bilhões de anos, talvez 750 milhões depois da formação deste planeta.[1] Pode ser que moléculas orgânicas tenham sido formadas espontaneamente na atmosfera inicial da Terra. Os famosos experimentos de Stanley Miller nos anos 1950 mostraram que as descargas elétricas em uma mistura de hidrogênio, amônia e água que replicaram essa atmosfera inicial puderam produzir aminoácidos simples. Mas essas moléculas orgânicas ainda não eram células.

As primeiras células foram criadas quando moléculas autorreplicativas chamadas ácidos ribonucleicos (RNA) foram envelopadas em uma membrana chamada bicamada lipídica, que ainda é a base para todas as membranas celulares humanas modernas. Essa bicamada protegia o RNA do duro ambiente externo, permitindo a autorreplicação. Essas primeiras células viviam em um mar de nutrientes, obtendo alimento e energia diretamente do ambiente. Contanto que os nutrientes estivessem disponíveis, elas sobreviveriam, mas estavam sempre à beira da extinção.

A primeira diretriz da vida, mesmo no início da evolução, era replicar. A reprodução demanda crescimento, geração da energia celular e a habilidade de se movimentar para encontrar ambientes mais favoráveis. Até mesmo os vírus, pedaços não sencientes de ácidos nucleicos que ficam no limite da definição da vida, têm um imperativo biológico para replicar. Pode ser que não estejam completamente vivos, mas são programados para replicar e precisam da ajuda da célula hospedeira para fazê-lo.

Os procariontes são os organismos mais antigos e simples que evoluíram da sopa primordial. Demorou de 1 bilhão a 1,5 bilhão de anos para evoluir os eucariontes mais complexos que continham características de organização como um núcleo e organelas. O núcleo especializado carregava todos os genes necessários para a reprodução. As organelas (literalmente, órgãos em miniatura) são estruturas subcelulares que permitem a compartimentalização necessária para as funções específicas como produção da proteína e geração de energia.

A organela chamada mitocôndria gera energia para a célula. Diferentemente de outras organelas, acredita-se que as mitocôndrias foram originadas como células procariontes separadas. À medida que células eucariontes se tornaram mais complexas, a mitocôndria descobriu que podia viver nessas células em um relacionamento mutualmente benéfico. As mitocôndrias ficaram protegidas dentro da célula e, em retorno, geraram energia na forma de adenosina trifosfato (ATP). Esse relacionamento evoluiu com o tempo, e, hoje, uma não pode viver sem a outra. As mitocôndrias estão presentes em todas as células de mamíferos, exceto os glóbulos vermelhos.

A mitocôndria contém o próprio DNA distinto, o que reflete suas origens como células separadas. Embora a geração de ATP pela fosforilação oxidativa (OxPhos) seja considerada sua principal função, as mitocôndrias também são reguladores da apoptose, um método de morte celular controlado.

No início da história do planeta Terra, na era Proteozoica, a atmosfera era amplamente desprovida de oxigênio, e a maioria das células gerava energia anaerobicamente (sem oxigênio). A atmosfera da Terra começou a mudar com o advento dos organismos fotossintéticos. A energia da luz solar se combinou ao dióxido de carbono para liberar oxigênio, que se acumulou vagarosamente na atmosfera. Esse era um grande problema para as outras células iniciais, pois o oxigênio é tóxico se não houver uma maneira apropriada de lidar com ele. Nosso corpo inclui defesas antioxidantes robustas precisamente por esse motivo. A mitocôndria usa esse oxigênio para benefício próprio ao metabolizar a glicose por meio da OxPhos. Esse ATP era gerado com mais eficácia, mas também neutralizava um pouco desse oxigênio tóxico. Como resultado, as células de mamíferos dos dias de hoje têm caminhos funcionais tanto pela produção de energia aeróbica (OxPhos) e anaeróbica (glicólise), e a proporção pode variar a depender das necessidades de energia.

A transição das células procariontes simples para células eucariontes mais complexas, completas com organelas especializadas e mitocôndrias, foi um enorme salto evolucionário. Os protozoários (por exemplo, leveduras) são células simples e eucariontes, mas são muito mais complexos e maiores do que as bactérias. Todos os seres vivos da primeira metade da história da vida na Terra eram organismos de apenas uma célula. O próximo grande obstáculo evolutivo foi a multicelularidade.

O SALTO PARA A MULTICELULARIDADE

Os organismos de célula única são criaturas egoístas; elas vivem, crescem, se reproduzem e praticamente fazem todo o resto sozinhas. Não ajudam ninguém e não recebem ajuda de ninguém. A primeira diretriz é a própria sobrevivência e reprodução. Para ser bem-sucedido, um organismo de célula única compete com as células ao seu redor por recursos. Mas as células que trabalham juntas têm uma grande vantagem sobre as que trabalham sozinhas.

Os organismos multicelulares evoluíram há cerca de 1,7 bilhão de anos, provavelmente começando como simples agregados ou colônias de células eucariontes. Com o tempo, a colaboração de benefícios mútuos entre as células permitiu a especialização, que então levou a organismos verdadeiramente multicelulares. A especialização, a divisão de trabalho e a comunicação intercelular tornaram esses organismos maiores, mais complexos e mais capazes do que organismos unicelulares mais simples. O corpo humano contém mais de duzentos tipos dessas células especializadas, que são amplamente classificadas em cinco categorias: tecido epitelial, tecido conjuntivo, sangue, tecido nervoso e músculo.

Mas essa nova complexidade demandava novas regras de cooperação multicelular. Quando agrupadas, as células individuais devem aprender a viver e trabalhar juntas como os indivíduos o fazem em grandes cidades. Um organismo unicelular é como um indivíduo que mora sozinho na floresta. Ele pode fazer o que quiser, não tem ninguém ao redor para se importar com isso. Ele pode andar nu o dia inteiro se quiser. Os organismos multicelulares são como grandes cidades densamente habitadas. É preciso leis para governar comportamentos aceitáveis. Um homem que esteja andando nu por aí pode ser preso. A necessidade de muitos supera a do indivíduo. Em troca do sacrifício de algumas liberdades individuais, as sociedades possibilitam a especialização, a divisão do trabalho e a comunicação. Essa complexidade aumentada permite que as cidades e nações dominem seu ambiente.

Uma cidade com várias pessoas ou um organismo multicelular prioriza decisões para beneficiar o coletivo. Em uma cidade, alguns indivíduos, como soldados, bombeiros e policiais, morrem para o benefício de outros. Em um organismo multicelular, células como os glóbulos brancos do sistema imunológico podem ser sacrificadas pelo bem das muitas células no organismo inteiro.

As células devem seguir regras rígidas para a cooperação e coordenação se quiserem viver e trabalhar juntas. A prioridade para os organismos unicelulares e multicelulares muda significativamente. Os unicelulares *competem* com outras células para se beneficiarem. Os multicelulares *cooperam* com outras células para beneficiarem todo o coletivo de células que forma o organismo.

Os organismos multicelulares competem com outros organismos por comida, mas, em um nível celular, todas as células daquele organismo cooperam (veja a Figura 11.1).

	Organismo Unicelular Pessoa Individual	Organismo Multicelular Cidade com Várias Pessoas
Prioridade	Individual	Organismo/cidade Inteiro
Modus Operandi	Competição	Cooperação

Figura 11.1

Essas diferenças no âmbito celular entre organismos uni e multicelulares se manifestam de várias maneiras: crescimento, imortalidade, movimento e glicólise.

Crescimento

Organismos unicelulares crescem e se replicam a todo custo. Esse é seu único propósito de vida e seu estado-padrão. Bactérias em uma placa de Petri ou leveduras em uma fatia de pão nunca param de tentar crescer e se reproduzir. Não param antes de acabar os recursos.

Por contraste, os organismos multicelulares impõem controle rígido sobre o crescimento usando genes que o promovem (oncogenes) e que o suprimem (genes supressores do tumor). As células só podem crescer quando recebem uma ordem — no lugar e na hora certos. Uma célula do fígado não pode crescer na ponta do seu nariz, tampouco crescer e ficar do tamanho de uma geladeira, pois isso impactaria o pulmão, que mora na casa ao lado. Boas cercas geram bons vizinhos. Isso garante o bem-estar de todo o *organismo*, não da *célula* individual.

Da mesma forma, a cidade com uma só pessoa pode se diferenciar substancialmente daquela com várias pessoas no que tange à abordagem do crescimento. O sobrevivente solitário na floresta não tem restrições de crescimento. Ele pode construir sua casa do tamanho que quiser e onde quiser. O crescimento geralmente é bom. Já nas cidades, não se pode construir um galpão na propriedade do vizinho. Há regras que garantem a cooperação. O crescimento geralmente é ruim, porque há um espaço disponível limitado. Se crescer, será à custa do vizinho. O crescimento de toda a cidade é bom, mas o da pessoa naquela cidade é ruim se a cidade em si não estiver se expandindo.

Imortalidade

Os organismos unicelulares são imortais porque podem se replicar infinitamente. Não há limite para quantas vezes um organismo como a levedura pode se dividir. Por exemplo, há massas lêvedas de fermentação natural de mais de cem anos que ainda são usadas para fazer pão.[2] O fermento cresce e se replica indefinidamente, contanto que as condições estejam favoráveis. A linhagem do fermento é imortal.

As linhagens celulares em um organismo multicelular não podem viver para sempre. Cada vez que replicam, seu telômero fica um pouco menor, e, quando estão em um tamanho crítico, não podem mais se dividir. Nesse momento, a linhagem atingiu a senescência. As células decrépitas que se dividiram muitas vezes são condenadas à morte por apoptose. Quando chegaram ao fim de sua vida útil, são removidas, para o bem do organismo.

Um sobrevivente solitário na floresta pode manter sua casa pelo tempo que quiser, mesmo se tiver goteira no telhado e as paredes estiverem prestes a cair. Em uma cidade, quando uma casa fica muito velha, ela é condenada e destruída para que outras pessoas não se machuquem. As necessidades da maioria acima das necessidades do indivíduo.

Movimento

O movimento é o estado natural dos organismos unicelulares. Eles não têm a obrigação de ficar em um lugar específico. Eles se movimentam para encontrar o ambiente mais favorável. As bactérias evoluíram para se movimentar de maneiras espetaculares. Algumas usam uma organela chamada flagelo, uma longa estrutura que funciona mais ou menos como um propulsor. Outras usam movimentos de contração e rotação possibilitados por uma organela chamada pilus tipo IV.

As Origens da Vida e as Origens do Câncer 137

Organismos unicelulares também se beneficiam de movimentos passivos. Por exemplo, quando as condições estão desfavoráveis, a levedura entra em um estado dormente chamado esporo, que pode ser carregado pelo vento. Alguns encontrarão um ambiente favorável ao crescimento, reativarão e florescerão. Outros não, e continuarão dormentes. A levedura de panificação, por exemplo, pode ficar no pacotinho de plástico durante anos e ainda assim ser reativa ao ser colocada em água morna.

O movimento é especialmente vantajoso à sobrevivência dos organismos unicelulares, porque eles dependem muito do ambiente para ter suas necessidades atendidas. A levedura que fica no mesmo local por muito tempo pode exaurir os recursos e perecer. Conseguir se movimentar significa poder encontrar em outro local recursos mais abundantes para crescer e se reproduzir.

Por outro lado, os organismos multicelulares devem garantir que suas células se mantenham ancoradas à localização apropriada e *não* se movimentem por aí. As células interagem e dependem umas das outras, então devem ficar no lugar certo o tempo todo. O fígado depende da célula do pulmão para receber oxigênio, e o resto do corpo depende do fígado para desintoxicar o sangue. Para esse trabalho, todo mundo precisa estar na posição certa. A célula do pulmão não pode simplesmente pular na corrente sanguínea e fazer um passeio até o fígado. Os organismos multicelulares desenvolveram sistemas complexos, chamados moléculas de adesão, para manter as células na posição correta.

O estado-padrão dos organismos unicelulares é movimento, e o dos multicelulares é ficar no lugar (estático). O movimento ocorre no organismo inteiro, não no âmbito da célula individual. Os organismos se movimentam, mas as células dentro deles, não.

Um homem morando sozinho na natureza pode ir para onde quiser. Se as condições estiverem boas em um local, pode ser que ele fique. Se não, ele pode ir para um local melhor. As primeiras tribos humanas geralmente eram nômades, percorrendo os campos em busca de comida e para escapar de inimigos. Mas um homem que mora em Nova York não pode simplesmente se mudar para onde quiser. Ele não pode entrar na casa de outra pessoa. Essa é uma das muitas regras de viver em sociedade.

Glicólise

A geração da energia evoluiu em três estágios: glicólise, fotossíntese e metabolismo oxidativo.

A atmosfera do início da Terra era amplamente desprovida de oxigênio (condições anaeróbicas); assim, a primeira forma de geração de energia foi a glicólise. Esse processo quebra uma molécula de glicose em dois ATP e duas moléculas de ácido lático e não requer oxigênio. Todas as células humanas modernas têm a capacidade de passar pela glicólise.

O próximo grande passo evolutivo na conversão da energia foi a fotossíntese, que surgiu há aproximadamente 3 bilhões de anos. A proliferação da bactéria fotossintética causou o aumento da acumulação atmosférica do oxigênio.

O aumento da disponibilidade do oxigênio abriu as portas para a evolução do terceiro maior tipo de geração de energia: a fosforilação oxidativa, ou OxPhos, usando a mitocôndria. A OxPhos queima a glicose com o oxigênio para fornecer 36 ATP por glicose. A OxPhos é usada quase universalmente nas células humanas modernas quando o oxigênio está disponível. Enquanto a maioria dos organismos unicelulares usa a glicólise mais primitiva, a maioria das células eucariontes usa OxPhos.

Então, resumindo, os organismos unicelulares se diferenciam dos multicelulares seguindo estas quatro características principais:

1. Eles crescem.

2. Eles são imortais.

3. Eles se movimentam.

4. Eles usam a glicólise (também chamada de efeito de Warburg).

As Origens da Vida e as Origens do Câncer 139

Essa lista parece familiar? Deveria — é precisamente a mesma dos atributos que formam as quatro características do câncer! (Veja a Figura 11.2.) Com certeza isso não é uma coincidência. As características do câncer também são as características da unicelularidade. Os cânceres são derivados das células que são parte do organismo multicelular, mas seu comportamento se parece com o do organismo unicelular.

Características do Câncer	Unicelular	Multicelular
Cresce	Sim	Não
É Imortal	Sim	Não
Movimenta-se	Sim	Não
Glicólise (Warburg)	Sim	Não

Figura 11.2

As células cancerosas são diferentes das normais, precisamente como os organismos unicelulares são diferentes dos multicelulares. É como uma pergunta de vestibular: as células cancerosas estão para as normais como os organismos unicelulares estão para os multicelulares. Desse ponto de vista, podemos ver ainda mais semelhanças entre as células cancerosas e os organismos unicelulares.

ESPECIALIZAÇÃO

Uma pessoa que mora sozinha na floresta pode desempenhar todas as tarefas da sobrevivência: buscar comida, caçar, se proteger, costurar roupas etc. Ela não vive por muito tempo se sua única habilidade é realizar auditoria de impostos. Uma sociedade permite às pessoas que se especializem: farmacêuticos, caçadores, padeiros, mercadores etc. A cooperação e a coordenação permitem maior eficiência, e essa complexidade aumentada, por fim, possibilitou que os humanos chegassem ao espaço, construíssem supercomputadores e conquistassem o átomo. Mas esses benefícios da especialização vêm à custa de outras funções.

140 O CÓDIGO DO CÂNCER

Organismos unicelulares podem depender somente deles para realizar todas as funções necessárias na vida, então não podem se especializar em uma única função. As descrições microscópicas das células cancerosas as caracterizam como primitivas ou desdiferenciadas (menos especializadas). À medida que o câncer progride, as células se tornam mais primitivas na aparência, com uma perda progressiva de funções "mais altamente" especializadas. O termo *anaplasia* — derivado do grego *ana*, que significa "para trás", e *plasis*, que significa "formação" — geralmente é aplicado às células cancerosas, pois parece que elas estão andando para trás na evolução.

Isso é mais óbvio nos cânceres do sangue, como a leucemia mieloide aguda (AML). A medula óssea normal produz glóbulos brancos e vermelhos imaturos chamados blastos. Quando estão maduros, são liberados na corrente sanguínea. Esses blastos normalmente constituem menos de 5% da medula óssea e não são encontrados na corrente sanguínea. A AML é definida pela presença de mais de 20% dessas células imaturas na medula óssea. Eles geralmente também são encontrados na corrente sanguínea, um sinal ameaçador. A progressão do câncer é a movimentação em direção às formas celulares menos desenvolvidas, mais primitivas e menos especializadas.

O câncer se afasta da função especializada em direção à pura reprodução e ao crescimento. Células mamárias normais são especializadas para fazer leite quando necessário. Uma célula mamária cancerosa, por outro lado, não está preocupada com a produção do leite, mas com o crescimento de mais células de câncer de mama. Uma célula do câncer de cólon não se preocupa mais com a absorção dos nutrientes, mas com o próprio crescimento e replicação.

Por outro lado, a multicelularidade permite a divisão do trabalho e a especialização na estrutura e na função. Esse tamanho e complexidade aumentados permitem que dominem seu ambiente. As células do fígado são especializadas para funcionar com uma eficiência muito maior. Mas elas se tornam tão especializadas que não podem sobreviver sozinhas. Você pode colocar bactérias no chão, e talvez elas floresçam. Mas coloque uma célula do fígado no chão e ela certamente morrerá.

AUTONOMIA

O sobrevivente solitário da floresta tem completa autonomia. O homem que vive em Nova York deve seguir muitas regras e leis. Ele deve pagar seus impostos. Deve seguir o código de conduta do condomínio. Deve aderir às normas da sociedade.

Organismos unicelulares mandam em si mesmos, com autonomia completa. As células mamárias cancerosas não respeitarão os limites da mama, mas entrarão em metástase em outros órgãos. Elas não respondem a ordens do cérebro, hormônios ou qualquer outro método normal de controle que o corpo usa. Elas crescem por si sós, não pelo bem do organismo.

Nos organismos multicelulares, as células individuais devem fazer exatamente o que lhes mandam. Os hormônios carregam informações detalhadas sobre o que fazer. Se o hormônio da insulina estiver alto, então as células não podem se recusar à entrada da glicose. Elas não têm autonomia. Elas não têm existência fora do organismo como um todo. O pulmão não vai fuçar na geladeira à noite. Não paramos para falar "oi" para o fígado do nosso vizinho quando passeamos com nosso cachorro. Você não grita com seu rim para que ele baixe a tampa do vaso sanitário.

DESTRUIÇÃO DO HOSPEDEIRO

O sobrevivente solitário pode ou não se importar com o ambiente ao seu redor. Ele pode jogar lixo no rio, que será levado para longe e se tornará um problema para outra pessoa. Uma cidade, no entanto, regula cuidadosamente o ambiente ao redor. O lixo deve ser depositado em lugares determinados. Você não pode dirigir no gramado meticulosamente cuidado do vizinho.

Os organismos unicelulares não assumem nenhuma responsabilidade pelo ambiente ao redor. Uma levedura fará o que puder para matar as vizinhas bactérias, porque competem por alimento e outros recursos. Sir Alexander Fleming observou o bolor *penicillium* secretar uma substância que matava todas as bactérias ao seu redor. Isso levou à descoberta do primeiro antibiótico moderno, a penicilina.

142 O CÓDIGO DO CÂNCER

Como os organismos unicelulares, as células cancerosas são localmente destrutivas. Um câncer crescerá à custa dos vizinhos, destruindo qualquer tecido ao redor. Quanto pior para os vizinhos, melhor provavelmente é para o câncer. Ele é o cara que deliberadamente dirige sua caminhonete no gramado do vizinho. A competição pode envolver melhorar a si mesmo ou piorar seus adversários. Ambas funcionam. Bem-vindo à selva.

Como em uma sociedade, as células de um organismo multicelular devem ser boas vizinhas. Esses organismos devem manter o ambiente extracelular (chamado de matriz extracelular) para que não prejudiquem os vizinhos. As células normais do fígado, por exemplo, não podem simplesmente jogar seu lixo no quintal do pulmão. As células de mama normais não podem começar a destruir as células epiteliais vizinhas.

CRESCIMENTO EXPONENCIAL

Organismos unicelulares crescem dividindo-se em duas células-filhas. Com recursos suficientes, a população dobra a cada geração, resultando em um rápido crescimento exponencial. Este é o crescimento típico do câncer, mas não das células em animais multicelulares. O fígado adulto, por exemplo, fica praticamente do mesmo tamanho porque os milhões de novas células do fígado criadas são equilibradas por um número igual de células que morrem. Como já observado, os organismos multicelulares mantêm um controle rígido sobre o crescimento, não permitindo a expansão desenfreada da população.

INVASÃO EM AMBIENTES NOVOS

Os organismos unicelulares geralmente invadem e exploram novos ambientes em sua busca infindável por alimento. O bolor da levedura que cresce em um pedaço de pão vai continuar se espalhando até cobrir todo o pedaço.

O câncer, como os organismos unicelulares, invade todos os lugares e consegue colonizar novos ambientes no processo de metástase. As células do câncer de mama podem sobreviver no fígado. As células do câncer de pulmão podem sobreviver no cérebro. Dizem que as infecções também criam metástase. Pode ser que uma infecção comece nos rins, se espalhe pela corrente sanguínea e infecte as válvulas cardíacas. Essas infecções metastáticas também são comumente letais.

As células em um organismo multicelular mantêm limites claros; elas não podem sobreviver fora de sua área designada. Uma célula normal da mama não pode sobreviver no fígado, um ambiente completamente estranho. Uma célula do pulmão não pode sobreviver no cérebro.

COMPETIÇÃO POR RECURSOS

Os organismos unicelulares competem vigorosamente por recursos. É cada bactéria por si. As células que pegam alimento suficiente vão sobreviver e se reproduzir. As que não o fazem vão morrer. O câncer compete diretamente por recursos da mesma forma, sem pensar no bem de mais ninguém. Uma célula cancerosa vai usar toda a glicose que puder, mesmo que tenha que privar as outras células normais. Os pacientes com câncer geralmente perdem quantidades extremas de músculo e gordura, à medida que o câncer se empanturra. Esse processo, comum na maioria dos cânceres avançados, é chamado de caquexia.

As células nos organismos multicelulares não competem diretamente umas com as outras por recursos como a glicose. Quando há escassez de recursos, há uma regra clara de divisão. Por exemplo, em momentos de fome, a menstruação e a habilidade reprodutiva são suspensas, a produção de pelos e cabelos desacelera e as unhas se tornam quebradiças. Recursos escassos são administrados para a sobrevivência do organismo, e algumas células individuais podem ser sacrificadas. Células relativamente supérfluas sofrem apoptose.

INSTABILIDADE GENÔMICA

A variação genética permite que uma espécie evolua e sobreviva em ambientes imprevisíveis. Os organismos unicelulares têm reprodução assexual, dividindo-se em duas células-filhas geneticamente idênticas à mãe. Se os genes

144 O CÓDIGO DO CÂNCER

são reproduzidos com 100% de fidelidade, não haverá nenhuma variação genética. Para criar uma diversidade genética, os organismos unicelulares devem sofrer mutação.

Os microrganismos geralmente elevam sua taxa de mutação genética em resposta ao estresse usando mecanismos complexos tais como aneuploidia,[3] emparelhamento errado, erro de polimerase, amplificação do gene, desregulação do reparo recombinacional e recombinação homóloga imprecisa.[4] Esses processos soam complexos porque realmente são. A questão é que a necessidade é a mãe da invenção: organismos unicelulares encontram formas de aumentar as taxas de mutação quando necessário.

O câncer, como já foi meticulosamente abordado, também é cheio de mutações genéticas. Ele pode causar a mutação em seus genes melhor do que quase qualquer outra forma de existência. A mutação genética é uma das características do câncer, uma habilidade fundamental que faz do câncer... bem, câncer. Para os organismos unicelulares e as células cancerosas, a habilidade de sofrer mutação é uma coisa boa; para os organismos multicelulares, é uma coisa ruim.

Os organismos multicelulares produzem variação genética ao se reproduzir sexualmente, o que mistura os genes parentais, mas, mesmo quando diferentes conjuntos de genes são combinados, a estabilidade genômica é estabelecida. As células são tão amplamente interdependentes que uma mutação em uma célula geralmente afetará outra. Se uma célula do pulmão sofrer mutação e não funcionar mais, afetará o resto do corpo. Uma mutação em um caminho hormonal provavelmente impactará outro e terá um efeito dominó. Assim, os organismos multicelulares desenvolveram mecanismos de reparo do DNA para diminuir essa taxa de mutação natural.

As mutações permitem que organismos unicelulares desenvolvam variação genética para lidar com a instabilidade ambiental. As células em um organismo multicelular não precisam lidar com isso, porque as condições se mantêm relativamente estáveis. A composição iônica do fluido dos arredores é mantida

As Origens da Vida e as Origens do Câncer 145

dentro de limites bastante rigorosos. A temperatura corporal é relativamente constante (veja a Figura 11.3).

No Nível da Célula	Organismo Multicelular	Célula Cancerosa	Organismo Unicelular
Prioridade	Organismo	Células	Célula
Modus Operandi	Cooperação	Competição	Competição
Crescimento	Não	Sim	Sim
Imortalidade	Não	Sim	Sim
Movimento	Não	Sim	Sim
Glicólise	Não	Sim	Sim
Generalização	Não	Sim	Sim
Autonomia	Não	Sim	Sim
Destruição da Hospedeira	Não	Sim	Sim
Crescimento Exponencial	Não	Sim	Sim
Invasão/ Ambientes Novos	Não	Sim	Sim
Competição por Recursos	Não	Sim	Sim
Instabilidade Genômica	Não	Sim	Sim

Figura 11.3

Esse paradigma do câncer como um protozoário invasor explica por que ele se parece mais com uma infecção do que com doenças humanas como doenças cardíacas.

O PARADIGMA EVOLUCIONÁRIO

O câncer se origina das células de um organismo multicelular, mas se comporta exatamente como um organismo unicelular. Essa descoberta é espetacular e inovadora. Finalmente temos uma nova resposta para a velha questão: o que é o câncer? A resposta convencional do paradigma do câncer 2.0 foi, durante muito tempo, que o câncer é uma célula com mutações genéticas aleatoriamente acumuladas. Mas Davies e outros viram que a origem do câncer está na origem da vida em si. De maneira improvável, o câncer é um organismo unicelular. A vida multicelular se trata de cooperação. A unicelular de competição (veja a Figura 11.4). Esse tipo de retorno a um fenótipo ancestral é chamado atavismo, o padrão de uma versão anterior ou o retorno a um passado da evolução.

Traço	Infecção	Câncer	Doença Cardíaca
Invade Tecidos?	Sim	Sim	Não
Sofre Mestástase?	Sim	Sim	Não
Desenvolve Resistência?	Sim	Sim	Não
Desenvolve Mutações Genéticas?	Sim	Sim	Não
Evolução das Células?	Sim	Sim	Não
Secreção?	Sim	Sim	Não

Figura 11.4

A civilização humana evoluiu de pequenos grupos de indivíduos que competiam entre si para grandes sociedades que trabalham juntas. O tamanho, a complexidade e a especialização maiores permitiram que as cidades dominassem. O mesmo aconteceu com a evolução da vida na Terra, da unicelularidade à multicelularidade. O tamanho, a complexidade e a especialização maiores permitiram que organismos multicelulares (como os humanos) dominassem (veja a Figura 11.5). O câncer é como o mundo pós-apocalíptico de *Mad Max*, em que pequenos grupos de pessoas brigam entre si por recursos.

Figura 11.5

Pode parecer que o morador da cidade e o sobrevivente solitário são completamente diferentes, mas, na verdade, são semelhantes, apenas enfrentam situações diferentes. Na floresta, as pessoas competem. Na cidade, cooperam. Mas o que acontece em uma cidade quando a lei e a ordem se quebram? O morador da cidade fica cada vez mais parecido com o sobrevivente. O problema não é apenas a semente, é também o solo.

O câncer é a quebra da cooperação multicelular. Transformações cancerosas acontecem quando uma célula em uma sociedade com um bom funcionamento age como um organismo unicelular. Assim como as cidades têm leis, as células normais têm fortes mecanismos anticâncer, que incluem as células do sistema imunológico. Quando elas se sobrecarregam e as regras da cooperação celular se quebram, as células devem reverter para sua programação original. Quando para de seguir as regras, o câncer prioriza apenas a própria existência.

Sem a cooperação, ou você compete ou morre. Essa reversão à unicelularidade tem resultados devastadores para o organismo. Como todas as vidas multicelulares evoluíram de organismos unicelulares, todas contêm o caminho necessário para o câncer. As sementes do câncer estão contidas em *toda célula de todos os animais multicelulares*. As origens do câncer estão nas origens da vida multicelular da Terra em si.

Mas como essa célula, originalmente parte da comunidade multicelular, mudou de comportamento para o de um organismo unicelular? Apenas uma força no universo biológico tem esse poder.

A evolução.

12

EVOLUÇÃO TUMORAL

CHARLES DARWIN, AO ESTUDAR os animais na idílica Galápagos, documentou a teoria da evolução pela seleção natural em seu livro de 1859, *A Origem das Espécies*. De acordo com a lenda, Darwin observou que o formato e o tamanho do bico do que ele presumiu ser um tentilhão — talvez fosse um tangará — variava de acordo com a fonte de alimentação do pássaro. Alguns têm bicos longos e pontudos, que são ótimos para comer frutas; e outros têm bicos mais curtos e grossos, que são ótimos para comer sementes do chão. Darwin chegou à conclusão de que não seria uma coincidência que os pássaros de bico pontudo fossem comuns onde havia abundância de frutas, e os de bico grosso, onde as sementes eram abundantes.

Ele considerou outro pássaro, que identificou como o pombo domesticado, mas que provavelmente era um pombo selvagem. Nos anos 1800, os admiradores de pombos os cruzavam para obter atributos específicos. Um criador de pombos que os quisesse brancos cruzaria apenas aqueles de coloração mais leve por muitas gerações. No fim, o resultado era um pombo puramente branco. Se um criador de pombos queria um pássaro com penas longas, ele cruzava

150 O CÓDIGO DO CÂNCER

aqueles com as maiores penas por muitas gerações. A seleção artificial por fim produzia um pássaro com a característica desejada. Não é necessário saber quais mutações genéticas específicas se desejavam, apenas o critério para a seleção.

A seleção artificial tem sido usada há milhares de anos. Para produzir vacas leiteiras, cruzava-se as que produziam mais leite por muitas gerações. Por fim, o resultado era uma Holstein-Frísia (aquela branca e preta), que produz mais de trinta litros de leite por dia. Mutações genéticas diferentes podem gerar o mesmo resultado. A Brown Swiss também é uma excelente vaca leiteira, mas tem uma genética completamente diferente daquela da Holstein. As variações genéticas não são mutações aleatórias, mas foram criadas com um objetivo específico em mente: produção de leite.

Darwin concluiu que o mesmo processo de seleção estava acontecendo com os tentilhões de Galápagos. Em vez de uma seleção artificial, feita pelo ser humano em busca de traços especiais, ele postulou que havia um processo de seleção natural. Áreas com bastantes frutas favoreciam a sobrevivência de pássaros com bicos mais longos. Quando cruzavam, aqueles pássaros com bicos longos produziam mais pássaros com bicos longos.

Bicos longos e pontudos não eram resultado de uma mutação genética aleatória (a semente), mas da condição ambiental (o solo): a quantidade de frutas possibilitava que, de todas as outras possibilidades, as mutações de bicos pontudos florescessem. O oposto acontece se a fonte principal de alimentação forem sementes — nesse caso, bicos mais curtos conferem uma vantagem aos pássaros.

As mudanças em uma população por meio da seleção, seja ela artificial ou natural, têm dois pré-requisitos: diversidade genética e pressão seletiva. Se todos os pássaros tivessem o mesmo bico ou todas as vacas produzissem a mesma quantidade de leite, a evolução pela seleção natural não seria possível, porque todas as escolhas seriam idênticas. Não é uma vantagem ou desvantagem natural. A seleção natural explica o processo por meio do qual certos traços podem aparecer ou desaparecer. O ambiente exerce pressão eletiva para determinar quais mudanças genéticas são mais favoráveis para a sobrevivência. O solo determina quais sementes florescerão. A teoria da mutação somática sugeria que as células cancerosas eram geneticamente monótonas e que as mutações se acumulavam aleatoriamente, não por alguma espécie de processo de seleção. Essas prerrogativas não poderiam estar mais incorretas.

HETEROGENEIDADE INTRATUMORAL

O câncer contém a diversidade genética necessária para permitir a evolução? A resposta é sem dúvida nenhuma um sim, como mostrado pelo Atlas do Genoma do Câncer. Uma variação genética significativa existe mesmo dentro de uma única massa tumoral; chamada de heterogeneidade intratumoral (ITH). O prefixo *intra* significa "dentro", e *heterogeneidade* significa "o estado de ser diverso", então a ITH se refere à incrível diversidade das mutações genéticas encontradas dentro de uma única massa tumoral, ou tumor.[1]

Os tumores que compartilhavam características parecidas diferiam tremendamente quando vistos de uma escala genética.[2] Até no mesmo paciente, diferentes partes do mesmo tumor exibiam mutações genéticas vastamente diferentes.[3] Por exemplo, em uma pesquisa de 2012, os pesquisadores fizeram a biópsia de um único câncer em um único paciente. Nove amostras do tumor principal e três de vários locais de metástase no corpo do mesmo paciente foram geneticamente sequenciadas e comparadas. A SMT previa uma concordância genética de 100%, mas a verdade era bem diferente: apenas 37% das mutações somáticas eram compartilhadas. O câncer não é um único clone genético; ele contém diversos subclones.

A maioria dos cânceres apresenta um clone dominante que consiste em mais de 50% do tumor, com o resto contendo múltiplas populações subclonais geneticamente diversas. Às vezes, há diferentes genéticas incríveis entre as células cancerosas em um único tumor. Em um estudo de caso, o clone dominante diferia de um subclone em 15.600 mutações genéticas![4]

Os tumores são geneticamente diversos no espaço, mas também ao longo do tempo.[5] Novas mutações estão sempre surgindo, enquanto outras morrem. Um estudo comparou o genoma de um câncer de mama metastático recorrente a seu genoma original de nove anos antes. Houve dezenove novas mutações na metástase que não estavam presentes no tumor original.[6] A variedade genética da ITH é um possibilitador-chave para a evolução tumoral, permitindo que a seleção natural se dê em cadeia ramificada.

EVOLUÇÃO DE CADEIA RAMIFICADA

Como ocorre a evolução tumoral? A SMT propôs que o câncer evoluía linearmente. As células cancerosas somavam uma mutação por vez, até que adquiriam todas as características necessárias para se tornar câncer. Essa teoria previa que uma única disrupção, como uma droga ou anticorpo, podia quebrar toda a cadeia e curar o câncer. Uma história fantástica, mas agora se sabe que isso está errado para a maioria dos cânceres comuns.

Em vez de uma evolução linear, a ITH permite um processo de evolução mais robusto de cadeia ramificada. O câncer não evoluiu em uma única cadeia, mas em caminhos múltiplos, muito como uma árvore cresce de múltiplas ramificações. Um obstáculo para uma ramificação não bloqueia o desenvolvimento total da árvore, porque outras ramificações mais bem situadas continuarão a crescer (veja a Figura 12.1).

Figura 12.1

Considere uma árvore crescendo perto de uma cerca. Se a árvore tivesse um único galho, pararia de crescer assim que atingisse a cerca de madeira. Mas, como tem várias ramificações, cresce através da cerca quase que sem nenhum impedimento ao encontrar e explorar aberturas nela. Quase todas as espécies evoluem assim. Por exemplo, os tentilhões de Darwin tinham vários tipos de bicos; em algumas situações, o longo era favorecido, em outras, era o bico grosso.

Agora também se sabe que o câncer segue uma evolução de cadeia ramificada. A Figura 12.2 ilustra como a ITH e a evolução de cadeia ramificada permitem uma melhor sobrevivência. Quando o câncer encontra um obstáculo — por exemplo, a administração de quimioterapia que mata 99% das células cancerosas —, apenas um único subclone do câncer precisa sobreviver para repopular o tumor e permitir a continuação do processo evolucionário. Uma árvore com múltiplos galhos precisa de apenas um único buraco para atravessar a cerca.

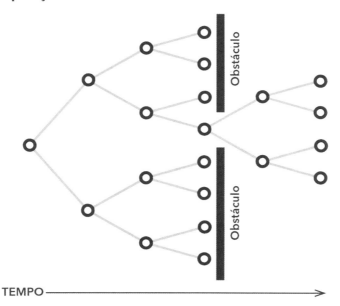

Figura 12.2: A heterogeneidade genética e a evolução de cadeia ramificada das células cancerosas permitem que o câncer se adapte a obstáculos.

Pesquisas recentes acompanharam as mudanças evolutivas em um paciente com câncer. A Figura 12.3 ilustra como é possível mapear as mutações genéticas de um único câncer e sua evolução ao longo do tempo. As mutações específicas não são tão importantes quanto observar como as mutações do câncer evoluem como os galhos de uma árvore.

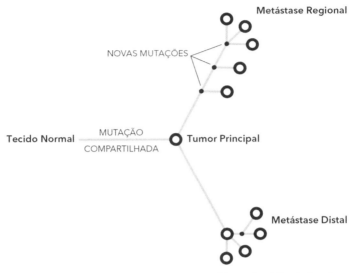

M. Gerlinger et al., "Intratumor Heterogeneity and Branched Evolution Revealed by Multiregion Sequencing", *New England Journal of Medicine* 366 (2012): 883-92.

Figura 12.3: Evolução do câncer ao longo do tempo mostra evidências da evolução de cadeia ramificada

Do tecido normal, todas as células cancerosas começam com uma única mutação. A SMT presumiu que essa mutação era a extensão da separação do câncer do tecido normal. Mas era apenas o *começo* da transformação cancerosa, não o fim. Novas mutações do câncer se ramificavam do caule principal e, com o tempo, mais e mais novos galhos surgiam.[7] Quando o câncer encontra um problema que impede seu crescimento, um de seus muitos subclones pode fornecer uma solução. Talvez ele continue a se proliferar e se torne o dominante, e o tumor como um todo continue a crescer. Assim, o obstáculo age como uma pressão seletiva.

IMPLICAÇÃO TERAPÊUTICA

O reconhecimento de que o câncer evolui continuamente ao longo do tempo e espaço pela evolução de cadeia ramificada foi uma quebra importante da ortodoxia do câncer das décadas anteriores. Isso tem duas grandes implicações para o tratamento do câncer e explica muito da falta de progresso na oncologia.

1. É improvável que um único tratamento de terapia-alvo seja bem-sucedido.

2. Os cânceres podem se tornar resistentes ao tratamento.

Primeiro, a maioria dos cânceres compartilha apenas uma minoria de mutações genéticas em seu genoma. Assim, é improvável que uma única droga que trate uma única mutação tenha sucesso no tratamento de um tumor inteiro. O sonho de uma medicina personalizada para parar uma ou duas mutações do câncer agora estava morto e enterrado.

Havia exceções, é claro. A terapia-alvo funcionava espetacularmente bem na leucemia mieloide crônica e no câncer de mama com *HER2/neu* positivos. Mas com a maioria dos cânceres contendo centenas de mutações, essa estratégia talvez não funcionasse. Dezenas de drogas diferentes seriam necessárias para cada lugar geneticamente distinto do câncer, incluindo os metastáticos.

Pense em uma árvore. Você pode derrubá-la com um único golpe de machado no tronco, mas é difícil cortá-lo por inteiro. Remover os galhos dos lados provavelmente não vai impedir o crescimento global da árvore, porque você está podando, não cortando. É a mesma coisa com o câncer. Geralmente, é muito difícil cortar o tronco, e mirar em centenas de galhos pequenos é ineficiente.

A logística de mirar múltiplas mutações é assustadora. Uma única biópsia de um tumor perderá a maioria das anomalias genéticas. Mesmo se todas as mutações presentes fossem conhecidas, seriam necessárias dezenas ou centenas de drogas combinadas para afetar todos os galhos. A ideia de uma quimioterapia de "precisão" se baseava em uma hipótese errônea de evolução linear. Enquanto a heterogeneidade é dinâmica e evolui ao longo do tempo e espaço, nossos tratamentos são estáticos.

156 O CÓDIGO DO CÂNCER

As pesquisas produzidas pelos cinquenta anos da guerra ao câncer haviam catalogado milhões de maneiras possíveis para as mutações dos genes, com a falsa esperança de que essa informação nos levaria à cura. Não tinha chegado nem perto. Mirar uma única mutação quando o câncer tem centenas delas não é uma estratégia produtiva.

O gene mais amplamente mutado nos cânceres humanos, defeituoso em aproximadamente 50% deles,[8] é chamado *p53* e foi descoberto em 1979. Às vezes é chamado de "guardião do genoma", por causa de sua importância na manutenção da estabilidade genômica. Qualquer forma de dano no DNA, que pode ser causado por toxinas, vírus ou radiação, ativa o gene *p53*. Se o dano for mínimo, o *p53* simplesmente fará o reparo no DNA danificado. No entanto, se o dano for muito severo, ele liga o modo "matar" e ativa o protocolo da apoptose, protegendo o genoma contra as células defeituosas.

Desde a descoberta do *p53*, aproximadamente 65 mil artigos científicos foram publicados somente sobre esse gene. Em um custo conservador de US$100 mil por artigo — incidentalmente, é provável que esse valor esteja muitíssimo baixo —, esse esforço de pesquisa custou US$6,5 bilhões. São bilhões, com B. Desde 1979, uma estimativa de 75 milhões de pessoas desenvolveram cânceres relacionados ao *p53*. O que temos para mostrar por esse custo enorme, tanto em dólares quanto em sofrimento humano? O total de tratamentos baseados no *p53* aprovados pela FDA em 2019 é zero. Sim, zero. Por que é tão difícil encontrar um bom tratamento? Até agora, foram identificadas 18 mil mutações diferentes desse gene.

Além disso, a evolução de cadeia ramificada permite que o câncer desenvolva uma resistência à droga, um fenômeno comumente visto nas infecções bacterianas. Uma população geneticamente diversa de bactérias se adapta ao uso do antibiótico ao desenvolver resistência. Da primeira vez que um antibiótico é usado, a maioria das bactérias morre. Eventualmente, uma mutação rara permite que uma bactéria sobreviva. Ela floresce porque as outras morreram, e não há nenhuma competição. Assim, outra infecção começa, mas dessa vez as bactérias são resistentes ao antibiótico. O câncer se comporta como um protozoário invasor, geralmente tornando-se resistente à quimioterapia, à radiação e a tratamentos baseados em hormônios — até mesmo os mais novos, baseados em genes.

A ITH e a evolução de cadeia ramificada são mecanismos potentes de sobrevivência encontrados em quase toda vida na Terra. Juntas, elas permitem a adaptação a novos ambientes. Isso explica a taxa extraordinariamente alta de fracasso no desenvolvimento de drogas; as drogas do câncer fracassam quase três vezes mais em comparação com o desenvolvimento de drogas para combater outras doenças.[9]

A evolução de cadeia ramificada fornece um framework conceitual para a compreensão da terapia do câncer. Para ser bem-sucedido, é necessário dar tudo de si. Atacar as mutações do "tronco" provavelmente será eficaz, mas difícil. Em raras ocasiões, podemos encontrar um tratamento que pode cortar o tronco, como o imatinibe ou trastuzumabe. Aqui, só é necessário um pedacinho da cadeia para reverter a doença.

Outra estratégia de sucesso é superar o câncer com múltiplos tratamentos diferentes. Isso envolve o uso simultâneo de múltiplas quimioterapias (drogas) e múltiplas modalidades como cirurgia e radiação. E às vezes esse tratamento funciona bem. Muitas leucemias e outros cânceres da infância são curados pela quimioterapia combinada. Um dos primeiros avanços na quimioterapia foi a combinação de múltiplos agentes em um único regime. Hoje, poucas drogas para quimioterapia são administradas sozinhas. Em vez disso, três ou quatro drogas são administradas pelos regimes precisos.

Essa é a mesma estratégia usada para algumas infecções. Como tanto as infecções quanto os cânceres se comportam como organismos unicelulares, as semelhanças não são coincidência. A tuberculose, causada por uma bactéria que cresce vagarosamente, requer a administração simultânea de vários antibióticos. Se pode matar 100% dos micróbios, então a resistência não tem chance de se desenvolver.

O câncer geneticamente ativo está sempre evoluindo. Uma terapia-alvo estática é facilmente vencida. O câncer joga xadrez, um jogo estratégico que está sempre mudando, constantemente evoluindo. Usar uma única terapia-alvo é como confiar em um único movimento em uma rodada. Quase sempre vai dar errado.

O câncer sempre foi considerado um único clone genético, então processos evolutivos eram considerados irrelevantes. Mas a percepção de que o câncer evolui foi eletrizante. Pela primeira vez em décadas, tivemos uma nova compreensão sobre como o câncer se desenvolve. Todo o campo da ciência conhecido como biologia evolutiva agora poderia ser aplicado para compreender e explicar por que o câncer desenvolve mutações.

Os cânceres estão evoluindo constantemente, o que significa que são alvos em movimento, não estáticos. A chave para atingir um alvo em movimento é conhecer as forças por trás dele, então, a chave para atingir o câncer é conhecer as forças por trás das mutações. Quais são essas pressões seletivas?

PRESSÃO SELETIVA

As profundas raízes evolutivas do câncer vão bem além das origens da humanidade, alcançando a origem da vida multicelular na Terra. Então, o que é o câncer? A resposta simples é: o câncer é um organismo unicelular, mas, para se transformar de uma célula normal em uma "sociedade" com regras para a cooperação para uma existência unicelular, ele teve que sofrer centenas ou milhares de mutações genéticas. A próxima pergunta é: o que guiou a seleção dessas mutações?

A teoria da mutação somática presumia que o câncer era simplesmente uma coleção de erros genéticos aleatórios. Mas a transformação cancerosa claramente não é aleatória. Em vez disso, as células evoluem em direção a um destino claramente definido, à unicelularidade, com o propósito resoluto e a tenacidade de um Bloodhound. O câncer não pode existir fora do hospedeiro e não é transmissível; um câncer muito bem-sucedido mata o próprio hospedeiro e acaba se matando no processo. Quanto mais letal, mais suicida é o câncer. Mas por que ele evolui para uma forma que matará a si mesma no fim?

Há algumas ideias nos princípios da biologia evolutiva. Primeiro, o câncer se comporta como um animal unicelular. As bactérias cultivadas em uma placa de Petri continuarão crescendo até que a comida acabe. Elas não se esforçam para reduzir o crescimento em resposta à óbvia escassez de fontes de alimento porque cada célula individual está preocupada somente com o próprio crescimento naquele momento. Crescer até a comida acabar e, então, morrer. Esse é precisamente o mesmo padrão de crescimento visto no câncer, que continua a crescer até que o organismo hospedeiro morre. Nesse momento, o câncer também deve morrer.

Segundo, o câncer afeta adultos mais velhos, muito depois da fase reprodutiva da vida. Os genes que aumentam o risco para o câncer ainda são passados para a próxima geração. Por exemplo, o gene *BRCA1* aumenta significativamente o risco de câncer de mama e de ovário. A idade média de diagnóstico do câncer de mama é 42,8 anos, geralmente depois que a mulher teve filhos. Assim, apesar da letalidade do câncer, o gene *BRCA1* é passado para a frente e persiste na população.[10]

O câncer difere de outras doenças genéticas porque evolui. A anemia falciforme, por exemplo, é causada por uma mutação genética que é idêntica em todos os casos e estável no tempo e espaço. As células cancerosas têm mutações que mudam constantemente — de pessoa para pessoa, e até mesmo na mesma pessoa ao longo do tempo. Mas se os cânceres estão constante e independentemente sofrendo mutação, então como acabaram ficando tão parecidos, compartilhando das mesmas características? Há duas possibilidades: a evolução convergente e o atavismo.

EVOLUÇÃO CONVERGENTE

Sob condições ambientais semelhantes, os animais podem evoluir, de maneira independente, características vantajosas semelhantes, em um fenômeno chamado evolução convergente. Por exemplo, os esquilos-voadores da Austrália e América do Norte não têm relação genética, mas são quase idênticos na aparência. Esses animais desenvolveram características semelhantes porque ambos enfrentam as mesmas pressões de seleção natural. Os esquilos nos dois continentes enfrentam predadores no solo, e apêndices parecidos com asas, que lhes permitem planar de árvore em árvore, conferem uma vantagem imensa para a sobrevivência. As duas espécies não relacionadas convergiram na mesma solução: planar.

Desenvolver abas de pele parecidas com asas requer mudanças genéticas significativas. Se a pergunta fosse: "Por que esses esquilos desenvolveram a habilidade de planar?", a resposta poderia ser mutação genética. No entanto, essa é a causa imediata. No fim, o *ambiente* seleciona as mutações genéticas que permitem o ato de planar. Os genes das duas espécies são vastamente diferentes, mas as mutações convergiram em um fenótipo semelhante, daí o nome "evolução convergente". Esse avanço na evolução adiciona novas habilidades para os esquilos — nesse caso, a habilidade de planar.

Então, voltemos ao câncer. É um caso de evolução convergente? Todo caso de câncer na história deve reinventar a roda de forma independente ao adicionar novas características de forma sábia. Há um número infinito de novas mutações possíveis. Começando com um genoma normal, o câncer germinado adiciona novas mutações — crescer, se tornar imortal, se movimentar e usar o efeito de Warburg — passo a passo, até que se torna um câncer completo.

Mas se cada um dos cânceres da história está evoluindo de forma independente, como podem ser tão semelhantes? Não pode ser o ambiente, porque são muito diferentes. O pulmão é completamente diferente da mama, que é completamente diferente da próstata. Como pode todos os cânceres parecerem indistinguíveis em nível microscópio, seja de um homem japonês em 1920 ou de uma mulher norte-americana em 2020?

Evolução Tumoral 161

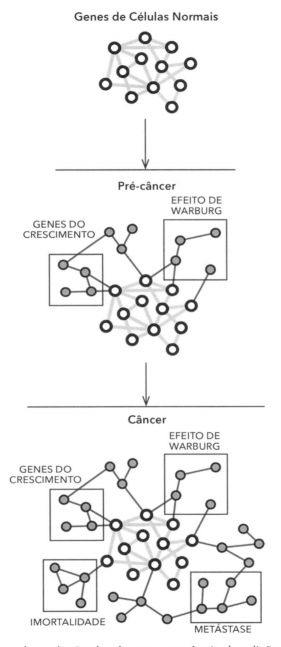

Figura 12.4: Avanço da evolução do câncer – sequência de adição de mutações

162 O CÓDIGO DO CÂNCER

Considere a evolução do cão domesticado. A partir do filhote de lobo ancestral, hoje temos centenas de raças de cachorro diferentes. Algumas são grandes; outras, pequenas. Algumas não têm pelos. Algumas têm pelos demais. Algumas são amigáveis. Algumas são indiferentes. Mas são todas descendentes de um lobo. Os cachorros diferem por centenas de mutações e, na aparência, são completamente diferentes. Um câncer de cólon se origina de uma célula normal do cólon. Depois de milhões de mutações desenvolvidas independentemente, qual a chance de todos os casos de câncer de cólon da história serem indistinguíveis um do outro?

Se a evolução convergente é a força dominante (veja a Figura 12.4), então todo câncer na história é uma nova mutação que se desenvolve de forma independente e, ainda assim, eles parecem idênticos mesmo no nível microscópico — só por coincidência.

Isso simplesmente não é concebível.

Então, como podemos explicar a notável coincidência? Enquanto Paul Davies considerava o problema, foi atingido pela forma como o câncer é "muito profundamente incrustado na forma como a vida multicelular é criada".[11] As raízes do câncer estão em nosso passado evolutivo. Talvez o câncer não fosse um processo evolutivo de avanço, mas de *retrocesso*.

ATAVISMO

Em 2001, Arshid Ali Khan nasceu na Índia com um rabo de 17cm saindo de sua lombar, por isso ele foi adorado como o macaco Hanuman, reencarnação do deus hindu.[12] Uma cauda humana é um exemplo de atavismo, a reaparição de um traço ancestral depois de ter sido perdido por muitas gerações. (A palavra é derivada do latim *atavus*, que significa "ancestral".) Dedos com membranas são um outro tipo de atavismo. Embora seja raro, o atavismo ocorre regularmente. Mas como se desenvolveram? Há duas possibilidades gerais:

1. Centenas de mutações se unem para formar um rabo do zero (de novo). Essa é uma evolução de avanço, a adição de um novo traço a uma estrutura existente.

2. O plano biológico para um rabo já existe, mas normalmente é suprimido. Perder o mecanismo de supressão permite a manifestação do rabo. Essa é uma evolução de retrocesso, a descoberta de um traço antigo escondido.

A primeira possibilidade envolve uma confluência inacreditável de eventos. Os músculos e o tecido conjuntivo que formam o rabo devem crescer em um formato tubular. A camada de cima de células de pele deve crescer para cobrir o rabo de forma apropriada. Os vasos sanguíneos devem crescer para prover esse rabo anômalo. Se for uma mutação de novo, então não necessariamente precisa ter a aparência de um rabo. Poderia parecer como uma orelha ou um dedo. Também não necessariamente precisa se desenvolver onde a coluna vertebral normalmente fica. Ele poderia, por exemplo, se desenvolver no topo da cabeça ou na axila.

A segunda possibilidade sugere que o embrião humano já contém todas as instruções genéticas necessárias para um rabo, refletindo nossa evolução dos primatas. Os humanos desenvolveram genes para suprimir o crescimento do rabo, mas o mapa original continua profundamente enterrado. Uma rara quebra dos genes supressores do rabo permitirá que o programa genético do "crescimento do rabo" rode porque ele existe. Quando essa mutação genética acontece, toda aparência externa é idêntica às das outras pessoas na história que manifestaram um rabo.

Imagine uma sala de aula de artes em que cada criança produzisse uma imagem idêntica de uma flor — mesmo tamanho, mesmas cores, mesma flor. Cada uma delas decidiu de forma independente pintar a imagem idêntica? Dificilmente. É mais provável que a imagem fosse parte de um kit que as crianças receberam. No caso do câncer, é mais provável que todo câncer da história decidiu evoluir todas as características de forma independente ou que elas já existiam e somente precisavam ser descobertas?

A teoria atavista propõe que o câncer é uma reversão a um formato evolutivo anterior, a célula unicelular. *O câncer já existia enterrado profundamente em cada célula de todo animal multicelular.* Esse mapa básico já está pronto, só precisa ser descoberto. Esse atavismo é essencialmente uma evolução de retrocesso, não avanço. É um retorno a uma versão de sobrevivência anterior. Isso explica plausivelmente como todo câncer na história se desenvolve de forma independente, mas ainda parece a mesma coisa.

O câncer é o ancestral unicelular de uma célula normal. Durante a evolução para a multicelularidade, novos sistemas de controle foram adicionados ao programa original para garantir a cooperação e a coordenação. Organismos unicelulares crescem, são imortais, se movimentam e usam glicólise. À medida que a multicelularidade evoluía, novas instruções genéticas foram adicionadas para parar o crescimento, tornar as células mortais, parar a movimentação e mudar toda a geração de energia para favorecer a OxPhos.

Mas, criticamente, essa antiga programação unicelular *não foi deletada*. Ela ainda existe, ainda que suprimida. Novos programas foram construídos em cima dos antigos. Se a nova programação supressiva fracassa, então a antiga pode surgir. O atavismo é como filhotes de tigres. É possível treiná-los para tolerar os humanos e comer de sua vasilha. Mas se eles ficam bravos e se esquecem de seu treinamento, voltam ao animal selvagem.

A teoria atavista sugere que organismos unicelulares contêm um núcleo original de programação genética que permite o crescimento, a imortalidade, o movimento e a glicólise. Esse núcleo existe em organismos multicelulares como uma reminiscência do passado evolutivo do organismo sendo um organismo unicelular. Uma nova programação genética é colocada acima da antiga para mudar o comportamento competitivo para cooperativo. Se esses controles genéticos recentemente adicionados são danificados, então os traços ancestrais se reafirmam. É assim que uma célula normal completa a transformação cancerosa (veja a Figura 12.5).

Genes de Organismo Unicelular

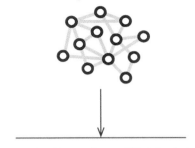

Genes de Organismo Multicelular

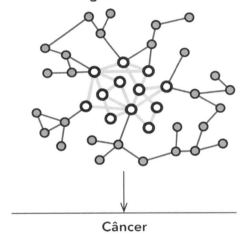

Câncer

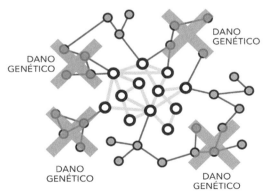

Figura 12.5

Essa teoria transforma a previsão selvagem, mas correta, de que o câncer é um evento comum, não raro, pois é relativamente simples danificar os controles em vez de construir centenas de novas mutações na evolução convergente no progresso. O direito de nascença de nosso ancestral é a sobrevivência da célula, não do organismo multicelular. Realmente, a taxa de câncer excede muito a taxa conhecida da mutação.

O câncer é guiado pelo mesmo caminho de volta à vida unicelular. Como essa programação primitiva existe em todas as células, conforme os cânceres avançam, se tornam cada vez mais parecidos uns com os outros. Eles se desdiferenciam (se tornam menos diferentes uns dos outros). *Desdiferenciação* é o termo preciso para caracterizar o comportamento do câncer.

Todos os cânceres chegam ao mesmo destino (unicelularidade) ao seguir um caminho guiado (atavismo) em vez de um passeio aleatório (evolução convergente). A evolução convergente trata de adição; o atavismo, de subtração. Esses caminhos subjacentes evoluíram por milhões ou bilhões de anos. O câncer já existe em todos os organismos multicelulares; só precisa ser revelado.

Por que o câncer é encontrado em todos os animais multicelulares? Por que todas as células do corpo podem se tornar câncer? Por que os cânceres são tão comuns? Por que os cânceres são tão semelhantes uns aos outros se desenvolveram-se de forma independente? A SMT não tinha nenhuma resposta, mas a evolução atavista explica muita coisa do comportamento do câncer. Ainda assim, qual foi a pressão seletiva que transformou uma célula cooperativa de um organismo multicelular em um organismo unicelular competitivo? Agora que sabemos *o que* é o câncer, podemos fazer uma nova pergunta: o que causa o câncer?

13

TRANSFORMAÇÃO CANCEROSA

O NOVO PARADIGMA evolutivo do câncer foi descobrir respostas completamente inesperadas. O câncer é, contrariando todas as possibilidades, uma evolução de retrocesso, ou atavismo, em direção ao organismo unicelular de nosso passado evolutivo. As células dos organismos multicelulares devem suprimir suas urgências unicelulares. Quando esses traços unicelulares se tornam expostos, o resultado é o câncer. Há alguma prova para isso? Pesquisas recentes têm descoberto cada vez mais. De acordo com essa teoria, as células cancerosas deveriam expressar genes unicelulares mais antigos e menos genes do período multicelular mais recente. É exatamente isso que os estudos estão descobrindo. O número das mutações do câncer tem um pico exatamente na intersecção da unicelularidade com a multicelularidade.[1]

Um estudo que em 2017 dividiu os 17.318 genes humanos em 16 grupos diferentes, chamados caracteres, se baseou na história evolutiva (veja a Figura 13.1). Os genes antigos nos caracteres 1 a 3 pertencem à vida unicelular. Os caracteres 4 a 16 continham genes mais recentes.

Os pesquisadores, à época, não se perguntaram quais genes sofreram mutação, mas *quando*. De qual período evolutivo? A expressão de genes mais antigos aumenta no câncer, enquanto a expressão de genes que evoluíram mais recentemente diminui, como previsto pela teoria evolutiva?

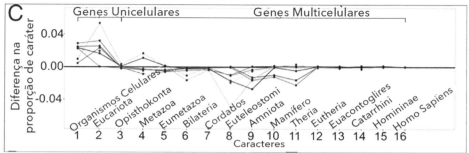

Interações alteradas entre genes unicelulares e multicelulares geram as características da transformação em uma variação diversa de tumores sólidos. Trigos AG et al.

Figura 13.1

A resposta é sim. O câncer preferencialmente expressava os genes unicelulares antigos dos caracteres 1 a 3. Os genes que representam a transição da vida unicelular para a multicelular, caracteres 4 a 11, eram os mais prejudicados no câncer, notavelmente. Eles eram precisamente os genes responsáveis por melhorar a cooperação intracelular.[2] As células cancerosas expressavam mais genes unicelulares, o que aumenta a competição entre as células. Ao mesmo tempo, o câncer suprime os genes que tentaram controlar as necessidades unicelulares e encorajar a cooperação. Esse estudo oferece uma evidência compreensiva de que as células cancerosas estão tentando voltar à vida unicelular. Quanto mais agressivo o câncer, mais ele expressa os genes unicelulares.

O banco de dados COSMIC (Catalogue of Somatic Mutations in Cancer), do Sanger Institute, a maior e mais abrangente coleção das várias mutações genéticas do câncer do mundo, foi lançado em 2004. A última versão de 2019, COSMIC Release v90, documentou mais de 9 milhões de mutações diferentes no código.[3] Uma revisão dessas mutações encontra a mesma concentração de genes do câncer no início da multicelularidade.[4] O câncer preferencialmente causa a mutação desses genes que se desenvolveram no início da multicelularidade, há aproximadamente 500 milhões de anos. As mutações do câncer não são aleatórias, mas miram especificamente na junção da vida unicelular com a multicelular, exatamente como previa a teoria atavista.[5] Nada provável, a previsão selvagem estava 100% correta. Essa teoria prevê que as mutações que liberam as cadeias (genes supressores do tumor) são mais importantes para a gênese do câncer do que as que provocam o crescimento (oncogenes). Em outras palavras, é mais fácil tirar o pé do freio do que criar outro acelerador. Mais uma vez, foi exatamente isso o que as pesquisas recentes descobriram.

Nas amostras clínicas do câncer, mudanças nos genes supressores do tumor são 2,3 vezes mais prevalentes do que os oncogenes.[6] O câncer demole progressivamente as estruturas regulatórias existentes para reativar sua "memória genética" de ser um organismo unicelular. O gene supressor do tumor *p53*, de longe o mais importante no câncer humano, é encontrado em mais de 50% de todos os cânceres. O gene *BRCA1*, conhecido por aumentar o risco de câncer de ovário e de mama, também é um gene supressor do tumor.

Pesquisas experimentais da evolução do tumor descobriram um número surpreendente de 12.911 genes que mostraram evidência de pressão seletiva, e mais de 75% envolviam uma redução na expressão do gene.[7] Remover a supressão do crescimento é mais importante do que acelerar os genes do crescimento. Logicamente, é muito mais fácil reduzir a função de um gene do que aumentar sua expressão. Se aleatoriamente bater em seu carro com uma chave inglesa, é mais provável você lhe causar um dano do que fazê-lo funcionar melhor. O câncer não trata de adicionar mais funções, mas de subtrair o controle das funções existentes. O câncer se trata menos de um gene adquirir novas habilidades e mais de revelar habilidades antigas.

Células diferentes, como de um pulmão e de um fígado, têm estruturas, funções e ambientes vastamente diferentes. À medida que evoluem em um câncer, perdem as características especializadas e começam a ficar cada vez mais parecidas. Elas se tornam mais *primitivas* e *desdiferenciadas*, dois termos patológicos que costumam descrever o câncer. Conceitualmente, os cânceres evoluem em direção a um mesmo destino unicelular: a célula-tronco.[8] Essa reversão em direção a uma célula-tronco permite que uma célula do pulmão mude o suficiente para viver no fígado, porque a célula originária do pulmão tem algumas características em comum com a do fígado. O câncer é um processo de evolução em retrocesso em direção ao que pode facilmente ser considerado uma nova espécie.

ESPECIAÇÃO

As células cancerosas são vistas pelo nosso sistema imunológico como uma nova espécie invasora. Estamos constantemente expostos a organismos microscópicos invasores, e as células altamente letais de nosso sistema imunológico devem cuidadosamente distinguir as células do próprio corpo das células invasoras. Queremos matar os invasores, não nossas próprias células em um fogo amigo. Como os vírus, as bactérias e os fungos, as células cancerosas são reconhecidas pelas células *natural killers* (NK), ou células exterminadoras naturais, como "invasoras" e se tornam alvo para a morte.

O câncer pode ter evoluído inicialmente de uma célula normal, mas, do ponto de vista do sistema imunológico, se tornou uma espécia invasora. Na natureza, a especiação (desenvolvimento de uma nova espécie) não é um evento raro. Pode até ser que os cachorros tenham evoluído dos lobos, mas não são lobos. Pode até ser que o câncer de mama tenha evoluído de células normais da mama, mas não são células normais da mama. As células cancerosas se diferenciam daquelas das quais se derivaram em várias maneiras, incluindo ser menos especializadas e ser desdiferenciadas.

O câncer pode ser considerado uma espécie invasora por vários motivos: ele redireciona a energia e os recursos para ele mesmo, não o organismo como um todo; ele se propaga e se protege à custa do hospedeiro; e se adapta à sobrevivência no ambiente hostil do corpo humano.[9] As células cancerosas também evoluem com o tempo e espaço, em um caminho evolutivo que é bem separado daquele do organismo como um todo. Uma célula de mama normal continua sendo geneticamente a mesma, década após década. O câncer de mama, no entanto, contém múltiplas subpopulações de variações genéticas que mudam com o tempo.

Esses comportamentos permitem que o câncer se adapte a ambientes em mudança para sobreviver. Quando tentamos envená-lo com a quimioterapia ou queimá-lo com a radiação, o câncer desenvolve resistência, assim como a bactéria pode desenvolver resistência ao antibiótico. Apesar de um câncer ter derivado originalmente de células normais, mudou o suficiente para ser considerado um alienígena. Mas o que causou o câncer?

O QUE CAUSA O CÂNCER?

Como mencionei no capítulo anterior, em uma sociedade funcional, os indivíduos devem cooperar, visando o benefício mútuo. Quando um governo fracassa, as pessoas fazem o necessário para sobreviver e proteger suas famílias, resultando em anarquia. Momentos desesperadores requerem medidas desesperadas. Um senhor da guerra emerge, comandando com pura brutalidade. Esse senhor da guerra é o câncer.

No câncer, a lei e a ordem de um organismo multicelular se rompem. As células individuais sobrevivem, mas não há regras para a cooperação. Para sobreviver, as células devem retornar à sua programação de sobrevivência. O núcleo unicelular, a parte mais fundamental da célula que nasceu há milhões de anos, é o último sobrevivente. A célula muda seu comportamento usando ferramentas antigas para garantir a sobrevivência. Restrições a esse velho manual unicelular são removidas. Os típicos comportamentos dos organismos unicelulares retornam: crescimento, imortalidade, movimento e glicólise. A célula agora completou a transformação em seu ancestral evolutivo, o organismo unicelular conhecido como câncer.

Virtualmente, qualquer forma de dano celular ou no DNA pode causar câncer, incluindo elementos químicos, radiação e vírus, mas somente sob condições extremamente específicas. O dano induzido deve ser, ao mesmo tempo:

- subletal;

- crônico.

Para causar câncer, o dano celular não pode ser nem muito, nem pouco. Um dano muito grande simplesmente matará todas as células, não deixando nenhum espaço para o câncer se desenvolver. Pessoas mortas não têm câncer. Se uma cidade for completamente destruída por uma bomba nuclear, nada sobreviverá para competir por recursos. Um dano celular muito pequeno, por outro lado, simplesmente será reparado pelos mecanismos normais de reparo do DNA. O sistema imunológico caça a ocasional célula cancerosa, e tudo volta ao normal. A carcinogênese está no meio, como um homem que acabou de perder o trem — muito atrasado para um e muito adiantado para o outro. Nessa zona cinzenta entre a vida e a morte, as células danificadas tentam sobreviver, mas as estruturas normais para garantir a cooperação não são mais funcionais. O câncer nasce nessa batalha pela sobrevivência.

A cronicidade é o segundo atributo-chave da carcinogênese. Uma única grande dose de radiação é muito menos cancerígena do que uma radiação baixa e crônica. As partículas radioativas das bombas atômicas atiradas no Japão produziram muito menos câncer do que o esperado. Uma única grande dose de fumaça de cigarro é muito menos cancerígena do que o fumo crônico. O vírus da hepatite A que causa um único episódio de grande dano no fígado tem muito menos chances de causar câncer no fígado do que o dano crônico menor causado pelas hepatites B e C. Uma única infecção estomacal não é cancerígena, mas a pequena infecção crônica causada pelo *H. pylori* é.

O dano crônico subletal ativa os mecanismos de reparo celular, estimulando a recuperação e a divisão celular. A única grande diferença entre a recuperação de um machucado e o câncer é que o crescimento celular acaba parando quando o machucado se cura, o que não acontece com o câncer. A incrível semelhança levou pesquisadores a chamarem o câncer de "machucados que não saram".[10] Durante o processo de cura de um machucado, certos atributos celulares, como o crescimento e a imortalidade, são altamente vantajosos. As mutações genéticas nos oncogenes e nos genes supressores do tumor como *myc*, *PTEN* e *src*, que permitem crescimento aumentado e replicação (imortalidade), são altamente benéficas na cura do ferimento crônico e se acumulam vagarosamente. Essa pode ser uma forma de lesão pré-maligna, como um pólipo colorretal ou a displasia vista no câncer cervical. O dano crônico subletal fornece o tempo e a pressão seletiva continuada necessários para a transformação cancerosa.

A carcinogênese é um processo evolutivo, então demora. Um único ferimento agudo não exerce a pressão seletiva continuada necessária para causar câncer. É a exposição crônica ao elemento químico, à radiação ou a infecções que causa câncer. O câncer também tende a não ser uma proposição tudo ou nada. Quando a pressão seletiva para o crescimento e a replicação é removida, o risco de câncer retrocede. Por exemplo, parar de fumar pode reduz o risco excessivo de câncer de pulmão em quase 75% depois de 20 anos.[11]

Virtualmente qualquer lesão crônica subletal pode causar câncer. Uma das ilustrações mais claras desse princípio é encontrada na condição conhecida como esôfago de Barrett. Ela é mais comumente causada pela doença do refluxo gastroesofágico (GERD), também conhecida por refluxo ou, coloquialmente, azia. Normalmente, o ácido estomacal fica no estômago e não volta para o esôfago. O tecido estomacal é arquitetado para suportar os fortes ácidos produzidos, mas o tecido do esôfago não é. Quando o ácido estomacal sobe, o tecido do esôfago sofre danos, o que causa a dor da azia. Em resposta, as células do tecido do esôfago mudam para se parecerem mais com as do estômago e do intestino, em um processo chamado metaplasia.

O esôfago de Barrett costuma ser considerado um precursor do câncer, e tem aumentado nas últimas décadas. Ele converte para o câncer do esôfago em uma taxa anual de aproximadamente 0,3%,[12] cerca de cinco vezes mais alto do que o normal. O fator de risco mais significativo para a GERD e o esôfago de Barrett é a obesidade.[13]

Nesse caso, o agente causador do câncer é o ácido estomacal, uma substância completamente normal quando está no lugar certo. Ácido estomacal no estômago não tem problema, mas no esôfago é um problema, porque o dano celular crônico subletal eventualmente leva ao câncer.

Todos os cancerígenos conhecidos (tabaco, amianto, fuligem, radiação, *H. pylori* e vírus) são irritantes crônicos subletais. Ironicamente, alguns tratamentos para o câncer causam irritação crônica, então, causam câncer. A cirurgia talvez seja o tratamento mais antigo que se conhece. No entanto, pode haver a recorrência do câncer no local da cirurgia, mesmo quando todas as margens cirúrgicas estão limpas. O trauma da cirurgia em si induz à inflamação crônica e à recuperação do ferimento, o que facilita o retorno do câncer. Em alguns raros casos, o câncer pode florescer no local de um trauma não relacionado. Em um caso, um paciente ficou severamente machucado depois de uma

174 O CÓDIGO DO CÂNCER

queda. Dois meses depois, ele foi diagnosticado com câncer no pulmão, que tinha sofrido metástase para o local do trauma anterior.[14] Esse fenômeno é conhecido como oncotaxia inflamatória.[15]

O tratamento de radiação queima as células cancerosas e, em uma dose alta o suficiente, pode ser curativo. Vá com tudo. Mas o tratamento em si causa dano celular crônico subletal, então, pode ser cancerígeno. Cânceres secundários se desenvolvem em uma estimativa de 13% dos pacientes com câncer de mama, e o principal risco é o tratamento por radiação.[16]

As drogas de quimioterapia também são cancerígenos bem conhecidos. A IARC reconhece que clorambucila, ciclosporina, ciclofosfamida, melfalana, agentes alquilantes e tamoxifeno pertencem ao grupo 1 de cancerígenos. A ciclofosfamida, uma medicação imunossupressora usada para doenças autoimunes como vasculite[17] e artrite reumatoide,[18] está associada a um aumento quatro vezes maior de certos tipos de cânceres.

Os tratamentos-padrão anticâncer de hoje lembram ameaças existenciais antigas: radiação (camada de ozônio), veneno e antimetabólitos (desafios nutricionais, fome periódica). Essas ameaças não são desconhecidas para as células unicelulares, que desenvolveram respostas eficazes para florescer nessas exatas condições. Isso explica por que os tratamentos oferecidos pelo paradigma do câncer 2.0 ofereciam benefícios tão limitados.

Assim como a carcinogênese é uma força poderosa, também o são as defesas contra o câncer do corpo. Animais multicelulares desenvolveram uma vasta quantidade de mecanismos de supressão do câncer para manter a lei e a ordem celulares. Isso inclui a apoptose (morte celular controlada), mecanismos de reparo do DNA, supervisão do DNA, modificações epigenéticas, número limitado de divisões celulares (limite de Hayflick), encurtamento do telômero, arquitetura do tecido e supervisão imunológica. Em sua maioria, essas defesas contra as artes das trevas são suficientes para nos manter sem câncer. Mas, se influências ambientais mudam a vantagem para o lado unicelular, o câncer pode se desenvolver.

Tratamos o câncer como um tipo de erro genético aleatório durante muito tempo. Um erro que aparece em todos os animais na história e se desenvolve de forma independente em milhões de pessoas por ano? O câncer dificilmente é um erro. O câncer é o sobrevivente. Quando todo o resto morre, o câncer está vivo porque é o núcleo da célula que vai viver a todo custo. O câncer não é aleatório e não é estúpido. Ele desenvolveu as ferramentas de que precisa para sobreviver.

Esse modelo se encaixa melhor nos fatos conhecidos sobre o câncer do que qualquer paradigma anterior. Sem dúvidas, não será a última palavra sobre o câncer e não será julgado como tal. Essas suposições também não são fatos provados. Sempre haverá algo mais a se aprender sobre o câncer, mas acredito que esse novo paradigma é um imenso e útil passo adiante, que explica muitos dos mistérios que o envolvem.

EXPLICANDO OS MISTÉRIOS DO CÂNCER

Como Pode o Câncer Atingir Todas as Partes do Corpo?

A maioria das doenças mira apenas um órgão. A hepatite B ataca o fígado, mas não o pé. A doença de Alzheimer ataca o cérebro, mas não o coração. O câncer ataca todas as células no corpo humano. Por quê? Porque toda célula já contém a semente do câncer.

Como Pode o Câncer Atingir Virtualmente Toda Forma de Vida Multicelular na Terra?

Todos os animais e plantas na Terra se originaram de organismos unicelulares, então nossos genomas são pré-carregados com a "subrotina do câncer", um conjunto profundamente abarcado e onipresente de genes. Para organismos unicelulares, é claro, não são instruções para formar o câncer, mas apenas como competir contra outras células sobre a dominância de seu ambiente.

A multicelularidade superimpôs procedimentos de controle sobre essas necessidades unicelulares. Esse velho manual de "como competir" não foi destruído, mas novas seções foram adicionadas, mudando-o para um manual de "como cooperar". Quando esses novos caminhos falham, a sub-rotina unicelular (câncer) subjacente é liberada, tirando a poeira do velho manual. Uma vez que esse programa é ativado, segue um roteiro predeterminado. A célula cancerosa começa a crescer, formando uma pequena massa de células anormais: o tumor.

Por que Todos os Cânceres São Tão Parecidos?

Os cânceres compartilham o mesmo "portfólio estranho" de características, apesar de o tipo de célula de origem ser tão variado e apesar das diferenças genéticas entre as pessoas. Não há uma razão a priori para essas características se reunirem. Por que o crescimento e a imortalidade seriam selecionados com o efeito de Warburg? Por que alguns cânceres não desenvolveriam a habilidade de fazer a fotossíntese de energia? Por que o câncer causaria um crescimento exuberante, mas não raios laser saindo de nossos olhos?

O programa do câncer é predeterminado. É a reversão à forma unicelular da célula, um atavismo. Todos os cânceres compartilham o mesmo ancestral unicelular, com seu modus vivendi ancestral, uma combinação de atributos que evoluíram ao longo de milhões de anos para maximizar a sobrevivência do indivíduo.

Por que o Câncer É Tão Comum?

O risco permanente de um câncer clínico em qualquer lugar nos humanos é de 1 em 3. Nos Estados Unidos, o risco permanente de câncer de mama em uma mulher é de cerca de 1 em 9. Mas a verdadeira incidência de câncer é muitas vezes maior do que isso. Estudos de autópsia em pessoas que morreram de causas não cancerosas indicam uma surpreendente alta taxa de tumores malignos não descobertos.[19] O câncer não é uma doença rara; é ubíqua.

Cada câncer deve se submeter a centenas ou milhares de mutações para se transformar de uma célula normal. O desenvolvimento do câncer, uma mutação por vez, demoraria séculos, se não milênios. A teoria atavista explica perfeitamente por que o câncer é tão comum: a origem do câncer já está dentro de todas as células de nosso corpo. Não precisamos criá-lo, mas descobri-lo.

UMA NOVA COMPREENSÃO DO CÂNCER

Na próxima seção deste livro, olharemos mais de perto para as ferramentas que temos à nossa disposição para prevenir e lutar contra o câncer — mudando o foco da semente para o solo. Mas, antes disso, quero resumir brevemente nossa jornada para entender melhor as origens do câncer.

O paradigma do câncer 1.0, como você lembrará, postulava que o câncer é uma doença do crescimento excessivo. Isso certamente é verdade, mas não consegue explicar *por que* as células cancerosas crescem tanto. O paradigma do câncer 2.0 sugeria que ele é uma doença de mutações genéticas que causa o crescimento excessivo. Isso, também, certamente é verdade, mas mais uma vez não explica *por que* essas mutações ocorrem. O que nos leva ao paradigma do câncer 3.0, a teoria evolutiva, que postula que os genes sofrem mutação como uma resposta de sobrevivência contra lesões crônicas subletais. O caminho em direção a um estado unicelular, a unidade mais básica da sobrevivência, é a força por trás das mutações. A teoria de Charles Darwin, aplicada ao câncer, é mais bem resumida pela paráfrase: "Não são as espécies mais fortes que sobrevivem, mas as mais responsivas à mudança."[20] O câncer é a batalha celular definitiva por sua própria sobrevivência. Esse poderoso inimigo tem sido moldado pela força biológica mais potente que se conhece: a evolução.

O câncer se comporta como espécies invasoras. O crescimento implacável e a eventual metástase do câncer refletem um organismo em busca de um novo ambiente para prosperar. Enquanto o paradigma 2.0 considera o câncer uma doença "idiota" das mutações genéticas, o paradigma 3.0 o considera uma doença "inteligente", um protozoário invasor que faz tudo o que pode para sobreviver.

O câncer é um perigo sempre presente, porque sua semente está em todas as células de todos os organismos multicelulares. Como o envelhecimento, nunca pode ser real e verdadeiramente erradicado, mas com certeza é possível melhorar as chances.

O câncer passa por três fases: transformação, progressão e metástase. O que descrevemos até agora é apenas o primeiro passo: a transformação cancerosa. A evolução trabalhou no câncer como um escultor em uma pedra, desenhando, esculpindo, arredondando, afiando e aperfeiçoando seus genes de sobrevivência. Gradualmente, a peça final surge: uma obra letal. Mas quais condições ambientais permitem que o câncer prospere?

PARTE IV

PROGRESSÃO

(Paradigma do Câncer 3.0)

14

NUTRIÇÃO E CÂNCER

EM 1981, O Office of Technology Assessment do Congresso dos Estados Unidos pediu a Sir Richard Doll, o proeminente epidemiologista do câncer de sua época, e a Sir Richard Peto, um estimado professor de estatística médica e epidemiologia da Universidade de Oxford, que estimassem as causas conhecidas do câncer. Seu documento de referência[1], que continha 117 páginas, foi atualizado em 2015 e, no geral, pesquisadores concordaram que as estimativas originais se [manteriam] "verdadeiras em geral por 35 anos".[2]

O tabaco era, e ainda é, o principal contribuidor para o câncer. O pico do fumo nos Estados Unidos aconteceu nos anos 1960, embora cerca de 20% da população adulta ainda fume, contabilizando cerca de um terço do risco conhecido para câncer (veja a Figura 14.1).

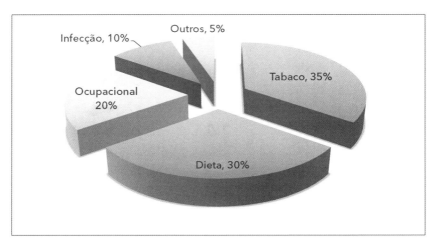

W. J. Blot e R. E. Tarone, "Doll and Peto's Quantitative Estimates of Cancer Risks: Holding Generally True for 35 Years", *Journal of the National Cancer Institute* 107, no. 4 (2015): djv044.

Figura 14.1

Fatores dietéticos, incluindo obesidade e inatividade, estão logo em segundo lugar, em um risco atribuível de 30% do câncer, embora possam plausivelmente ser responsáveis por 60% do risco. Estava claro que a ligação entre dieta e câncer era importante, mas a relação continuava: qual fator dietético específico é responsável pelo câncer? Especificar o relacionamento preciso é incrivelmente difícil. É algum tipo de deficiência de vitaminas? Havia falta de algum fator protetivo crucial? O problema estava muito relacionado à dieta ou nem tanto?

FIBRA DIETÉTICA

O lendário cirurgião irlandês Denis Burkitt observou em 1973 que "inúmeras doenças de principal importância são características da civilização ocidental moderna".[3] Essas doenças, que eram notadamente ausentes em populações africanas que seguem estilos de vida tradicionais, incluíam doença cardíaca, obesidade, diabetes tipo 2, osteoporose e certos tipos de câncer. O câncer colorretal, tão comum no ocidente, era virtualmente desconhecido nas populações africanas que Burkitt estava tratando. No entanto, nativos africanos que estavam adotando um estilo de vida ocidental sofriam taxas aumentadas de câncer colorretal, então não era simplesmente um problema genético. A dieta era o suspeito principal, mas que parte específica da dieta era a culpada?

A dieta africana tradicional continha muita fibra — muita. Isso aumentava o bolo fecal, levando a frequentes movimentos intestinais de grande volume. A dieta ocidental continha pouca fibra por causa da predominância de grãos refinados, que perdiam a maior parte da fibra natural durante o processo. O resultado? Menos movimentos intestinais e menores.

A fibra é a parte indigerível das comidas vegetais; ou é solúvel em água ou insolúvel. Em ambos os casos, não é absorvida pelo corpo e aumenta o bolo fecal. Burkitt, juntando as coisas, criou a hipótese de que o alto teor de fibra dietética da dieta africana prevenia o câncer de cólon. Talvez o movimento regular do intestino limpasse o sistema, prevenindo a putrefação das comidas dentro do cólon, o que pode ser cancerígeno. O alto volume intestinal significava frequentes "limpezas" dos movimentos intestinais. Comer mais fibra foi extremamente defendido como uma maneira de melhorar a saúde e reduzir o câncer.

Era uma excelente hipótese. No entanto, estudos preliminares em lesões pré-cancerosas, conhecidas como adenomas ou pólipos, não eram encorajadores. Na metade dos anos 1990, dois grandes estudos clínicos, o Toronto Polyp Prevention Trial[4] e o Australian Polyp Prevention Project,[5] fracassaram na detecção de quaisquer benefícios de saúde ao comer mais fibra.

Em 1999, o Nurses' Health Study, um estudo que durou 16 anos e envolveu mais de 16 mil mulheres, descobriu que uma dieta rica em fibras não reduzia o risco de adenomas pré-cancerosos. Sim, havia todos aqueles gloriosos movimentos intestinais, mas, não, não reduziu o risco do câncer.[6] Havia mais más notícias por vir.[7] Em um estudo clínico randomizado controlado, o padrão-ouro da medicina experimental, 1.303 pacientes deveriam consumir sua dieta usual ou uma dieta de baixa gordura e alta em fibras, enfatizando frutas e vegetais. O grupo com alta ingestão de fibra consumia 75% de fibras e 10% menos gordura do que em uma dieta-padrão. Infelizmente, do ponto de vista da prevenção do câncer, essa intervenção dietética era essencialmente inútil. Sim, a fibra melhora os movimentos intestinais, mas não previne o câncer colorretal.

Comer muita fibra dietética não era o fator de proteção contra o câncer colorretal. Provavelmente era um dos muitos outros fatores dietéticos e de estilo de vida que diferiam entre os africanos e europeus. Os inuítes do Norte, seguindo seu estilo de vida tradicional, comiam pouca ou nenhuma fibra, pois poucas plantas cresciam na região. Mas eles também não tinham muito câncer colorretal. O câncer simplesmente não era uma doença de pouca fibra, e, portanto, comer mais fibra que não se traduzia em menos câncer.

GORDURA DIETÉTICA

O novo suspeito foi a gordura dietética, principalmente gorduras saturadas. Não havia uma razão real para suspeitar que a gordura dietética causaria câncer. Afinal, os humanos comiam gorduras, inclusive as saturadas como as de animais (por exemplo, carne, laticínios) e as de plantas (como óleo de coco e azeite) há milênios. As sociedades tradicionais costumavam comer grandes quantidades de gordura. Os inuítes comiam gordura de baleia e de foca. Os povos das ilhas do Pacífico Sul comiam grandes quantidades de coco, que tem alto teor de gordura saturada. Nenhuma população que consumia muita gordura sofria de cânceres, doenças cardíacas ou obesidade. Não havia nenhuma sugestão de que a gordura dietética era cancerígena. Por que a consideramos uma possibilidade razoável?

Do final dos anos 1960 aos anos 1990, fomos tomados por uma fobia de gordura. Depois da Segunda Guerra Mundial, homens de meia-idade aparentemente saudáveis estavam sofrendo ataques cardíacos em uma taxa alarmante e cada vez maior. Mas ninguém sabia por quê. Quando o presidente

Eisenhower sofreu um ataque cardíaco, de repente se tornou o tópico médico mais importante da época. Obesidade, diabetes tipo 2 e falta de exercícios ainda não eram grandes questões de saúde. Quem era o culpado?

As mudanças no estilo de vida de 1900 a 1950 não foram dietéticas, mas a adoção generalizada do cigarro, uma tendência que acelerou depois da Segunda Guerra Mundial. A conexão entre o fumo e a doença ficou obscura por décadas enquanto as empresas de tabaco negavam que o hábito causava doenças cardíacas, doença de pulmão ou câncer. Nos anos de 1960, os médicos estavam fumando felizes junto com o resto de sua geração.

O Dr. Ancel Keys, um proeminente pesquisador da nutrição, apontou para a gordura dietética como o vilão que causava doença cardíaca. Isso nunca fez sentido. Norte-americanos, que moravam na terra da prosperidade, sempre comeram mais gorduras animais do que quase qualquer outra pessoa do mundo. Os grandes fazendeiros do Meio-oeste alimentavam os grandes ranchos de gado no Texas. Os norte-americanos sempre consumiram muita carne vermelha e leite. Até mesmo sob um olhar superficial, é difícil ver como alguém poderia ter concluído que comer mais carne causava mais doença cardíaca. O consumo de gordura não estava aumentando, mas a incidência da doença cardíaca estava aumentando em uma taxa alarmante.

Mas toda história precisa de um vilão, e a gordura dietética se tornou o inimigo número um do público. A American Heart Association (AHA) escreveu as primeiras recomendações oficiais do mundo em 1961, sugerindo que os norte-americanos reduzissem a ingestão de gordura total, saturada e colesterol. Seguindo esse conselho, as pessoas começaram a ingerir laticínios com baixo teor de gordura e mudaram o consumo de ovos e carne para o consumo de comida com pouca gordura, como pão branco e macarrão.

Mas a cruzada antigordura não parou na doença cardíaca. A ameaça da gordura dietética foi culpada por quase tudo de ruim. Causava obesidade. Causava alto colesterol. Causava doença cardíaca. Provavelmente causava mau hálito, queda de cabelo e até ferimentos leves. Não havia prova real de que a gordura dietética, que os humanos comeram desde... bem, desde que nos tornamos humanos, causava algum mal. Mas não importava, porque todo o mundo científico tinha entrado nessa onda de que a gordura fazia mal. Como pensaram que a gordura dietética causava doença cardíaca, concluíram logicamente que também causasse câncer. Quem precisa de provas se há o dogma?

Ainda assim, ninguém tinha ideia de *como* a gordura causava câncer. Havia poucas observações sugerindo que pessoas que comiam muita gordura tinham muito câncer. Os inuítes e povos das ilhas do Pacífico Sul, dois povos com taxas baixas de câncer, não só comiam muita gordura há séculos, mas os vegetarianos da Índia estavam comendo dietas constituídas sobretudo de grãos com muito pouca gordura e não estavam protegidos do câncer. Não importava. O nome do jogo era "Culpe a gordura como uma coisa péssima". Então, vamos jogar!

Em 1991, a Women's Health Initiative, um grande grupo controlado aleatório, testou a teoria de que a gordura dietética causava não somente ganho de peso e ataques cardíacos mas também câncer de mama. Quase 50 mil mulheres participaram, com um grupo de mulheres instruídas a seguir a dieta usual e o outro instruído a reduzir a gordura dietética a 20% de calorias e aumentar o consumo de grãos, vegetais e frutas.

Ao longo dos próximos oito anos, essas mulheres reduziram fielmente sua gordura dietética e consumo calórico em geral. Essa dieta restrita reduzia as taxas de doenças cardíacas, obesidade e câncer? Nem de perto. Publicado em 2007, o estudo não encontrou *nenhum benefício* para doença cardíaca.[8] Os pesos das mulheres não mudaram. E as taxas de câncer — bem, não melhoraram também. Especificamente, não havia benefícios para o câncer de mama[9] nem para o de cólon.[10] Foi uma derrota incrível. A gordura dietética tinha algum pequeno papel na causa do câncer? A resposta era irrelevante. O efeito era tão pequeno que não foi detectável nem com o maior teste nutricional da história.

Diminuir a gordura dietética não resultou em benefícios mensuráveis de saúde, contradizendo diretamente as crenças prevalecentes da época. Comer mais gordura dietética não causava câncer. Comer menos não protegia contra o câncer. Em termos de causa do câncer, a gordura dietética era um boato. Então, o que vinha a seguir?

VITAMINAS

Poderia o câncer ser causado por deficiência de vitaminas? E, em caso positivo, suplementos reduziriam o risco de câncer? Vitaminas são um grande negócio. As pessoas amam tomar suplementos. É um belo sonho que simplesmente tomar vitaminas pode reduzir nosso risco de câncer. Então, as colocamos à prova, mas os resultados não foram bons.

Betacaroteno

O primeiro foi o betacaroteno, precursor da vitamina A que dá às cenouras a coloração laranja e serve como um potente antioxidante no corpo. Um estudo clínico randomizado controlado de 1994 questionou se a suplementação de betacaroteno poderia diminuir as doenças cardíacas e o câncer.[11] Havia muitas expectativas, mas, infelizmente, a resposta foi não. O câncer simplesmente não era uma deficiência de betacaroteno como o escorbuto é uma deficiência de vitamina C. Péssima notícia para os amantes da vitamina.

Mas havia algo ainda pior pela frente: tomar suplementos de betacaroteno na verdade *aumentava* os riscos tanto de câncer quanto de morte em geral. No começo, esse efeito foi considerado uma falha, mas um estudo semelhante de 1996 encontrou o mesmo efeito causador de câncer.[12] Como tomar algo tão aparentemente benevolente quanto vitaminas poderia piorar o risco de câncer? Demoraria mais alguns anos até a solução aparecer: o câncer se comporta como uma espécie invasora. A suplementação com vitaminas beneficia mais essas células de rápido crescimento do que as células de crescimento lento normal.

As células cancerosas crescem e crescem e crescem sem nunca parar. Mas nem o câncer pode crescer sem nutrientes. Levantar um muro sem tijolos é impossível, até mesmo para os melhores pedreiros do mundo. As células cancerosas de rápido crescimento precisam de um fornecimento constante de nutrientes. As vitaminas não fazem com que uma célula se torne câncer, mas, se um câncer já está presente, podem certamente ajudá-lo a crescer. Alimentar o câncer com várias vitaminas é como borrifar fertilizante em um campo vazio na esperança de ter um lindo gramado. Você quer que a grama

188 O CÓDIGO DO CÂNCER

cresça, mas as ervas daninhas, sendo as plantas de rápido crescimento daquela área, também utilizam os nutrientes e crescem como, bem… ervas daninhas. Quando nutrientes vitais como o betacaroteno estão disponíveis em altas doses, as células cancerosas ficam altamente ativas e crescem como as ervas daninhas. Na medicina do câncer, não se quer *mais* crescimento, mas menos.

Ácido Fólico (Vitamina B$_9$)

Em seguida veio o folato, a vitamina do complexo B solúvel em água encontrada em folhas verdes, legumes e cereais. Ele é tão importante para o crescimento apropriado das células que os Estados Unidos obrigam a adição de suplementos de folato na farinha de trigo. A suplementação com folato foi uma das histórias de mais sucesso na era moderna. Até mesmo em sociedades ocidentais bem nutridas, a suplementação rotineira de folato (ácido fólico) em mulheres grávidas significativamente reduziu a incidência de defeitos do tubo neural nos nascimentos. Uma quantidade significativa de estudos por observação nas décadas de 1980 e 1990 sugeriu que uma dieta com baixo teor de folato aumentava o risco de doenças cardíacas e câncer colorretal. Uma grande onda de entusiasmo pela suplementação de vitamina B no começo dos anos 2000 levou a grandes estudos para ver se reduziria essas doenças.

O estudo clínico randomizado controlado de 2006 HOPE2 infelizmente descobriu que tanto a suplementação de folato quanto a de vitamina B12 não reduziam doenças cardíacas.[13] Mas e quanto ao câncer? O estudo observou uma tendência preocupante ao aumento de risco tanto de câncer de cólon (aumento de 36%) quanto de próstata (aumento de 21%) com a suplementação. Por si só, já era alarmante, mas havia ainda mais notícias ruins. O estudo clínico Aspirin/Folate Prevention of Large Bowel Polyps descobriu que seis anos de suplementação de folato *aumentavam* em 67% o risco de câncer avançado.[14] Outro estudo descobriu que pacientes de câncer de mama usando suplemento de vitamina B12 tinham riscos mais altos de recorrência e morte.[15]

Dois grandes estudos clínicos, o Norwegian Vitamin (NORVIT)[16] e o Western Norway B Vitamin Intervention Trial (WENBIT),[17] confirmaram que altas doses de suplemento de vitamina B não reduziam a doença cardíaca. Câncer? Houve um efeito significativo, mas que não foi bom. A suplementação com folato *aumentou* em 21% o risco de câncer e em 38% a morte por câncer.[18] Nada bom. Não estávamos prevenindo o câncer; estávamos causando-o nos pacientes.

Winston Churchill uma vez nos lembrou de que "Quem não conhece sua história está fadado a repeti-la". Se nos lembrássemos ainda de um pouco da história médica, esse triste capítulo da medicina poderia ter sido evitado. Em 1947, o pai da quimioterapia moderna, Dr. Sidney Farber, testou a suplementação do folato em noventa pacientes humanos com câncer incurável.[19] Alguns casos, principalmente os pacientes com leucemia, respondiam com uma *aceleração* marcada do crescimento do câncer. Os pacientes pioraram, não melhoraram.

A marca de um cientista realmente bom, no entanto, é a habilidade de mudar de ideia quando os fatos mudam. Percebendo que o ácido fólico piorou o câncer, Farber trocou para a administração de aminopterina, um bloqueador do folato, pensando corretamente que, se o folato estava deixando os pacientes piores, então bloqueá-lo talvez os deixasse melhores. Essa grande descoberta deu início à era moderna da quimioterapia. Pacientes com leucemia mostravam uma melhora quase milagrosa, ainda que temporária.

A quimioterapia moderna se baseou em uma única observação feita nos anos de 1940 que dar folato *piorava* o câncer. Ainda assim, no início dos anos 2000, milhões de dólares em pesquisa sobre o câncer foram gastos para provar o fato bem conhecido há décadas. Em retrospectiva, não é difícil entender por que a suplementação com alta dose de vitamina piora o risco de câncer. As células cancerosas crescem loucamente. Altas doses de vitaminas promovem o crescimento celular. É simples assim.

Vitamina C

A deficiência de vitamina C causa escorbuto, um perigo constante para marinheiros nos anos 1500 a 1800 de nossa era. As longas viagens sem vitamina C adequada causam hematomas, extremidades inchadas e gengivas inflamadas. Essa doença foi, por fim, curada ao fornecer laranjas e limões para os marinheiros comerem durante as longas jornadas no mar. A vitamina C curava o escorbuto, mas poderia curar o câncer?

Nos anos 1970, Linus Pauling — a única pessoa que ganhou dois Prêmios Nobel sozinho (de Química e da Paz) — se tornou um defensor da suplementação da vitamina C, acreditando que ela poderia curar o resfriado comum e também o câncer.[20] Infelizmente, estudos mais recentes não puderam confirmar o efeito anticâncer da vitamina C em humanos. Uma revisão de 2015 de todos os estudos disponíveis concluiu que "não há evidências para defender o uso de suplementos de vitamina C para a prevenção do câncer".[21] A suplementação de vitamina C é importante se você for um pirata do Caribe, mas não pode prevenir ou tratar nenhuma forma de câncer.

Vitamina D e Ômega-3

Era 1937 quando os cientistas especularam pela primeira vez que a exposição ao sol poderia diminuir o risco de câncer.[22] Em 1941, estudos estavam descobrindo que morar em latitudes mais altas (com menos luz do sol) estava associado a um risco mais alto de morte por câncer.[23] Essa ligação poderia ser explicada pelo efeito protetivo da vitamina D, que é produzida na pele ao ser exposta aos raios ultravioleta B (UVB) do sol.[24]

A exposição à luz solar é a única fonte significativa de vitamina D para a maioria das pessoas, pois poucos alimentos naturalmente contêm quantidades significativas de vitamina D. Aumentar a exposição ao UVB pode aumentar o risco de melanoma, então uma estratégia alternativa muito promissora foi a suplementação de vitamina D, que ganhou popularidade em meados dos anos 2000.

Estudos em humanos e animais[25] apontaram para o grande potencial da vitamina D como um agente anticâncer.[26] Ele podia reduzir a proliferação das células cancerosas, aumentar a apoptose (uma importante defesa anticâncer), reduzir a formação de novos vasos sanguíneos e diminuir a taxa de invasão do câncer e sua propensão a criar metástase.[27] A Third National Health and Nutrition Examination Survey (NHANES),[28] um grande estudo norte-americano que envolveu mais de 13 mil adultos, descobriu que baixos níveis de vitamina D estavam associados a um incrível aumento de 26% na mortalidade total, especialmente de doença cardíaca e câncer, os dois maiores assassinos dos Estados Unidos.

Para encontrar respostas definitivas, a NIH misturou mais de 25 mil participantes em um estudo clínico massivo sobre suplementos de vitamina D e um outro suplemento popular na época, ácidos graxos n-3 (também conhecidos como ômega 3) por mais de 5,3 anos. Infelizmente, o Vitamin D and Omega-3 Trial (VITAL) não encontrou nenhuma evidência de que os suplementos preveniam o câncer de alguma forma. Nem o câncer de mama. Nem o câncer de próstata. Nem o câncer de cólon. Também não houve benefícios para a prevenção da doença cardíaca.[29] Essa falta de benefício foi confirmada em 2018 pelo Vitamin D Assessment Study (ViDa).[30] Nenhum efeito danoso foi detectado, mas também não havia nenhum benefício.

Vitamina E

A vitamina E é um grupo de vitaminas antioxidantes solúveis em gordura que se tornaram muito populares nos anos de 1990, ganhando reputação por potencialmente reduzir a doença cardíaca e o câncer.[31] Infelizmente, estudos clínicos randomizados de larga escala desde então descobriram que a suplementação da vitamina E não reduz o risco do câncer de cólon,[32] de pulmão,[33] de próstata ou cânceres totais.[34]

Mais uma vez, havia certo perigo. O Selenium and Vitamin E Cancer Prevention Trial (SELECT) de larga escala em 2009[35] não encontrou nenhum benefício na redução do câncer de próstata. Mas pesquisas subsequentes mais longas levaram os pesquisadores a concluir que "Suplementação dietética com a vitamina E aumentava significativamente o risco de câncer de próstata entre os homens".[36] Isso era terrível. Os suplementos de vitamina E estavam causando os cânceres que deveriam prevenir.

COMO *NÃO* CURAR O CÂNCER

O câncer simplesmente não é uma doença de deficiência de nutrientes, então tomar suplementos provavelmente não vai fazer muita diferença. Testamos a vitamina A (betacaroteno), que fracassou na redução do câncer. Testamos as vitaminas B, que fracassaram. Então testamos as vitaminas C, D, E... e todas fracassaram. As letras estavam acabando! Então, o que nos restou foi:

- A dieta tem um papel importante no câncer.
- O câncer não é causado por falta de fibra dietética.
- O câncer não é causado por muita gordura dietética.
- O câncer não é causado por deficiência de vitaminas.

Embora possa soar trivial, essas quatro linhas de conhecimento custaram, literalmente, centenas de milhões de dólares em pesquisas e muitas décadas de trabalho. E deixou sem resposta a pergunta mais importante de todas: qual componente da dieta *é* responsável por tanto câncer?

Começando no final dos anos 1970, uma medida nutricional começou a sobrepor todas as outras: a obesidade. A obesidade epidêmica começou como um fenômeno norte-americano, mas desde então se tornou um fenômeno global. Sabemos cada vez mais que o câncer é uma doença relacionada à obesidade, responsável por 20% a 30% do risco de cânceres comuns.

OBESIDADE

Estima-se que, em 2013, a obesidade causou 4,5 milhões de mortes no mundo, devido principalmente aos riscos aumentados de doença cardíaca e câncer.[37] Geralmente, é clinicamente avaliada com uma medida conhecida como índice de massa corpórea (IMC), que é o peso em quilos dividido pelo dobro da altura em metros, ou IMC = kg/m^2.

É importante ter em mente que esse simples cálculo não considera muitos fatores, como a composição corporal (incluindo musculatura e densidade óssea), e, assim, é uma métrica fracassada no âmbito individual. Mas, em grandes populações, é uma medida razoavelmente útil. Uma classificação geralmente aceita é a seguinte:

IMC < 18,5	Abaixo do peso
IMC 18,6-24,9	Peso normal
IMC 25-29,9	Sobrepeso
IMC 30-39,9	Obesidade
IMC > 40	Obesidade mórbida

A obesidade epidêmica nos Estados Unidos acelerou no final dos anos 1970, seguida por um aumento dos níveis de diabetes tipo 2 cerca de 10 anos depois. Foi somente nos anos 2000 que a maioria dos pesquisadores descobriu que a obesidade também influencia o câncer. Como são necessários anos e anos para o desenvolvimento do câncer, a crise da piora da obesidade só se fez presente naquele momento.

O Cancer Prevention Study II, um grande estudo de coorte, começou em 1982. Esse empreendimento científico massivo precisou de 77 mil voluntários simplesmente para *inscrever* todos os participantes, que somaram mais de 1 milhão. Os participantes (idade média: 57) eram saudáveis e não tinham câncer detectável no início do estudo. A cada dois anos, eram rastreados para ver quem tinha morrido e por quê.[38] Em 2003, os dados chegaram a uma conclusão que na época era uma novidade e foi um soco no estômago: a obesidade, um risco já conhecido para diabetes, doenças cardíacas e derrame, também aumentava significativamente o risco de câncer.

O risco do câncer começou a aumentar em quem tinha IMC maior que 30 (obeso) e acelerou naqueles com IMC acima de 40, que sofriam de 52% a 62% mais mortes por câncer (veja a Figura 14.2). O risco diferia por local do câncer. O risco de câncer de fígado aumenta em 452%, e o risco de câncer de pâncreas altamente letal aumenta em 261%.

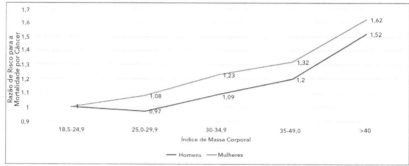

Figura 14.2

Essa é uma notícia devastadora, mas a verdade é quase certamente pior por dois motivos. As pessoas que tinham câncer de pulmão por causa do cigarro tendiam a não ser obesas por causa do fator emagrecedor do cigarro. Como o câncer de pulmão é a causa mais significativa de mortes por câncer, isso significa que o risco de câncer aumentado em 52% a 62% com a obesidade é praticamente subestimado. Olhando apenas para não fumantes, o risco aumentado de câncer em um IMC acima de 40 é de 88%.

Além disso, pacientes com câncer avançado tendem a perder peso, um fenômeno conhecido como caquexia. Isso também obscureceria a verdadeira ligação entre a obesidade e o câncer e, mais uma vez, levaria à subestimação do verdadeiro risco da obesidade.

Ao longo dos anos subsequentes, as notícias sobre obesidade e câncer só pioraram. Em 2017, o CDC lançou um relatório destacando as "Trends in Incidence of Cancers Associated with Overweight and Obesity: United States, 2005–2014".[39] Alguns dos cânceres mais comuns, incluindo o de mama e o colorretal, estão relacionados à obesidade e ao excesso de gordura corporal (veja a Figura 14.3). Juntos, são responsáveis por surpreendentes 40% de todos os cânceres. Esses cânceres mais ligados à obesidade são de fígado, de endométrio, de esôfago e de rins, com 2 a 4 vezes o risco. Os cânceres de mama e colorretal estão mais moderadamente associados, em 1,5 a 2 vezes o risco. Em 2016, a International Agency for Research on Cancer (IARC), depois de revisar mais de mil estudos, concluiu que 13 diferentes cânceres estão relacionados à obesidade. Três outros cânceres tinham dados limitados, mas eram sugestivos.[40]

Mesmo um pouco de ganho de peso está associado com um risco aumentado de câncer. O ganho de apenas 5kg em adultos aumenta 11% o risco de câncer de mama, 13% de ovários e 9% de cólon.[41] O sobrepeso ou a obesidade (IMC>25) quase dobrava o risco de cânceres do esôfago, fígado e rim e aumentava o risco de câncer colorretal em cerca de 30%.

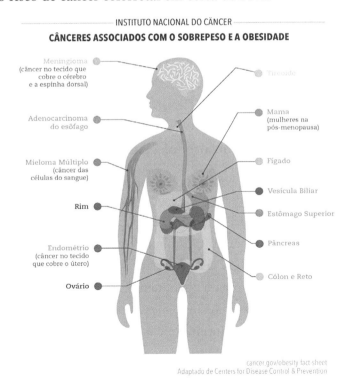

Figura 14.3

196 O CÓDIGO DO CÂNCER

De 2005 a 2014, a incidência de todos os cânceres associados ao peso na verdade diminuiu um pouco, mas uma análise mais criteriosa nos números conta uma história muito diferente. Essa melhora limitou-se a somente um único tipo de câncer: colorretal. A colonoscopia detectava e removia adenomas pré-cancerosos antes que se transformassem em câncer, o que diminuiu o câncer colorretal em 23%. Mas, excluindo esse câncer, os outros relacionados ao peso tiveram um aumento de 7%. Os cânceres que não estão relacionados ao peso (como o câncer de pulmão) tinham diminuído em 13% durante o mesmo período. Nosso progresso contra muitos cânceres está sendo significativamente impedido pela obesidade epidêmica.[42]

Tudo fica ainda pior para os filhos dos baby boomers, aqueles nascidos nas décadas de 1980 e 1990, uma geração às vezes chamada de "echo boom". Eles não são somente a geração mais pesada da história, mas o risco de câncer é maior até mesmo em pesos comparáveis, provavelmente devido à hiperinsulinemia (discutida no próximo capítulo). Nos millennials, seis cânceres relacionados à obesidade (colorretal, endometrial, de vesícula biliar, de rins, de pâncreas e múltiplos mielomas) estão se desenvolvendo em uma taxa quase que o dobro da dos pais baby boomers, com o ajuste de idade.[43] Por exemplo, os nascidos em 1970 (geração X) tinham um risco 98% mais alto de câncer de rim se comparado ao dos nascidos em 1950. Isso parece ruim até que se percebe que quem nasceu em 1985 (millennials) tinha quase *cinco vezes* o risco!

O câncer em jovens adultos é um alerta para o fardo de doenças futuras. Se você acha que é assustador agora, espere até que essa geração fique mais velha. A obesidade epidêmica está afetando pacientes cada vez mais jovens, e o câncer está seguindo o mesmo caminho. Por exemplo, a taxa de câncer de pâncreas está aumentando 0,77% ao ano para quem tem de 45 a 49 anos, mas aumenta 6 vezes mais rápido para quem tem de 25 a 29 anos. Os mais jovens estão enfrentando as curvas mais íngremes no aumento das taxas de câncer. Por contraste, a maioria dos cânceres que *não* estão relacionados à obesidade está diminuindo, principalmente os relacionados a vírus, cigarro e HIV.

Se o ganho de peso aumenta o risco de câncer, a perda de peso diminui? Os primeiros estudos com animais que sugeriram essa possibilidade foram publicados há mais de um século, pelo ganhador do Prêmio Nobel de 1914, Pyton Rus. Em camundongos, restringir severamente a disponibilidade de alimento corta o risco de câncer pela *metade*.[44] Nos anos de 1940, Dr. Albert Tannenbaum, ex-presidente da American Association for Cancer Research, descobriu que, surpreendentemente, somente a restrição de carboidrato em camundongos fornecia maior proteção contra o câncer do que uma restrição calórica geral.[45] Ele concluiu que "a formação do tumor depende da *composição* da dieta, assim como do *grau* de restrição calórica", uma observação notavelmente profética.[46] No Nurses' Health Study, mulheres que perderam 10kg ou mais depois da menopausa e continuaram perdendo diminuíram o risco de câncer de mama em surpreendentes 57%.

A obesidade claramente aumenta o risco de câncer, assim como aumenta o de diabetes tipo 2. Qual a ligação? O hormônio do metabolismo: a insulina.

15

HIPERINSULINEMIA

DIABETES TIPO 2 E CÂNCER

Entre as "doenças da civilização" mais proeminentes de Denis Burkitt estão a obesidade, o diabetes tipo 2 e o câncer, cujas linhas estão tão entrelaçadas que são quase indistinguíveis umas das outras. Burkitt as considerava manifestações diferentes do mesmo problema subjacente. Mas qual era esse fio unificador?

As populações que transitam de estilos de vida e dietas tradicionais para os do Oeste sofrem mais obesidade, diabetes tipo 2 e câncer. Essa conexão, tão óbvia para o Burkitt na África, também tem sido observada nas populações nativas da América do Norte, nos aborígenes da Austrália e nas populações das ilhas do Pacífico Sul. O maior grupo de pessoas indígenas das regiões árticas são os inuítes. Os primeiros artigos de 1936 não descobriram evidência de câncer em povos inuítes.[1] Nenhuma. A literatura científica da época considerava os inuítes virtualmente imunes tanto ao diabetes tipo 2 quanto ao câncer.

200 O CÓDIGO DO CÂNCER

Uma expedição de 1952 observou: "Afirma-se comumente que o câncer não ocorre nos esquimós, e, até onde sabemos, não há casos relatados até agora."[2] As condições de moradia no Extremo Norte mudaram drasticamente depois da Segunda Guerra Mundial. Condições de moradia aprimoradas em comunidades urbanas maiores melhoraram a expectativa de vida geral. A dieta tradicional, baseada em peixes e mamíferos marítimos, agora dependia de alimentos importados — em sua maioria, carboidratos e açúcares refinados. Logo veio o entendimento que os inuítes, na verdade, não eram imunes ao câncer, obesidade e diabetes tipo 2.

A história do diabetes tipo 2 nos inuítes é assustadoramente semelhante à do câncer. Na virada do século XX, expedições médicas para o Ártico buscaram em vão pelo segredo da "imunidade" dos inuítes ao diabetes tipo 2. Um pesquisador escreveu em 1967: "A experiência clínica há muito sugere que o diabetes mellitus é raro nos esquimós do Alasca."[3] A história começou a mudar nos anos de 1970, e não para melhor. Em 1988,[4] pesquisas mostraram que "O diabetes mellitus não é mais uma rara condição entre os nativos do Alasca."[5] De 1990 a 1998, o diabetes aumentou em 71% entre as crianças e os jovens adultos nativos do Alasca.[6]

Não é coincidência que as taxas de obesidade, diabetes tipo 2 e câncer em populações nativas ao redor do mundo aumentaram em sequência — de doenças inexistentes em pessoas que seguiam um estilo de vida tradicional a uma epidemia, tudo dentro de um espaço de uma única geração. Desastre. Por causa dessa correlação com mudanças no estilo de vida, o câncer vinha há muito sendo considerado uma doença do "Oeste", não genética.

O Dr. D. G. Maynard observou pela primeira vez o risco aumentado de câncer com o diabetes em 1909.[7] Ambas as doenças eram relativamente desconhecidas (ah, como as coisas mudam…) e estavam aumentando em incidência (ah, como as coisas se mantêm as mesmas…). Desde então, essa correlação vem sendo confirmada muitas vezes na literatura científica. Como a doença da obesidade, intimamente associada às dietas, o diabetes tipo 2 consistentemente aumenta o risco do câncer.

Nos Estados Unidos, o Cancer Prevention Study II estimou, em 2012, que o diabetes aumentou o risco de morte por câncer de 7% para 11%.[8] Uma análise europeia de 2011[9] e um estudo asiático de 2017 [10] estimaram que os diabéticos têm cerca de 25% de risco maior de morte por câncer. Cada aumento de 1mmol/L de glicose sanguínea estava associado a um risco aumentado de câncer fatal: 5% para homens e 11% para mulheres.[11]

Como no caso da obesidade, o diabetes aumenta mais o risco de certos tipos de câncer do que de outros. Um consenso da American Diabetes Association estima que o diabetes dobra o risco de cânceres de fígado, endométrio e pâncreas e aumenta o risco de cânceres de mama e colorretal em aproximadamente 20% a 50%.[12] Isso pode explicar por que a taxa ajustada por idade de câncer pancreático aumentou em 24% nos Estados Unidos entre 2000 e 2014.[13]

A associação da obesidade, do diabetes tipo 2 e do câncer claramente estabelece o câncer como uma doença do metabolismo, não puramente das mutações genéticas. É um problema de semente e solo. Quando a semente do câncer é plantada, a via metabólica do corpo permite que ela floresça. Mas o que conectava essas três doenças relacionadas? O hormônio insulina.

A obesidade é principalmente uma doença da *hiperinsulinemia*, palavra derivada do prefixo *hiper*, que significa "excesso", e o sufixo *emia*, "no sangue". Assim, *hiperinsulinemia* é traduzida literalmente como "muita insulina no sangue". A obesidade é comumente considerada, de maneira equivocada, uma doença de consumo excessivo de calorias, mas na verdade é principalmente uma desordem hormonal de insulina em excesso. (Os detalhes estão além do escopo deste livro, mas, caso deseje aprender mais sobre eles, ofereço uma discussão aprofundada desse fenômeno no meu livro *O Código da Obesidade*.) O diabetes tipo 2 também é uma doença da hiperinsulinemia, embora nesse contexto ela seja frequentemente chamado de "resistência à insulina". Como o Superman e o Clark Kent, a hiperinsulinemia e a resistência à insulina são a mesma coisa.

Então, vamos recapitular:

- A obesidade é uma doença de hiperinsulinemia.
- O diabetes tipo 2 é uma doença de hiperinsulinemia.
- O câncer também é uma doença de hiperinsulinemia?

A insulina é um hormônio natural liberado no sangue pelo pâncreas em resposta ao alimento — especificamente, proteínas e carboidratos, mas não gordura. Geralmente, a insulina funciona como um sensor de nutrientes porque sinaliza a disponibilidade dos carboidratos e das proteínas para o resto do corpo, que pode usar ou armazenar essa energia alimentícia. A hiperinsulinemia é cancerígena? Há trinta anos, o pensamento em si seria altamente ridicularizado. Hoje em dia, é uma das áreas mais quentes da pesquisa do câncer.

INSULINA E CÂNCER

O potencial da insulina de provocar o câncer foi observado em 1964.[14] Nas culturas de laboratório, células de mama normais incubadas com insulina proliferaram com tanto entusiasmo que pareciam câncer. Cultivar células de mama cancerosas no laboratório também requer insulina. Muita insulina. Essa é uma observação interessante, porque as células da mama normais não precisam de insulina. Mas as células *cancerosas* da mama não vivem sem ela.[15] Se remover a insulina da cultura de células de mama cancerosas, as células rapidamente encolhem e morrem. Isso também ocorre em cânceres como colorretal, de pâncreas, pulmão e rins. Nos camundongos, injetar insulina induz o crescimento do câncer de mama e de cólon.[16]

Essa era uma anomalia confusa. Os principais tecidos normalmente envolvidos com o metabolismo da glicose, fígado, células de gordura e músculos axiais naturalmente têm os mais altos números de receptores de insulina. Tecido mamário normal? Nem tanto. Então, por que o câncer de mama se desenvolve com a insulina? As células do câncer de mama expressam seis vezes os níveis de receptores de insulina se comparadas às células normais.[17]

Altos níveis de insulina podem ser mensurados com um teste sanguíneo chamado peptídeo-C, que é um fragmento de proteína liberado pelo corpo durante a produção da insulina. Altos níveis de peptídeo-C estão associados a surpreendentes riscos aumentados em 270%[18] a 292% de câncer colorretal subsequente.[19] As mulheres do Nurses' Health Study com os mais altos níveis de peptídeo-C tinham um risco 76% mais alto de câncer de cólon.[20]

Mas o excesso de insulina não é um problema só para quem tem excesso de peso. Os níveis de insulina formam um espectro. Ainda que quem tem obesidade e diabetes contenha os mais altos níveis de insulina, pessoas não diabéticas com peso saudável também têm altos níveis de insulina. Dados do banco de dados do National Health and Nutrition Examination Survey (NHANES) de 1999 a 2010 sugeriam que altos níveis de insulina mais do que dobravam o risco do câncer, *apesar do status do peso*. Participantes não obesos e não diabéticos com altos níveis de insulina tinham um risco aumentado de 250% de morte por câncer.[21] A hiperinsulinemia em mulheres com peso normal (IMC < 25 kg/m2) dobra o risco de câncer de mama.[22]

Injetar insulina exógena, uma droga mais ou menos comumente prescrita para o diabetes tipo 2, também aumenta o risco de câncer. No Reino Unido, o número de pessoas com diabetes tipo 2 tratadas com insulina tinha crescido dramaticamente de uma estimativa de 37 mil em 1991 para 277 mil em 2010.[23] O ganho de peso é o principal efeito colateral, causando um ganho de peso estimado de 2kg para cada 1% de redução em hemoglobina glicada, um teste sanguíneo que reflete a média de glicose sanguínea em três meses. Isso parece uma ameaça, pois o ganho de peso é fator de risco conhecido para o câncer. Quando os pesquisadores foram mais fundo, não havia boas notícias. No General Practice Research Database 2000–2010 do Reino Unido, o tratamento com insulina aumentava em 44% o risco de câncer se comparado com a metformina, um tratamento para o diabetes tipo 2 que não aumenta os níveis de insulina. *Quarenta e quatro por cento!* Isso era um absurdo. Mas esse estudo não foi o único que descobriu que o tratamento com insulina era perigoso.[24]

Dados da província de Saskatchewan, no Canadá, confirmaram que o diabetes recém-diagnosticado que começa com tratamento com insulina tinha um risco 90% mais alto de câncer se comparado com quem usa a metformina.[25] As drogas silfonilureais, que estimulam a secreção de insulina, também foram ligadas a um aumento de 36% no risco de câncer.[26] Mais insulina é igual a mais câncer. É um conceito muito simples. Quanto mais tempo se injeta insulina, mais alto o risco para o câncer.[27]

Sabemos que altos níveis de insulina aumentam o risco de câncer. Mas por que a insulina é tão importante para a progressão do câncer? A insulina é um hormônio mais bem conhecido por seu papel no metabolismo da glicose. Quando comemos, os níveis de insulina aumentam. Quando não, os níveis diminuem. A insulina é um sensor de nutriente importante, que sinaliza a presença de alimento, mas o que isso tem a ver com o câncer?

Em uma palavra: tudo. O sensor de nutriente insulina também é um fator altamente potente de crescimento.

16

FATORES DE CRESCIMENTO

A ALTURA, GERALMENTE CONSIDERADA um traço genético, reflete amplamente a influência de fatores de crescimento durante a puberdade. No Japão pós-Segunda Guerra Mundial, uma nutrição melhorada resultou em um aumento gradual na altura — e, inesperadamente, o câncer de mama cresceu em paralelo.[1] Em suma, pessoas altas ficam com mais câncer.[2]

De forma chocante, dentre todos os padrões do crescimento comumente mensurados (peso ao nascer, peso, altura, idade da menarca), o maior fator de risco para o câncer de mama é a altura (veja a Figura 16.1).[3] No Reino Unido, o Million Women Study descobriu que mulheres mais altas sofriam 37% mais câncer, principalmente o câncer de mama.[4] Cada aumento de 10cm na altura estava associado a um aumento de 16% no risco do câncer. Fatores de crescimento aumentam a altura, bem como o risco de câncer.

Além da altura, a taxa de miopia tem aumentado nos últimos cinquenta anos. Causada pelos globos oculares que cresceram muito, a miopia agora afeta mais da metade dos jovens adultos nos Estados Unidos e na Europa, o dobro da taxa de cinquenta anos atrás.[5] Uma pesquisa de 1969 em uma vila do Alasca descobriu que apenas 2 das 131 pessoas tinham miopia. Mas, à medida que o estilo de vida mudou, metade dos filhos e netos delas eram míopes.[6] O comprimento do globo ocular naquela vila estava aumentando gradualmente.

Olhe ao redor. Eu uso óculos. Fui atacado impiedosamente quando era criança na escola pública porque... bem, eu era meio nerd. Mas, mais do que isso, eu era uma das poucas crianças que usava óculos. Observando as salas de aula atualmente, estimo que pelo menos um terço da classe usa óculos. Ninguém sofre ataques, porque todos usam óculos. Hoje em dia, se os meninos não flertam com as meninas que usam óculos, não sobram muitas meninas. O aumento da taxa de miopia, obviamente, não pode ser primariamente genético, pois aconteceu em uma única geração. Qual é a ligação?

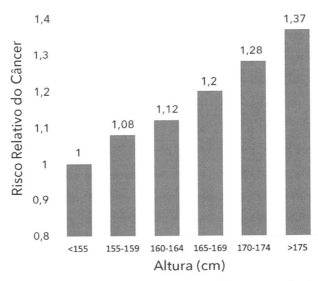

J. Green et al., "Height and Cancer Incidence in the Million Women Study: Prospective Cohort, and Meta-analysis of Prospective Studies of Height and Total Cancer Risk", *Lancet Oncology* 12, no. 8 (agosto de 2011): 785-94, doi: 10.1016/S1470-2045(11)70154-1.

Figura 16.1: Aumento do risco de câncer com altura aumentada

A ideia comum que corre em todas as condições aumentadas de peso (obesidade), altura, comprimento do globo ocular (miopia) e câncer são todas condições do *crescimento excessivo*. Frequentemente pensamos que o crescimento é bom, mas a verdade é que, em adultos, o crescimento não é necessário nem bom. Muito pelo contrário. O crescimento é ruim, muitas vezes, muito ruim.

Não é desejado que seu globo ocular continue crescendo até que fique do tamanho da sua cabeça, que o fígado cresça até esmagar todos os outros órgãos abdominais, que células de gordura continuem crescendo, porque a obesidade causa muitas doenças, sendo o câncer uma delas.

A maior parte das doenças crônicas de hoje resulta de muito crescimento. O assassino número um dos norte-americanos é a doença cardiovascular, incluindo ataque cardíaco e derrame. O crescimento excessivo da aterosclerose bloqueia os vasos sanguíneos no coração ou cérebro, deixando o tecido com falta de oxigênio, que dá a vida. O assassino número dois é o câncer, também uma doença do crescimento excessivo, assim como a obesidade e a gordura no fígado. Não, o crescimento em adultos *não* é bom. Além disso, o principal determinante desse crescimento excessivo não é só genético, mas fatores de crescimento — que nos leva de volta à insulina.

INSULINA

Nossa compreensão da surpreendente ligação da insulina com o câncer começou em 1985, com a descoberta do Dr. Lewis Cantley sobre o fosfoinositídeo 3-quinase (PI3K). Cantley, professor da Harvard e da Tufts e agora diretor do Meyer Cancer Center do Weill Cornell Medical College, não estudou o metabolismo nem o câncer, mas o campo misterioso da sinalização celular. A nova molécula de lipídio conhecida por PI3K formava parte de um caminho de sinalização previamente desconhecido para a regulação do crescimento celular.

O que mudou essa descoberta de uma pequena curiosidade bioquímica para um avanço médico que modificou o jogo foi o papel-chave do PI3K no câncer. Experimentos no final dos anos 1980 descobriram que os vírus que causam o câncer geralmente ativavam o PI3K[7] para níveis cem vezes maiores do que os vistos nas células normais.[8] Inesperadamente, o PI3K acabou sendo um dos oncogenes mais significativos no câncer humano. As mutações do PI3K se classificaram em quarto entre as mutações genéticas humanas que causam o câncer.[9]

208 O CÓDIGO DO CÂNCER

Altos níveis de PI3K aumentam o crescimento celular e promovem o câncer, então, a próxima pergunta lógica é: o que estimula o PI3K? Como se percebeu, a resposta surpreendente foi o bem conhecido hormônio metabólico insulina.[10] Algo estranho e inesperado estava acontecendo. A insulina tem um grande papel no metabolismo (como as células geram energia), mas também estava se mostrando um importante regulador do crescimento celular.

De um ponto de vista evolucionário, esse caminho da insulina/PI3K é antigo,[11] tendo sido conservado desde vermes e moscas até humanos. Quase todos os organismos multicelulares usam alguma variação do caminho da insulina/PI3K.

Apesar de hoje considerarmos a insulina um hormônio metabólico, em organismos primitivos sua função primária é como um hormônio do crescimento, regulando a proliferação e a sobrevivência celular. Quando evoluímos em organismos multicelulares, a insulina desenvolveu um segundo papel como sensor de nutrientes. Isso faz muito sentido, pois o crescimento sempre requer nutrientes. Quando há alimento disponível, as células crescem; quando não, elas não crescem. Um organismo multicelular crescer muito rapidamente quando o alimento não está disponível é uma maneira rápida de morrer.

Quando comemos, a insulina e o PI3K aumentam, o que redireciona a prioridade do organismo em direção ao crescimento. Quando não comemos, a insulina e o PI3K diminuem, o que redireciona a prioridade do organismo ao reparo e à manutenção celular. O PI3K fornece essa ligação vital entre a sensação do nutriente e os caminhos do crescimento.[12] A insulina, em outras palavras, estimula o crescimento celular, o que traz implicações óbvias para o câncer.

Organismos unicelulares como a levedura vivem diretamente em contato com seu ambiente e, então, têm pouca necessidade dos sensores de nutrientes. Se há alimento disponível, a levedura cresce, caso contrário, não cresce e forma esporos dormentes. Assim, a levedura que vive dentro de um saco plástico não cresce. Quando há exposição à água e ao açúcar, os esporos dormentes acordam de novo e florescem. A sobrevivência para toda a vida na terra depende dessa associação entre o crescimento e a disponibilidade de nutriente.

Multicelularidade significa que algumas células perdem contato com o ambiente externo. Suas células dos rins vivem dentro do abdômen, sem nenhum contato com o mundo externo. Assim, como os rins sabem que há comida disponível? Como sabem se devem crescer ou parar de crescer? Os sensores de nutrientes evoluíram para traduzir disponibilidade externa de alimento em sinais hormonais. Agora esses sensores de nutrientes devem ser ligados à sinalização do crescimento.

Usar exatamente a mesma molécula (insulina) tanto como fator de crescimento e sensor de nutriente resolve esse problema de coordenação fundamental. Quando comemos, a insulina aumenta, o que sinaliza a disponibilidade de nutrientes e também o crescimento para o corpo. Um excesso de sensor de nutriente significa crescimento excessivo, uma condição de importância óbvia para o câncer. Quando não há alimento disponível, a insulina diminui, o que também serve como sinalização hormonal para diminuir o crescimento. Um sensor reduzido de nutriente significa crescimento celular reduzido. O crescimento e os sinais metabólicos são a mesma coisa.

Então, como funciona esse processo? Como mostrado na Figura 16.2, a insulina no sangue deve primeiro ativar o receptor de insulina na superfície da célula. Muitos cânceres carregam muitas cópias do receptor de insulina, explicando o efeito desproporcional da insulina no crescimento do câncer. A insulina ativa o PI3K, que por sua vez ativa, dentre outros, dois caminhos-chave: um metabólico e um de crescimento.

Os efeitos metabólicos bem conhecidos são mediados pelo transportador de glicose tipo 4 (GLUT4), que permite que a glicose entre na célula e se converta em energia. O que Cantley descobriu foi a importância anteriormente não reconhecida da insulina/PI3K ao estimular o crescimento celular. A insulina, por meio do PI3K, ativa o sistema mTOR (falaremos mais sobre isso no próximo capítulo), o que estimula o crescimento e a proliferação celular.

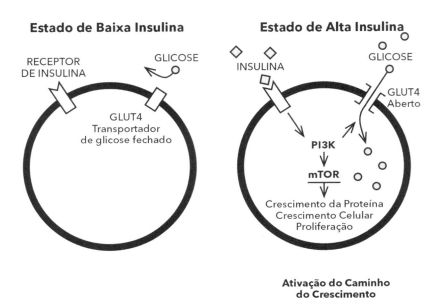

Figura 16.2

Não é nenhuma surpresa que o câncer, uma doença do crescimento excessivo, ama o fator de crescimento insulina. Na rara doença genética chamada síndrome de Cowden, uma mutação nesse caminho resulta em uma sinalização aumentada da insulina, substancialmente aumentando o risco tanto de obesidade quanto de câncer.[13] O risco de câncer para aqueles com essa condição é de surpreendentes 89%.[14]

O reconhecimento de que o crescimento está intimamente ligado à sinalização do nutriente foi uma revelação assombrosa. Não oferecia nada menos que uma mudança completa de paradigma em nossa compreensão de alguns cânceres humanos, especialmente cânceres relacionados à obesidade, como o de mama e colorretal. O metabolismo de crescimento e nutrição agora estava inextricavelmente conectado pelo sensor de nutriente insulina. Uma doença do crescimento excessivo (câncer) também é *sempre* uma doença do metabolismo. O sensor de nutriente insulina é um importante fator de crescimento.

Assim, a hiperinsulinemia superestimula os caminhos do crescimento e predispõe o corpo a doenças de proliferação excessiva. A insulina também beneficia preferencialmente as células cancerosas, que têm requisitos de glicose mais altos por causa da ineficiência relativa do caminho gerador de energia da glicólise. A obesidade e o diabetes tipo 2, doenças prototípicas da hiperinsulinemia, aumentam significativamente o risco do câncer. Tínhamos finalmente começado a entender aquele aspecto da dieta que mais influencia do câncer. Não a fibra, nem a gordura, nem a deficiência de vitamina. Era um sensor de nutriente da insulina.

Burkitt observou em 1973 que, na África, as doenças do Oeste, incluindo o câncer, apareceram pela primeira vez entre as classes socioeconômicas mais altas e nos centros urbanos, onde as pessoas tinham mais acesso a comidas importadas e processadas. Entre 1860 e 1960, o consumo de gordura aumentou menos de 50%, mas o consumo de açúcar mais do que dobrou. O problema, ele propôs, era que "a primeira mudança no alimento tradicional é geralmente a adição de açúcar. Isso é seguido por substituir pão branco por... cereais."[15] Ainda que a comunidade nutricional estivesse ocupada demonizando a gordura, evidências científicas apontaram o dedo diretamente para o açúcar e os grãos refinados, consumo que levou à hiperinsulinemia. O Dr. Lewis Cantley diria, décadas depois: "O açúcar me assusta."

Fator de Crescimento Semelhante à Insulina Tipo 1

Nos confins do Equador, há uma comunidade de cerca de trezentos membros conhecidos como os anões Laron, que se estabeleceu no século XV por um grupo de judeus que estava fugindo da Inquisição Espanhola. O isolamento geográfico produziu consanguinidade que levou à superexposição de genes raros — conhecidos na biologia como efeito fundador. Nesse caso, acredita-se que todos os anões Laron foram descendentes de um único ancestral comum, pois carregam uma rara mutação que leva à baixa estatura, ou nanismo. Sua altura média é de apenas 1,2m, mas são formados tipicamente.[16] Notavelmente, parece que esse grupo é completamente imune ao câncer!

O nanismo costuma ser causado por baixos níveis do hormônio do crescimento (GH), que é responsável pelo crescimento em altura que tipicamente ocorre durante a puberdade. O GH estimula o fígado para secretar o hormônio do crescimento semelhante à insulina (IGF-1), que carrega a mensagem do crescimento para o resto do corpo. Como o nome sugere, o IGF-1 e a insulina são quimicamente muito parecidos. Os anões Laron tinham muito GH, mas não produziam nenhum IGF-1, devido à mutação do gene receptor do GH, e então sofriam de baixa estatura. Mas, felizmente para nós, a história dos anões Laron não acaba aí.

Em 1994, o pesquisador local Jaime Guevara-Aguirre observou que os anões Laron tinham uma taxa de câncer de menos de 1%, comparados a 20% em seus parentes que não sofriam de nanismo. Uma pesquisa mais recente de 2016 também não descobriu incidência de câncer.[17] É interessante que esses pacientes também foram protegidos de outra doença: diabetes. Guevara-Aguirre encontrou a obesidade, mas não o diabetes nem o câncer.[18] Sem os efeitos que promovem o crescimento do IGF-1, o risco de câncer foi substancialmente reduzido. Então, tirando o GH, quais níveis são tipicamente bastante estáveis, o que mais causa o aumento do IGF-1? A resposta, como pode ter suspeitado, é a insulina.[19] As redes de sinalização tanto da insulina quanto do IGF-1 funcionam pelo caminho PI3K e estão tão entrelaçadas que geralmente são consideradas juntas nas publicações científicas. Muita insulina/IGF-1 significa muito crescimento, o que nos leva em direção ao câncer, como de mama, endométrio,[20] próstata e colorretal.[21] Nos estudos da cultura celular, incluir IGF-1 aumentou a migração e a metástase do câncer de cólon — o que significa que fornecia solo fértil para o câncer se espalhar.[22] Níveis aumentados de IGF-1 estão associados a um aumento de 247%[23] a 251% do risco de desenvolver o câncer colorretal.[24]

Mas a insulina/IGF-1 não é o único sensor de nutrientes no corpo humano. Não é nem o mais antigo. Essa honra é do mTOR, o alvo mecanístico da rapamicina.

17

SENSORES DE NUTRIENTES

A HISTÓRIA DO sensor de nutrientes conhecido como "alvo mecanístico da rapamicina", ou mTor, começou em 1964, quando o microbiólogo Georges Nógrády coletou amostras do solo da ilha remota de Rapa Nui, também conhecida como Ilha de Páscoa, e as entregou para o pesquisador Dr. Suren Sehgal, que então trabalhava no Ayerst Laboratories, para análise. Em 1972, Sehgal isolou a bactéria *Streptomyces hygroscopicus*, que produz um potente antifúngico que ele chamou de rapamicina, em homenagem à ilha de origem. Ele esperava usá-la para fazer um creme antifúngico que trataria o pé de atleta, mas sua descoberta acabou tendo implicações muito mais importantes.[1]

Quando o Dr. Sehgal mudou de laboratório, embrulhou alguns frascos de rapamicina em um plástico grosso, os levou para casa e armazenou no freezer da família perto de um sorvete. Ele estava guardando esses espécimes para uma hora em que pudesse retomar a pesquisa dessa fascinante nova droga — o que, por causa de prioridades de pesquisa, não aconteceria até 1987. Quando retomou, descobriu que a rapamicina era um antifúngico espetacular, mas que tinha um potente efeito supressor do sistema imunológico. Ainda assim, o mecanismo de ação era completamente desconhecido.

214 O CÓDIGO DO CÂNCER

Em 1994, cientistas descobriram a proteína que era o alvo da rapamicina e a chamaram de "alvo da rapamicina em mamíferos" (mTOR, do inglês *mammalian target of rapamycin*). Sua descoberta então levou à descoberta do anteriormente desconhecido caminho bioquímico da nutrição e metabolismo humanos.

Essa foi uma revelação impressionante para os biólogos — o equivalente a descobrir de repente um novo continente no oceano Atlântico. Centenas de anos de ciência médica tinham de alguma forma perdido de vista esse caminho de sensor de nutrientes fundamental que era tão essencial à vida na terra e que tinha sido conservado em animais, desde a levedura até os humanos. Evolutivamente falando, o mTOR é mais velho até mesmo do que o sensor de nutriente muito mais bem conhecido, a insulina. O caminho do mTOR é encontrado em quase todas as formas de vida, não só nos mamíferos, então o nome foi mudado para alvo *mecanicista* da rapamicina, mas manteve a sigla "mTOR".

Mas o que ele faz? Como a Figura 17.1 mostra, o caminho do mTOR funciona como uma estação central de comando que avalia múltiplas fontes de informação antes de decidir se deve prosseguir com o crescimento celular. O mTOR considera várias fontes-chave de informações, incluindo proteína,[2] insulina, níveis de oxigênio e estresse celular. É tanto um sensor de nutrientes em si (para proteínas) quanto um integrador de informações fornecidas por outros sensores de nutrientes, como a insulina. Quando o mTOR é ativado, aumenta significativamente o crescimento celular.

Sensores de Nutrientes 215

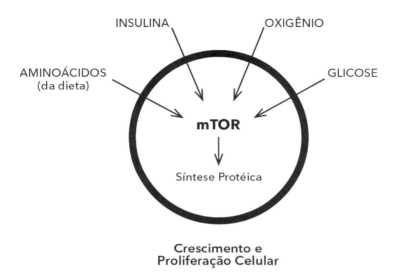

Figura 17.1

A droga rapamicina bloqueia o mTOR, que por sua vez para o crescimento celular, o que explica como funciona tanto como antifúngico como supressor imunológico. A bactéria *Streptomyces hygroscopicus* secreta a rapamicina para matar fungos do ambiente bloqueando seu crescimento. A rapamicina também bloqueia a divisão de células imunológicas, funcionando como um supressor do sistema imune.[3] Em 1999, a rapamicina estava sendo rotineiramente prescrita para pacientes de transplante de fígado e rins para prevenir a rejeição do órgão pelo sistema imunológico.

Até aqui, a maioria dos supressores imunológicos prescritos para pacientes transplantados tinha o infeliz efeito colateral de aumentar — e muito — o risco de câncer. De acordo com a NIH, receptores de órgãos transplantados têm um risco maior para 32 tipos de câncer diferentes.[4] O sistema imunológico geralmente patrulha o corpo em busca de qualquer célula cancerosa que possa encontrar para matar. Quando o sistema imunológico está altamente suprimido para evitar a rejeição do órgão, as células cancerosas escapam dessa supervisão imunológica.

Mas a rapamicina era completamente diferente. Ela suprimia o sistema imunológico, mas *diminuía* o risco de câncer.[5] Não havia precedentes disso! A rapamicina eventualmente se mostraria eficaz contra o câncer de mama, de próstata e de pulmão. Era um grande avanço no tratamento do câncer, a introdução de uma classe completamente nova de quimioterapia.

A rapamicina tinha desenterrado um caminho de crescimento que não era conhecido anteriormente. O caminho mTOR está tão profundamente envolvido nas decisões de crescimento das células humanas normais que estima-se que ocorrem aberrações do mTOR em 70% dos cânceres humanos. As mutações em genes causadores do câncer como PI3K, AKT, RAS, RAF, PTEN, NF1 e APC ocorrem por meio do seu efeito no mTOR.[6] Quando o sensor do nutriente mTOR aumenta, aumentam também o crescimento celular e o risco de câncer.

A insulina e o mTOR não são os únicos sensores de nutrientes no corpo humano. Há também um sensor conhecido como proteína quinase ativada por AMP (AMPK).

AMPK

Os sensores de nutrientes insulina e mTOR respondem principalmente à ingestão de carboidratos e proteínas. A AMPK, no entanto, avalia a disponibilidade geral de energia celular. Quando a célula gera energia, não importa a fonte (carboidratos, proteínas ou gorduras), a AMP (adenosina monofosfato) é convertida em adenosina trifosfato (ATP), que, você deve lembrar, armazena energia potencial. Quando há necessidade de energia, o ATP a libera e reverte para AMP.

Quando a célula tem pouca energia disponível, tem muito AMP e pouco ATP, isso estimula a AMPK. Esse sensor de nutriente não reflete o que você acabou de comer, mas age como um medidor de combustível de quanta energia a célula tem.

- Muita energia armazenada = baixo AMPK.

- Pouca energia armazenada = alto AMPK.

Assim como os outros sensores de nutrientes, mTOR e insulina, a AMPK também está inextricavelmente ligada ao crescimento. Uma AMPK alta reduz a atividade do mTOR, diminuindo o crescimento. A AMPK aumenta a produção de novas mitocôndrias, produtoras de energia na célula, para aumentar a capacidade de queimar gordura A AMPK também aumenta a autofagia, o importante processo celular de autolimpeza e reciclagem.

As drogas que ativam a AMPK (imitando um armazenamento de energia celular baixo) são conhecidas por promover saúde. Exemplos incluem a droga para diabetes metformina; o resveratrol, de uvas e vinho tinto; o galato de epigalocatequina (EGCG), do chá verde e chocolate; a capsaicina, de pimentas; cúrcuma, alho e a erva da medicina tradicional chinesa berberina. A restrição calórica também ativa a AMPK, o que talvez explique seu suposto benefício com relação ao envelhecimento.

SENSORES DE NUTRIENTES

A maioria dos onívoros, como os humanos, come quando há alimento disponível. Tradicionalmente, nos aproveitamos de grandes variedades de plantações durante o verão e o inverno — há alimento em abundância, então consumimos bastante energia. Mas, antes do advento dos mercados, quando as pessoas viviam da terra, havia pouco alimento disponível nos meses mais frios. Os humanos sobreviviam a esses momentos de escassez porque tinham sistemas bem desenvolvidos de armazenamento de energia (gordura corporal) e sensores de nutrientes altamente conservados que sinalizavam para nossas células crescerem quando houvesse disponibilidade de alimento e não crescerem quando não houvesse.

218 O CÓDIGO DO CÂNCER

Os três caminhos mais importantes de sensores de nutrientes nos humanos são insulina, mTOR e AMPK. Cada um deles fornece informações diferentes e complementares (veja a Figura 17.2). A insulina aumenta principalmente em resposta aos carboidratos e proteínas, e responde em minutos, já o mTOR em resposta à proteína e responde ao longo de 18 a 30 horas. A AMPK responde à energia celular geral, que reflete a ingestão de todos os macronutrientes. Seu efeito total ocorre em um período mais longo, de dias a semanas.

Sensor de Nutrientes	Macronutrientes	Escala Temporal
Insulina	Carboidratos, proteínas	Tempo curto
mTOR	Proteínas	Tempo moderado
AMPK	Carboidrato, proteínas, gorduras	Tempo longo

Figura 17.2

Ao usar três sensores de nutrientes diferentes, as células ganham importantes informações sobre o tipo de comida disponível e também a duração de sua disponibilidade. Os nutrientes são mais gordura, carboidrato ou proteína? Os nutrientes são disponíveis apenas temporariamente ou no longo prazo? Construída por milhões de anos de evolução, a magia bioquímica de nossos sensores de nutrientes zombavam de nosso cérebro comparativamente maçante que pode apenas dizer: "Parece comida para Grok. Grok come."

Todos os três sensores de nutrientes estão interconectados e diretamente ligados à proliferação celular. Quando os nutrientes estão disponíveis, as células crescem. Um ambiente cheio de nutrientes e sinais de crescimento fornecem solo fértil para o câncer. Quando os nutrientes não estão disponíveis, as células não crescem. Mas, quando a comida é escassa, simplesmente parar de crescer não é suficiente para a população celular; ela deve murchar ativamente. As partes celulares e subcelulares devem ser abatidas nos processos conhecidos como apoptose e autofagia, respectivamente. Se esses sistemas importantes dão errado, as chances devem ir em direção ao crescimento excessivo e o câncer.

APOPTOSE

O crescimento é essencialmente o equilíbrio entre duas forças opostas: a taxa de crescimento celular e de morte celular. O crescimento global ocorre quando muitas células estão proliferando ou pouquíssimas células estão morrendo. A insulina/IGF-1 promove a proliferação celular, mas tem um papel igualmente grande na prevenção da morte celular, ou apoptose (veja o Capítulo 3). A sobrevivência das espécies depende da conexão do crescimento com a disponibilidade de nutrientes. Muito pouco nutriente para muitas células é igual à morte. Quando há escassez, a ação lógica é remover algumas células. Como um tio que estendeu sua visita por muito tempo, essas bocas extras precisam ir embora.

A principal diretriz de organismos unicelulares é sobreviver e se multiplicar a qualquer custo. Se a morte é uma bagunça... bem, outra pessoa tem que se preocupar com ela. No entanto, organismos multicelulares requerem uma coordenação cuidadosa tanto para adicionar quanto para remover células. As células mortas e que estão morrendo danificam as que estão ao seu redor — uma laranja podre estraga todas as outras. Em organismos multicelulares, um método controlado de remover essa laranja é essencial.

Um corpo humano normal produz aproximadamente 10 bilhões de novas células todos os dias. Isso também significa que 10 bilhões devem morrer e ser cuidadosamente removidas todos os dias.[7] A apoptose as remove de maneira regulada e não tóxica. A célula que é cuidadosamente marcada para remoção passa por mudanças controladas e eventualmente se divide em pequenos pedaços (corpos apoptóticos), que são jogados fora em segurança. O conteúdo da célula não se espalha aleatoriamente, como na necrose.

A apoptose deve ser rigidamente regulada, pois tanto muito quanto pouco dela é patológico. Se uma célula resiste à apoptose (uma característica do câncer), o equilíbrio delicado tomba em favor do crescimento, o que favorece o câncer. Assim, a apoptose forma um mecanismo-chave de defesa contra células danificadas e perigosas (cancerosas). Então, como é controlada?

Dois caminhos principais ativam a apoptose: o extrínseco (também chamado de caminho receptor da morte) e o intrínseco (ou caminho mitocondrial). Uma vez ativada, a apoptose não pode ser interrompida. Como estamos discutindo o câncer, focarei o caminho mitocondrial, que é controlado tanto por estímulos positivos quanto negativos do corpo. Os estímulos positivos são os que iniciam a apoptose, incluindo dano celular causado por toxinas, vírus, radiação, calor e falta de oxigênio. O corpo não quer que células quebradas fiquem por aí, então a apoptose faz a limpeza com eficiência, sem que haja bagunça. Não é coincidência que esses estímulos positivos para a apoptose também sejam cancerígenos. As células danificadas deveriam morrer. Se não o fazem, podem se tornar cancerosas.

Os estímulos negativos são caminhos-padrão ativados automaticamente, a menos que sinais apropriados estejam presentes. Por exemplo, você pode assinar o teste grátis da Amazon Prime e, se não contactá-los a tempo no final desse período de teste, será automaticamente inscrito. A apoptose funciona da mesma forma. Se nenhum sinal (fator de crescimento) para interromper a apoptose for recebido, a célula involuntariamente dá início a ela. Essa estrutura de controle dualista, usando estímulos positivos e negativos, é muito mais robusta e faz com que a apoptose seja uma estratégia anticâncer particularmente eficaz.

Quais fatores de crescimento evitam a apoptose? O fator antiapoptótico mais bem estudado é a insulina/IGF-1, pelo caminho PI3K.[8] Altos níveis de insulina/IGF-1, como visto na obesidade e no diabetes tipo 2, não só encorajam o crescimento celular, mas também bloqueiam o curso natural do programa de apoptose, aumentando a sinalização de crescimento. Assim, altas doses de insulina/IGF-1 formam parte de um solo fértil para a semente do câncer.

No câncer, o equilíbrio entre proliferação e destruição tomba fatalmente em direção à proliferação. Defeitos no caminho apoptótico permitem a sobrevivência de células danificadas quando deveriam ter sido marcadas para morrer. Mas a execução apropriada do caminho mitocondrial da apoptose depende de uma organela-chave: a mitocôndria. Se ela for disfuncional, o caminho mitocondrial da apoptose também não funcionará, tombando o equilíbrio em direção ao crescimento e câncer.

MITOCÔNDRIA

Em nosso distante passado evolutivo, as mitocôndrias existiam como organismos separados. Elas foram engolidas por uma célula primitiva há aproximadamente 2 ou 3 bilhões de anos, e um acordo de benefício mútuo ocorreu. A célula fornecia abrigo e nutrientes para a mitocôndria e, em troca, ela tinha várias tarefas, incluindo geração de energia e, eventualmente, a apoptose.

As mitocôndrias são altamente suscetíveis ao dano e, para ficarem saudáveis, estão constantemente se refazendo. Para que haja mitocôndrias de alta qualidade capazes de fazer a apoptose, duas coisas devem acontecer: as mitocôndrias velhas ou danificadas são removidas por um processo chamado mitofagia, e novas mitocôndrias são criadas.

A mitofagia está relacionada com um processo celular chamado autofagia, que foi descoberto pelo Dr. Yoshinori Ohsumi, ganhador do Prêmio Nobel. A palavra *autofagia* deriva do grego *auto*, que significa "eu", e *phagein*, "comer", então, literalmente, significa "comer a si mesmo". A autofagia é um processo regulado e ordenado de degradação de componentes celulares para que sejam reciclados em novos. A autofagia funciona como uma faxineira e é controlada principalmente pelo sensor de nutriente mTOR. Quando há muitos nutrientes disponíveis, o mTOR é alto, colocando a célula no modo "crescimento", então a autofagia e a mitofagia se desligam. Como sempre, os processos de crescimento/degradação celular e a disponibilidade de nutrientes são inseparáveis. Sem a mitofagia e a remoção das mitocôndrias antigas, novas não podem ser formadas.

O principal sinal para gerar novas mitocôndrias é o sensor de nutrientes AMPK.[9] Quando a disponibilidade de energia global está baixa, a AMPK está alta, o que estimula o crescimento de novas mitocôndrias. Em modelos animais, a restrição de AMPK e de alimento demonstra manter redes saudáveis de mitocôndrias e aumentar o tempo de vida.[10] Animais expostos ao jejum intermitente demonstraram um efeito impressionante nas redes mitocondriais.

222 O CÓDIGO DO CÂNCER

Por um lado, a disponibilidade excessiva de nutrientes, detectada pelos sensores de nutrientes insulina, mTOR e AMPK, reduz a mitofagia e a nova formação mitocondrial. Para manter mitocôndrias saudáveis, não são necessários *muitos* nutrientes, mas *menos* nutrientes periodicamente. Mitocôndrias defeituosas prejudicam a apoptose, o que causa a oscilação do delicado equilíbrio entre crescimento e morte celular. Células danificadas que persistem podem se tornar cancerosas por causa da pressão seletiva para sobreviver. Essas células deveriam ter sido abatidas, mas não foram. A renovação periódica de células mais antigas ou danificadas forma uma de nossas defesas anticâncer mais primitivas.

Por outro lado, a privação de nutrientes — principalmente de proteína — diminui o mTOR e ativa a autofagia. Isso tira a célula do modo crescimento e a coloca em modo manutenção/reparo. Células e organelas velhas e defeituosas são abatidas. Se não houver nutrientes suficientes, então a célula não mantém essas partes extras. Quando os nutrientes voltam a ficar disponíveis, a autofagia desliga, colocando a célula de volta no modo crescimento.

Qualquer combinação de fatores de crescimento aumentados ou morte celular (apoptose) diminuída permitirá a progressão do crescimento de células cancerosas. Pesquisas recentes apontam que fatores de crescimento e sensores de nutrientes são inseparáveis uns dos outros. Sensores de nutrientes são fatores de crescimento. Assim, doenças do crescimento são também doenças do metabolismo, o que explica a importância singular da insulina na facilitação do câncer. Talvez não seja uma coincidência que a mitocôndria seja o lugar-chave tanto para o metabolismo da energia quanto da apoptose.

Altos níveis de insulina no sangue (hiperinsulinemia) causam as doenças metabólicas da obesidade e do diabetes tipo 2 e, por meio do PI3K e IGF-1, facilitam uma doença de crescimento do câncer. Mas a ideia de que o metabolismo celular seja importante no câncer não é nova. Há mais de um século, um dos melhores bioquímicos da história, ganhador do Prêmio Nobel, Otto von Warburg, propôs que a chave para entender as origens do câncer era olhar para seu metabolismo.

PARTE V

METÁSTASE

(Paradigma do Câncer 3.0)

18

O RETORNO DE WARBURG

O VENCEDOR DO PRÊMIO NOBEL OTTO Heinrich Warburg (1883–1970) nasceu em Freiburg, no Sudoeste da Alemanha. Ele era filho de Emil Warburg, um proeminente professor de física da Universidade de Freiburg, e cresceu rodeado por contemporâneos como Albert Einstein e Max Planck, sendo que ambos se tornariam cientistas lendários.

O interesse de pesquisa específico de Otto Warburg era a energia celular, na qual ele aplicava os métodos rigorosos das ciências físicas (química e física) à biologia. Quanta energia as células requerem? Como geram essa energia? Essa obsessão finalmente o levaria à pesquisa de sua vida: o que ele chamou de "o problema do câncer". Como o metabolismo energético das células cancerosas era diferente do das células normais?

Normalmente, as células podem gerar energia na forma de adenosina trifosfato (ATP) de duas maneiras diferentes: fosforilação oxidativa (OxPhos), também chamada de respiração, e glicólise, também chamada de fermentação. A OxPhos, que ocorre na mitocôndria, queima cada molécula de glicose com oxigênio para gerar 36 ATP. Sem o oxigênio, as células normais recorrem à glicólise, que gera somente 2 ATP e 2 moléculas de ácido lático por molécula de glicose. Por exemplo, durante um exercício físico intenso, os músculos requerem tanta energia rapidamente que o fluxo sanguíneo não consegue acompanhar a demanda de oxigênio. Os músculos mudam para a glicólise, que não requer oxigênio e gera muito menos energia por molécula de glicose. Por fim, o ácido lático se acumula, causando fadiga muscular, e é por isso que você sente que não consegue continuar no meio de um treino particularmente desafiador. As células normais não funcionam bem em um ambiente acidificado. Quando o corpo descansa, a demanda por oxigênio diminui, e as células musculares voltam à OxPhos quando há oferta suficiente de oxigênio.

As células que geram muita energia usando OxPhos naturalmente requerem mais oxigênio. Warburg notou esse fenômeno quando observou ovos de ouriço-do-mar fertilizados crescendo rapidamente. Ele especulou que as células cancerosas que crescem rápido também consomem oxigênio prodigiosamente. Mas ele estava errado. Em 1923, Warburg observou com certo espanto que células tumorais que cresciam aceleradamente em camundongos não usavam mais oxigênio do que células regulares.

As células cancerosas estavam na verdade usando dez vezes mais glicose e produzindo ácido lático em uma taxa setenta vezes maior do que os tecidos normais (veja a Figura 18.1).[1] Warburg calculou que as células tumorais convertiam impressionantes 66% da glicose que usavam em lactato.[2]

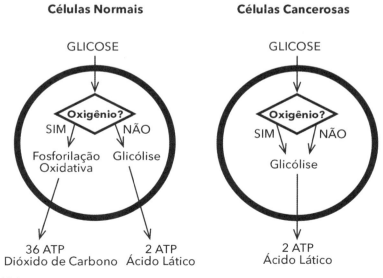

Figura 18.1

Apesar da pronta disponibilidade de oxigênio, as células cancerosas estavam gerando energia usando o caminho menos eficiente da glicólise. Esse processo surpreendente agora é referido como o efeito de Warburg.

Como a glicólise gera muito menos ATP por glicose, as células cancerosas precisam beber glicose como um camelo bebe água depois de uma longa jornada no deserto. Hoje, usamos o efeito de Warburg no exame de imagem mais comum para o câncer, o PET scan. Como discutimos no Capítulo 3, PET scans medem quanta glicose está sendo consumida pelas células. Células cancerosas ativas bebem glicose com uma velocidade muito maior do que as células ao seu redor, e o PET scan observa esses pontos críticos.

A glicólise aeróbica (glicólise na presença de bastante oxigênio) é única ao câncer. Células normais quase sempre escolhem a OxPhos se houver oxigênio suficiente. Mesmo em situações nas quais as células crescem rapidamente e requerem grandes quantidades de energia, como durante o processo de cura de um machucado, o efeito de Warburg não é encontrado. Mas por quê? Parece muito estranho.

Pense nisso. Sabemos que o câncer pode ser distinguido por quatro características:

1. Cresce.
2. É imortal.
3. Movimenta-se.
4. Usa o efeito de Warburg: deliberadamente usa um método menos eficaz de extração de energia.

Uma dessas características não combina com as outras. As células cancerosas imortais são superocupadas, constantemente crescendo e se movimentando por todo o corpo. Isso requer muita energia. Por que então o câncer escolheria uma maneira *menos* eficiente para extrair energia?

228 O CÓDIGO DO CÂNCER

Suponha que você construa um carro esportivo rápido, rebaixado e com um spoiler atrás para aumentar a pressão. Então, você pega esse motor de seiscentos cavalos e coloca um motor de cortador de gramas de nove cavalos. Quê? Isso é bizarro. O câncer faz exatamente a mesma coisa ao escolher deliberadamente um método menos eficiente de geração de energia. Ainda que não seja coincidência, cerca de 80% dos cânceres conhecidos usam o efeito de Warburg. Seja qual for o motivo, é importante para a gênese do câncer e não meramente um erro metabólico. O câncer não persiste por milênios, em animais desde hidras a cachorros, gatos e humanos, cometendo erros.

Em um famoso artigo de 1956 intitulado "On the Origin of Cancer", Warburg criou a hipótese de que a troca anômala para a glicólise aeróbica é tão bizarra que deve ser o evento que dá início ao câncer. Para recapitular, os dois principais requisitos para a OxPhos são oxigênio e mitocôndrias funcionais, as estruturas em que o processo acontece. Como há oxigênio suficiente, Warburg deduziu que deve ser uma disfunção mitocondrial, o que força a célula cancerosa a reverter para o caminho menos eficiente da glicólise.[3] Warburg tinha a hipótese de que o câncer era causado por dano mitocondrial.

Apesar de o efeito de Warburg ser um fato bem estabelecido, muitas observações vão contra a hipótese de Warburg.[4] As mitocôndrias das células cancerosas funcionam normalmente com respiração preservada.[5] A maioria das células cancerosas tem funções mitocondriais normais, o que significa que elas não dependem exclusivamente da glicólise para a produção energética — elas poderiam voltar à OxPhos se necessário.[6] O câncer não estava sendo *forçado* a usar a glicólise, ele estava *escolhendo*. Mas por quê?

A geração eficiente de energia (ATP) é uma vantagem somente em condições de escassez. Se há muita glicose ao redor, então por que importa o fato de que cada glicose produz apenas 2 ATP em vez de 36? A glicólise produz ATP com menos eficiência, porém mais rápido. No período em que as células normais metabolizaram 1 glicose em 36 ATP, as células cancerosas metabolizaram 11 moléculas de glicose em 22 ATP e 22 ácidos láticos. Como o ácido lático pode ser convertido à mesma quantidade de ATP, isso dá ao câncer um total potencial de 44 ATP. As células cancerosas produzem energia mais rapidamente, apesar de requerer 10 vezes mais glicose para isso.[7]

Imagine duas pessoas. Uma queima 2 mil calorias por dia, enquanto a outra, mais energeticamente eficiente, queima apenas mil. A eficácia energética aumentada não é uma vantagem se você consome 2.500 calorias por dia. A OxPhos é vantajosa apenas quando há escassez de glicose, mas, dadas as epidemias recentes de obesidade e diabetes tipo 2, os níveis de glicose tendem a ser altos, não baixos. Então, a "vantagem" da OxPhos de eficiência energética é altamente ilusória nesse ambiente atual.

O fato de que quase todo câncer que conhecemos usa esse caminho sugere que não é nem uma coincidência nem um erro, mas parte do desenvolvimento do câncer. Deve conferir alguma vantagem seletiva. Mas qual?

As células precisam de mais do que somente energia para crescer. Também precisam de tijolos básicos. Como somos formas de vida baseadas em carbono, o crescimento celular depende do carbono para a construção de moléculas básicas. Durante a OxPhos, a maior parte do carbono na glicose é metabolizado para energia, deixando para trás o dióxido de carbono, que é exalado. Durante a glicólise, apenas uma pequena porcentagem do carbono é completamente queimada para energia. Os carbonos que sobram podem ser metabolizados em tijolos de carbonos, a fim de construir novos aminoácidos e ácidos graxos.

Considere a seguinte analogia: construir uma casa requer energia (o trabalho árduo dos construtores) e materiais (tijolos). Ter construtores mas nenhum tijolo é inútil. Da mesma maneira, células de rápido crescimento requerem energia (ATP) e materiais (carbonos). A OxPhos gera energia pura, o que não maximiza o crescimento. Já a glicólise dá mais suporte ao crescimento porque fornece *tanto* energia *quanto* materiais.[8] Isso talvez explique a vantagem do efeito de Warburg para o crescimento do câncer.

Nos anos de 1970, o foco de Warburg no metabolismo da célula cancerosa estava cada vez mais instável. A revolução genética já vinha acontecendo, e os pesquisadores do câncer foram atraídos para a teoria da mutação somática como lima de ferro para o ímã. A pergunta de como o câncer abastecia seu crescimento e a predileção anômala e curiosa pela glicólise eram um mistério convenientemente ignorado. Anos inteiros se passaram sem nenhuma publicação científica sobre o efeito de Warburg. Esses dois campos científicos de pesquisa, crescimento e metabolismo do câncer, eram completos estranhos. Então, inesperadamente, eles se uniram em um casamento-relâmpago nos anos 1990.

O RETORNO DE WARBURG

Os caminhos que governam o crescimento e o metabolismo celular tinham sempre sido considerados distintos. Mas a pesquisa de Lew Cantley fez a ligação entre o bem conhecido hormônio insulina com os caminhos do crescimento por meio do PI3K. O crescimento e o metabolismo da célula cancerosa estavam intrinsecamente ligados pelos mesmos genes e hormônios.[9] Por exemplo, o oncogene *myc* controla não somente o crescimento, mas também uma enzima metabólica que liga o efeito de Warburg. Cantley descobriu uma ligação direta entre sensores de nutrientes, metabolismo, efeito de Warburg e proliferação celular.[10] Os genes que controlam o crescimento também controlam o metabolismo.

Todos esses oncogenes e genes supressores do tumor recém-descobertos também influenciavam os caminhos metabólicos. Muitos oncogenes controlam enzimas, chamadas de tirosina quinases, que regulam tanto o crescimento celular quanto o metabolismo da glicose. O ubíquo gene supressor do tumor *p53* influencia o crescimento e também regula o metabolismo celular ao afetar a respiração mitocondrial e a glicólise.

As células cancerosas não param de crescer, mas também não param de comer. O câncer cresce porque não para de comer ou come porque não para de crescer? O mais provável é que seja os dois. Doenças do crescimento *eram* doenças do metabolismo — e isso se aplica a mais do que somente o metabolismo da glicose.

As células cancerosas amam comer glicose, mas não exclusivamente. Os caminhos metabólicos do aminoácido glutamina também são afetados no câncer.[11] Os aminoácidos são os tijolos das proteínas, e a glutamina é o aminoácido mais abundante no sangue. Algumas células cancerosas consumiam mais de dez vezes a quantidade normal de glutamina.[12] Alguns cânceres, como neuroblastoma, linfoma, de rim e de pâncreas, pareciam tão "viciados" na glutamina que simplesmente não sobreviviam sem ela.[13]

Warburg acreditava que o câncer dependia somente da glicose para a energia, mas isso não é totalmente verdade. O câncer também pode metabolizar a glutamina, e estudos mais recentes mostram que ele também pode metabolizar ácidos graxos e aminoácidos.[14] O câncer compete com outras células por combustível em um ambiente cheio, então ter a flexibilidade de usar uma variedade de combustíveis é vantajoso para o crescimento. Apesar de a hipótese original de Warburg não ter se comprovado, acertou em cheio com a ideia de que o metabolismo do câncer é vitalmente importante. O efeito de Warburg *tinha* um propósito. Ele fornecia às células cancerosas uma vantagem estratégica em sua luta pela sobrevivência. O grande volume de ácido lático produzido durante o efeito de Warburg não era um dejeto, como se presumia, mas um grande benefício, dando à célula cancerosa uma vantagem significativa de sobrevivência.

ÁCIDO LÁTICO

À medida que um tumor cresce, novas células cancerosas se acumulam cada vez mais longe da principal fonte de sangue que oferece oxigênio e limpa os dejetos. As células que estão mais perto dos vasos sanguíneos recebem aquilo de que precisam e, assim, prosperam. As células que estão mais longe não recebem oxigênio suficiente para sobreviver. Entre essas duas áreas há uma região conhecida como hipóxia, onde as células que quase não recebem oxigênio suficiente para sobreviver ativam uma enzima chamada fator indutor de hipóxia (HIF1). A luta pela sobrevivência nessa hipóxia atua como uma potente pressão evolutiva de seleção.

232 O CÓDIGO DO CÂNCER

Primeiro, o HIF estimula a liberação do fator de crescimento endotelial vascular (VEGF), que promove o crescimento de novos vasos sanguíneos. Novas reservas de sangue entregam mais oxigênio e permitem que o tumor aumente de tamanho. "Induzir a angiogênese" é uma das características-chave do câncer descritas por Weinberg e Hanahan.

Segundo, o HIF facilita a mobilidade de células que normalmente seriam estáticas. As moléculas de adesão que ancoram as células na posição apropriada são quebradas, e as membranas que limitam as células a certas áreas são degradadas.[15] Isso facilita o ativamento da "invasão e metástase", outra característica-chave do câncer.

Terceiro, como o oxigênio é escasso, o HIF reprograma o metabolismo celular de OxPhos para a glicólise. Como há maior necessidade de glicose para produção de energia, o HIF aumenta a expressão de receptores de glicose na célula. Ao mesmo tempo, diminui a produção de novas mitocôndrias, que são essenciais para a OxPhos.[16] Basicamente, o HIF é responsável pelo fenômeno conhecido como efeito de Warburg, ainda outra característica-chave.[17]

Esse pacote de mudanças induzidas pelo HIF melhora a sobrevivência em um ambiente com pouco oxigênio. As células privadas de oxigênio tentam construir novos vasos sanguíneos, se afastar da hipóxia e usar menos oxigênio. Não é coincidência o fato de estes serem também comportamentos típicos de células cancerosas, e é precisamente esse *o ambiente que fornece ao organismo unicelular uma vantagem em relação ao primo multicelular*. O efeito de Warburg não é apenas um "erro" metabólico. Ele fornece uma vantagem exclusiva de sobrevivência às células cancerosas quando em competição com outras células.

As células cancerosas produzem ácido lático durante a glicólise, e jogam esse ácido em seu ambiente como uma planta química joga lixo tóxico. Isso não é um acidente, e o ácido lático não é um subproduto residual. Os tumores usam energia para deliberadamente construir e jogar mais ácido no ambiente, que já é ácido.[18] Se compararmos com as células normais, que vivem em um ambiente com pH 7,2 a 7,4, os tumores geram um microambiente ao seu redor com pH 6,5 a 6,9.[19] Por que as células cancerosas se esforçam tanto para acidificar o ambiente?[20] Porque a acidez dá às células uma enorme vantagem de sobrevivência. As células normais ficam danificadas em um ambiente acidificado e sofrem apoptose, enquanto células cancerosas o toleram muito bem.

Há duas maneiras de vencer: melhorar a si ou piorar o concorrente. As duas funcionam. O câncer está brincando de Guerra dos Tronos celular. Você vence ou morre. Enquanto as células normais são justas e cooperam, os organismos unicelulares competem sabotando os oponentes. As células cancerosas secretam o nocivo ácido lático para deter as células próximas. Matar os vizinhos é uma estratégia de sobrevivência testada ao longo do tempo e é comum no universo unicelular.

Em 1928, Sir Alexander Fleming descobriu que o fungo *Penicillium notatum* secretava um elemento químico nocivo que matava as bactérias concorrentes. Esse químico eventualmente se tornou o antibiótico penicilina. Na Ilha de Páscoa, a rapamicina foi descoberta a partir de uma bactéria que secretava um químico nocivo para matar os fungos concorrentes.

O ambiente cáustico degrada a matriz extracelular, a estrutura de sustentação da célula. Isso permite que a célula cancerosa invada mais facilmente pela membrana, um importante pré-requisito para a metástase. O dano causado pelo ácido lático também provoca inflamação. Isso atrai células do sistema imunológico que secretam fatores de crescimento, que seriam úteis para curar um ferimento, mas definitivamente também beneficiam o câncer.

O câncer já foi chamado de "ferimento que nunca sara" por causa de sua semelhança com o hipercrescimento visto em ferimentos em processo de cura. Na cura normal, novos vasos sanguíneos substituem os danificados, há a limpeza de detritos celulares, e o ferimento está curado. A principal diferença é que essa programação chega ao fim, enquanto a programação de crescimento do câncer nunca para.

Mesmo quando o oxigênio está disponível, o câncer continua a usar a glicólise, porque oferece a singular vantagem de sobrevivência de soltar ácido lático (o efeito de Warburg). A inflamação induzida pelo ácido lático também inibe as células imunológicas que normalmente matam células cancerosas.[21] Assim, o aumento do ácido lático pelo efeito de Warburg:

- Suprime a função da célula normal.
- Degrada a matriz extracelular, facilitando a invasão.
- Provoca uma resposta inflamatória e secreção de fator de crescimento.
- Reduz a resposta imunológica.
- Aumenta a angiogênese.

O câncer não escolheu por acidente a glicólise em vez da OxPhos (o efeito de Warburg). Não é um erro. É uma escolha lógica por causa da vantagem de sobrevivência oferecida pelo ácido lático. A troca é a necessidade de muito mais glicose em estoque. Durante condições com muita glicose, o equilíbrio tomba em direção ao crescimento do câncer. É o efeito Warburg que prepara o palco para o próximo passo no desenvolvimento do câncer, ao facilitar a invasão de tecido e a movimentação. Esse estágio é amplamente responsável pela letalidade do câncer.

19

INVASÃO E METÁSTASE

NÃO HÁ NENHUMA palavra no léxico do câncer que seja mais aterrorizante do que *metástase*. O National Cancer Institute define metástase como "O espalhamento de células cancerosas do lugar de onde se formaram para outra parte do corpo".[1] Essa única característica distintiva faz com que o câncer seja mais letal do que qualquer outra doença que existe. Um fato que destaca a severidade desse fenômeno: estima-se que as metástases são responsáveis por 90% das mortes por câncer.[2]

Como as células cancerosas, as doenças infecciosas também podem sofrer metástase. Bactérias de uma infecção urinária podem se espalhar para os rins, então para a bexiga, e se instalar nas válvulas cardíacas. As bactérias se movem constantemente, mas não são inerentemente maliciosas — são apenas organismos em busca da própria sobrevivência. A metástase, ou movimentação das células, é uma característica inata da vida unicelular terrestre.

Os cânceres são categorizados como benignos ou malignos. Ambos os tipos se comportam identicamente em todos os aspectos, com exceção de que os benignos não têm essa habilidade metastática, então não causam uma doença significativa. Por exemplo, um tumor benigno das células adiposas, chamado lipoma, é muito comum e afeta cerca de 2% da população. Em sua maioria inofensivos, esses tumores podem ficar enormes. Em 1894, foi removido um lipoma que pesava 22,7kg.[3] Apesar de sua frequência e às vezes enormidade, geralmente não são mais mortais do que a acne.

236 O CÓDIGO DO CÂNCER

Por contraste, cânceres malignos são categorizados como tal porque podem sofrer metástase. Se o câncer de mama ficasse na mama, seria fácil de tratar: simplesmente cortá-lo. Uma vez que o câncer de mama se dissemina pelo corpo, torna-se uma doença altamente letal. Então, como acontece esse processo de metástase?

A metástase ocorre em duas etapas: invasão de tecidos vizinhos e metástase para lugares distantes. Primeiro, as células cancerosas devem se libertar da massa tumoral original, o que pode ocorrer até mesmo se o tumor for minúsculo. Na doença conhecida como carcinoma de origem primária desconhecida, a metástase é detectada sem que seja encontrada sua origem, porque ou é muito pequena ou já desapareceu. A maioria das células nas espécies multicelulares tem moléculas de adesão que ancoram as células nas casas apropriadas. As células cancerosas devem vencer essas âncoras para vagarem livremente.

Segundo, o câncer deve invadir pela membrana basal dos tecidos normais. Assim como a terra para vasos vendida em sacolas de plástico mantém seu carro limpo e arrumado, todas as células ficam envoltas por uma membrana que as conservam onde pertencem: dentro do tecido de origem. Para se espalhar para outros tecidos, as células cancerosas devem se libertar dessa membrana basal que as envolve. Assim, podem se espalhar pelos tecidos adjacentes, linfonodos locais, ou ultrapassar paredes de vasos sanguíneos em um processo chamado intravasão.

Uma vez na corrente sanguínea, o câncer pode viajar para lugares distantes.

INVASÃO

1. Formação primária do tumor.
2. Invasão local.
3. Intravasão.

METÁSTASE

1. Sobrevivência em circulação.
2. Extravasão.
3. Sobrevivência em um local distante.

Esses três primeiros processos (formação primária do tumor, invasão local e intravasão) podem, juntos, ser considerados o processo de invasão. A hipóxia, ambiente ácido ao redor do tumor criado pelo efeito de Warburg, abre caminho para uma invasão.[4] Acredite ou não, essa é a parte fácil para as células cancerosas. A maioria dos cânceres consegue completar essa tarefa, se tiver tempo. Em modelos animais experimentais, o câncer facilmente escapa para a corrente sanguínea, quase 80% das vezes. Mas, como um adolescente que vai para a faculdade, difícil não é deixar a casa dos pais; é prosperar por conta própria. Para sofrer a metástase, o câncer deve fazer uma jornada na corrente sanguínea, deixar o vaso sanguíneo para invadir um órgão estranho e, então, aprender como sobreviver e prosperar nesse novo ambiente.

Uma vez que as células cancerosas entram na corrente sanguínea, a taxa de atrito é muitíssimo mais alta, e a metástase fica mais difícil. A corrente sanguínea é um ambiente brutal e hostil, contendo milhões de maneiras para a célula morrer. Células *natural killers* (NK), ou exterminadoras naturais, no sistema imunológico a caçam e atacam imediatamente. Essa parte do sistema imunológico é chamada de "inata" porque as células NK são naturalmente programadas para matar qualquer célula cancerosa à vista. A turbulência da corrente sanguínea também é um perigo sempre presente para as células cancerosas. As células são geralmente estáticas e lhes falta habilidade para lidar com a mera força de uma torrente de sangue. Muitas delas são simplesmente rasgadas na corrente.

Se a célula cancerosa de alguma forma sobreviver à jornada traumática e chegar às margens distantes de um órgão estranho, deve deixar a corrente sanguínea e entrar no órgão, um processo chamado extravasão. Isso parece muito mais fácil do que é. A corrente sanguínea está em movimento constante,

238 O CÓDIGO DO CÂNCER

então, aderir à parede do vaso sanguíneo não é uma tarefa simples. Imagine ser arrastado por um rio com uma forte correnteza e tentar se agarrar à margem usando apenas seu dedinho. Esse rio está constantemente esmagando-o, tentando puxá-lo de volta. A célula cancerosa de alguma forma se agarra à parede de um vaso sanguíneo tranquilo, se segura contra o fluxo e então sai pela parede do vaso para o novo órgão.

A célula cancerosa agora enfrenta o ambiente hostil de um órgão desconhecido para o qual está muito mal equipada. Por exemplo, uma célula de câncer de mama que chega ao pulmão fica completamente aturdida pelo ambiente. O que é todo esse ar entrando e saindo? Onde estão os dutos de leite? É semelhante a um pinguim que sempre viveu no clima frio da Antártica de repente chegar no deserto do Saara.

Mesmo depois de se estabelecer no novo local, as novas células imigrantes devem prosperar e se proliferar — e não é uma tarefa fácil contra as células incumbentes hostis. O tempo todo, o sistema imunológico ainda está dando seu melhor para matar o câncer. Muitas dessas colônias de células cancerosas, chamadas de micrometástases, podem persistir por longos períodos de tempo, incapazes de crescer, mas fortes o suficiente para sobreviver.[5] Então, a célula cancerosa deve aprender não só a sobreviver, mas a se proliferar e crescer. Esse processo de metástase requer novas habilidades extraordinárias de sobrevivência completamente diferentes de tudo o que a célula fez antes. Claramente, uma célula cancerosa deve ter transformado sua genética radicalmente. Então, como essa mudança ocorre?

Classicamente, a teoria da mutação somática imagina um processo de doença relativamente ordenado, começando com uma única célula cancerosa que acumulou aleatoriamente várias das mutações corretas. O câncer aumenta de tamanho, como uma gota de vinho tinto em uma toalha de mesa branca. Quando fica grande o suficiente, as células se separam no sangue. Algumas vão parar em um órgão distante, como o fígado, e crescem. Costumávamos acreditar que todas as mutações genéticas necessárias para a invasão e metástase eram acumuladas por acaso, mas hoje se sabe que essa hipótese da "acumulação aleatória de mutações genéticas" é incorreta.

Nunca foi descoberto nem um único gene da "metástase", apesar de décadas de pequisa e muitos milhares de estudos de sequenciamento genético. A metástase desafiou toda a pequisa genética dos últimos cinquenta anos. Isso porque, em vez de um único gene, ela usa a mutação coordenada e precisa de centenas de genes para sofrer metástase com sucesso.

Então, por que um câncer desenvolveria centenas de mutações necessárias para sobreviver em ambientes hostis antes de sair de casa? É como hipotecar sua casa para comprar equipamentos caros e treinar para sobreviver em Saturno. Sem nenhum plano para estabelecer humanos em Saturno, é um grande desperdício de tempo e dinheiro. Por que o câncer direcionaria recursos massivos para sofrer metástase no fígado ou pulmão ou ossos *antes* de se espalhar? Não é um processo aleatório de acumulação, mas evolucionário. Ou seja, o câncer não acumula aleatoriamente a habilidade de invadir e sofrer metástase; ele *desenvolve* essa habilidade.

CÉLULAS TUMORAIS CIRCULANTES E MICROMETÁSTASE

A metástase é um processo extremamente ineficaz. Dados os problemas quase intransponíveis da metástase, a maioria das células cancerosas enviadas a partir do tumor principal morrerá. As células cancerosas se reproduzirão a cada um ou dois dias, mas o tempo de duplicação do tumor é de sessenta a duzentos dias, o que implica que a vasta maioria das células cancerosas não sobrevive.[6]

Então, como o câncer supera essas barreiras? Mais uma vez, a resposta pode ser encontrada na aplicação da biologia evolutiva do problema do câncer. Ele não segue uma progressão ordeira de crescimento, invasão e metástase. Pesquisas recentes indicam que a metástase, surpreendentemente, não é um fenômeno tardio do câncer. Na verdade, é um dos *primeiros* passos do câncer.

Se o câncer seguisse o passo a passo de crescimento até a invasão e a metástase, então uma excisão extensiva precoce a qualquer momento antes da metástase seria curativa. Mas o fracasso das cirurgias "radicais" da primeira metade do século XX vai contra esse paradigma. Muitas células cancerosas microscópicas e indetectáveis (micrometástases) teriam escapado muito antes da detecção clínica e da cirurgia.

Em casos de "câncer de origem primária desconhecida", que constituem aproximadamente 5% dos casos,[7] é encontrado um câncer amplamente metastático, mas nenhum tumor primário é identificado, apesar de investigações e imagens intensivas. Mesmo na *autópsia*, 20% a 30% dos casos permanecem sem solução. O câncer primário é tão pequeno que é indetectável por toda a nossa tecnologia moderna, mas de alguma forma ainda sofre metástase. Isso se dá porque a metástase é um passo precoce, não tardio, na oncogênese.

Avanços tecnológicos recentes nos têm permitido detectar células cancerosas na corrente sanguínea, as células de tumor circulantes (CTCs), mesmo em concentrações extremamente baixas. A descoberta dessas células no sangue revolucionou nossa compreensão sobre a metástase. O tumor primário lança células cancerosas no sangue em um estágio muito inicial, geralmente quando o tumor primário em si não é detectável. As CTCs não sobrevivem por muito tempo na corrente sanguínea. Estima-se que a maioria vive por apenas algumas horas,[8] e é por isso que até recentemente elas não eram reconhecidas. Quase todas as CTCs são destruídas assim que são liberadas. Como a primeira onda de soldados atacando bravamente as praias da Normandia, as células cancerosas são imediatamente aniquiladas pelas defesas anticâncer do corpo.

Grandes números de CTCs estão continuamente se soltando do tumor primário e são rapidamente destruídas na corrente sanguínea, e é por isso que o câncer metastático raramente é detectável no início.[9] É extremamente difícil estabelecer colônias permanentes, mesmo com milhões de células cancerosas flutuando na corrente sanguínea todos os dias. A maioria das CTCs simplesmente morre[10] — mas nem sempre.

As micrometástases explicam o fenômeno do câncer de origem primária desconhecida. As CTCs saem do tumor primário muito cedo e, por alguma razão desconhecida, são mais bem-sucedidas no novo ambiente do que no antigo. Apesar da possibilidade de o tumor primário ser pequeno ou completamente destruído em sua localização original, o câncer metastático floresce, pois encontrou solo fértil. Assim, a lesão metastática é detectada antes do tumor primário, que muitas vezes nunca é encontrado.

As primeiras células metastáticas podem se alojar em nichos protegidos por muitos anos, escondendo-se das forças anticâncer. Por exemplo, pacientes com câncer de mama com micrometástases conhecidas tinham apenas 50% de chance de desenvolver metástases clinicamente detectáveis dentro de dez anos.[11] O câncer de mama já tinha espalhado sua semente mortal, mas não podia crescer sem um solo fértil.

No fenômeno da metástase latente, pacientes com câncer que ocasionalmente foram "curados" têm uma recidiva com metástase distante anos ou até décadas depois de se acreditar que o câncer já não existia mais. As defesas anticâncer do corpo mantiveram os focos de micrometástases em vista por um tempo, mas as células cancerosas ganharam a frente.

As metástases precoces também explicam a necessidade de radiação e quimioterapia locais depois da cirurgia. Durante a cirurgia, todo o câncer visível é removido. Ainda assim, a maioria dos protocolos de câncer ainda requerem radiação ou quimioterapia pós-operatórias. Se o câncer realmente fosse um processo ordenado, então essas outras medidas não seriam necessárias. A cirurgia radical removeria todos os traços do câncer. Mas, como ele sofre metástase no início, ainda precisamos de tratamentos adicionais.

EVOLUÇÃO E AUTOSSEMEADURA TUMORAL

Considerando a complexidade da metástase, a visão da SMT clássica de "acumulação aleatória" das centenas de mutações necessárias trabalhando juntas quase não está na esfera da possibilidade. Como um paradigma para entender a evolução do câncer tumoral, é muito melhor explicar como as células se adaptam. As metástases das células cancerosas agora providenciam todas as condições necessárias para que a evolução tumoral ocorra: diversidade genética e pressão seletiva. Há milhões de células tumorais circulantes (CTCs) geneticamente diferentes sujeitas à pressão seletiva exercida pelas defesas anticâncer. Não é a mutação específica que é importante; é a compreensão do que *causa* essas mutações. Por que os genes estão sofrendo mutações? Porque a própria sobrevivência depende disso.

Mesmo quando há diagnóstico precoce, o tumor primário já estava soltando milhões de CTCs todos os dias, e micrometástases provavelmente já ocorreram.[12] As CTCs podem se libertar como células únicas ou como aglomerados que talvez trabalhem juntos para aumentar a sobrevivência mútua.[13]

Embora a maioria das CTCs sejam mortas instantaneamente quando deixam o local do tumor primário, muito geralmente uma rara mutação genética sobrevive à provação excruciante na corrente sanguínea — por pouco. Mas essas células cancerosas ainda não têm a habilidade de sobreviver nas margens hostis do fígado, osso ou pulmão. Quando uma célula cancerosa pousa em uma margem distante, é imediatamente assassinada. Outras CTCs continuam a circular pelo corpo, procurando desesperadamente por um porto seguro. Finalmente, poucas sobrevivem o suficiente para encontrar um oásis, seu local de origem: o tumor primário.

Esses filhos pródigos do câncer retornam para se acomodar em sua casa antiga, que lhes fornece um refúgio. As CTCs que retornam não requerem novas adaptações genéticas para sobreviver e prosperam no microambiente do tumor. Nesse santuário tumoral, o ambiente ácido da hipóxia suprime a vigilância do sistema imunológico que as estava destruindo na corrente sanguínea.[14] Isso se chama autossemeadura tumoral. Modelos da linha celular para cânceres de mama, cólon e melanoma já provaram sua existência.[15] Quando os tumores ressemeiam seu local primário, as células ficam abrigadas em um ambiente protetivo — um berçário para as células que retornam.

No entanto, quando essa prole cancerosa retorna, já não são mais os mesmos inocentes assustados que originalmente deixaram o tumor de origem primária. Seus companheiros foram mortos. Apenas os que conseguiram ativar internamente seu espírito de sobrevivência no organismo unicelular mais impiedoso retornam. Imagine um ladrão de loja sentenciado a cinco anos nos gulags da Sibéria. Ele talvez tenha sido um bom rapaz, mas os horrores do campo de trabalho forçado o transformaram em um criminoso. Ele evoluiu. É a mesma coisa com as células cancerosas que retornam para ressemear o tumor de origem primária. Apenas as células cancerosas suficientemente resistentes e adaptáveis sobrevivem ao retorno. As condições são perfeitas para a seleção natural. As células cancerosas são geneticamente diversas e expostas à pressão seletiva: ser capaz de sobreviver na corrente sanguínea.

As CTCs que retornam reinfiltram no tumor estabelecido e vencem a competição com as células cancerosas originais menos agressivas. O tumor original primário é substituído por uma cepa mais agressiva, e as novas CTCs soltas na corrente sanguínea agora são a prole dessa cepa. Apesar de a jornada pela corrente sanguínea ainda ser traiçoeira, essas células mais agressivas resistem um pouco melhor do que a geração anterior.

Esse não é o fim da história; é apenas o começo. A evolução da célula cancerosa é um processo iterativo (veja a Figura 19.1). As novas CTCs enfrentam outra rodada de pressão seletiva intensa. A maioria das novas CTCs também morre, mas, uma vez mais, alguns poucos mutantes que desenvolveram mecanismos de sobrevivência melhorados na corrente sanguínea retornam para ressemear o local do tumor original. Esse ciclo se repete várias vezes, geralmente ao longo de anos ou décadas, e cada ciclo traz novas mutações que permitem melhor sobrevivência na corrente sanguínea. O tumor primário é recolonizado pela própria metástase progenitora. Essas mutações genéticas são tudo, menos aleatórias — esse é o processo darwiniano da seleção natural. As células cancerosas estão evoluindo.

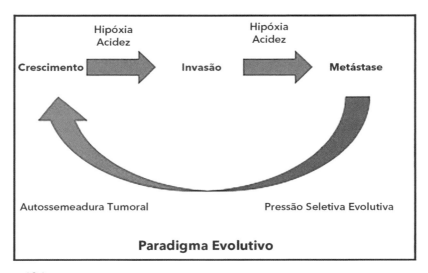

Figura 19.1

Cada iteração seleciona para uma maior sobrevivência e agressão. Com o tempo, o câncer seleciona as centenas de mutações necessárias para sofrer metástase com sucesso pelo sangue e cria uma nova colônia de células. A autossemeadura tumoral amplifica os clones mais agressivos e permite uma melhora seletiva dos traços de sobrevivência.

O processo de autossemeadura explica a diversidade genética no local do tumor primário — conhecida como heterogeneidade intratumoral (ITH). As células cancerosas dentro de um único tumor não são feitas de um único clone genético. Há múltiplos clones diferentes dentro da mesma massa tumoral, refletindo as diferentes ondas de imigração e autossemeadura.

Com tempo suficiente e evolução tumoral, as células cancerosas agora podem sobreviver à jornada na corrente sanguínea razoavelmente bem e aportar em órgãos diferentes. Novamente, a paisagem estrangeira será terreno hostil para as células cancerosas. Elas começam estabelecendo uma colônia, uma micro-metástase que pode ficar dormente por décadas. O solo estrangeiro hostil age como uma pressão seletiva evolutiva nesse pequeno assentamento de células cancerosas. Ao longo das gerações de células, essas mutações que permitem o crescimento e a sobrevivência têm uma vantagem seletiva. Essas novas células sofrem mutação para um tumor metastático que agora consegue crescer.

A metástase cria um novo galho na evolução do câncer. O local da metástase demonstra uma genética completamente diferente da do tumor primário,[16] o que reflete os desafios de sobreviver nesse local metastático. Como a maioria das células cancerosas morre ao tentar a metástase, poucas células sobrevivem, e isso restringe a diversidade genética,[17] um fenômeno conhecido na biologia como "efeito gargalo".

Por fim, temos o paradigma do funcionamento de como o câncer se desenvolve, de sua origem até a metástase. O fator que modela o câncer do começo ao fim é a força mais poderosa da biologia: a evolução. Não é uma miscelânea aleatória de diferentes mutações. Em todos os estágios, a força propulsora por trás do câncer é a diretiva mais primária de toda a vida terrestre: sobrevivência da célula.

O paradigma do câncer 3.0, o modelo evolutivo, pode ser dividido em três fases:

1. Transformação: O primeiro passo da célula em direção ao câncer é uma resposta evolutiva ao ferimento crônico e subletal. O fenótipo do câncer se desenvolve como um mecanismo de sobrevivência que requer a rejeição da vida multicelular. Essa é a semente do câncer.

2. Progressão: Os sensores de nutrientes insulina, mTOR e AMPK influenciam a disponibilidade do fator de crescimento e fornecem um ambiente fértil para a proliferação cancerosa. Esse é o solo.

3. Metástase: A liberação antecipada das células cancerosas na corrente sanguínea expõe as células a uma intensa pressão seletiva para sobrevivência. À medida que o local do tumor primário é ressemeado pela própria prole, a pressão seletiva natural favorece traços mais agressivos e primitivos.

20

A ESTRANHA HISTÓRIA DO CÂNCER

NOSSA COMPREENSÃO DA fascinante e estranha história do câncer passou por várias grandes revisões. O paradigma evolutivo oferece impressionantes novos insights na gênese do câncer, da transformação, progressão e metástase ao tratamento e recorrência. O foco mudou de puramente genético (semente) ao ambiente (solo) e à interação dos dois. Na biologia evolutiva, o ambiente tem o papel mais importante na determinação de quais mutações são benéficas e quais são prejudiciais. Já andamos muito, então, antes de seguir para implicações terapêuticas, vamos brevemente recapitular a história do câncer, usando o exemplo de um fumante que desenvolve um câncer de pulmão que sofreu metástase para o fígado.

Há vários bilhões de anos, os organismos mais primários eram procariontes unicelulares. À medida que evoluíram para os eucariontes mais complexos, uma cooperação celular aumentada levou ao desenvolvimento de organismos multicelulares. Esses animais maiores e mais complexos dominavam os menores e mais simples, assim como as cidades dominam indivíduos isolados. Mas isso requeria uma mudança fundamental e monumental nas prioridades celulares.

248 O CÓDIGO DO CÂNCER

A programação genética anterior desenvolveu as células para competir umas com as outras para sobreviver. Agora as células precisavam de coordenação e cooperação. Seu fígado não precisa tentar matar seu pulmão; os dois ajudam um ao outro. Outras células eram amigas, não alimento. Cooperando, todo o organismo ganha uma enorme vantagem de especialização. Uma única célula não poderia aprender a ler Shakespeare.

À medida que as células passaram de rivais para colegas, novas regras eram necessárias. O manual ancestral competitivo não foi apagado. Em vez disso, novos programas (genes) foram adicionados em cima dos antigos para mudá-los e controlá-los. Os genes supressores do tumor suprimiram os velhos programas "crescer a todo custo". Os oncogenes produziam fatores de crescimento que ativavam antigos programas de crescimento, mas apenas no tempo e lugar corretos. O câncer aparece precisamente nessa junção entre a unicelularidade e multicelularidade, ou competição versus cooperação celulares.

Pense nisso como treinar um urso para dançar. Um urso selvagem pode ser persuadido por um treinamento extensivo a fazer truques humanos estúpidos, como dançar ou usar um tutu. A programação original "animal selvagem" no urso fica dormente, mas intacta. Uma nova programação "dançar e usar tutu" simplesmente foi sobreposta. Quando o urso é provocado, para de dançar e reverte para o comportamento como um animal selvagem, ainda que com o tutu. O câncer é essa fera selvagem interna, um competidor e sobrevivente feroz.

Os genes unicelulares que aumentam a competição e a sobrevivência são *precisamente os que causam câncer em organismos multicelulares*. A semente do câncer já existe em todo organismo multicelular, porque é simplesmente uma remanescência de nosso passado evolutivo. Quando as novas regras se quebram, os antigos comportamentos unicelulares voltam a se reafirmar. A semente do câncer cresce, é imortal, se movimenta e usa o efeito de Warburg. Esse é um antigo kit de respostas de sobrevivência. Essas são as características do câncer. Essa é uma nova espécie invasiva conhecida como câncer.

Como o câncer é uma parte dormente de nós mesmos e um perigo conhecido sempre presente, organismos multicelulares desenvolveram estratégias anticâncer potentes, incluindo reparo de DNA, apoptose, o limite de Hayflick e a vigilância do sistema imunológico. Células exterminadoras naturais (NK) são uma parte de nosso sistema imunológico inato que — surpresa! — naturalmente mata as células tumorais. As células NK patrulham constantemente o corpo como uma força policial vigilante, procurando potenciais células cancerosas. A ordem? Atirar para matar. Se as defesas anticâncer ficam comprometidas, o câncer pode florescer.

Organismos multicelulares suprimem a competição entre as próprias células assim como uma sociedade reforça regras para os indivíduos cooperarem, não competirem. Fazemos fila na porta do cinema em vez de empurrar uns aos outros. O câncer resulta da perda de cooperação entre as células e procede em três estágios: transformação, progressão e metástase.

TRANSFORMAÇÃO

Por que uma célula rejeitaria uma sociedade multicelular educada para competir individualmente? Porque sua própria sobrevivência está em risco. Quando a lei e a ordem normais da sociedade multicelular falham, as células cancerosas evoluem para sobreviver ao dano subletal crônico. Se o ferimento for muito significativo, as células simplesmente morrem. Se for leve, o dano é simplesmente reparado. Com a quantidade certa de ferimento crônico, as células ficam frenéticas como um rato em uma ratoeira, forçadas a encontrar uma maneira de sobreviver.

Em nosso exemplo, o dano constante da fumaça do cigarro força as células do pulmão para enfrentar uma crise existencial. Algumas células são mortas completamente. Algumas são intocadas. Mas há uma proporção substancial de células que suportam o dano crônico subletal, e isso ativa a cura do ferimento. As regras normais da sociedade multicelular foram rompidas. Logo se torna cada célula por si.

250 O CÓDIGO DO CÂNCER

Então, a célula de pulmão danificada enfrenta um dilema: deveria continuar a cooperar com outras células, seu modus operandi normal? Sem a lei e a ordem normais, ela provavelmente será levada à morte. A alternativa é competir pela própria sobrevivência e ignorar as regras normais da sociedade multicelular. Presas entre a cruz e a espada, algumas células revertem para a competição.

O dano da fumaça crônica subletal exerce uma pressão seletiva potente, e a célula deve ativar as sub-rotinas antigas de sobrevivência raramente usadas pela unicelularidade para se salvar. A seleção natural favorece certos danos para a sobrevivência. O crescimento, a imortalidade, o movimento, a glicólise (o efeito de Warburg) — aquelas células que não se adaptam e espanam a poeira do velho manual de sobrevivência não sobrevivem. A transformação cancerosa já foi feita.

As mutações não são aleatoriamente acumuladas, mas selecionadas com cuidado por um processo evolutivo darwiniano. As mutações que ativam o antigo núcleo unicelular e de sobrevivência da programação melhoram as chances de sobrevivência celular em caso de danos crônicos causados pelo cigarro. À medida que tomam o caminho de volta à unicelularidade, células do pulmão normais se transformam em células cancerosas.

O tumor, um pequeno agrupamento de células cancerosas, começa a crescer no pulmão. Essas células radicais representam um perigo ao organismo, então o corpo ativa seus mecanismos anticâncer altamente evoluídos e potentes para manter a lei e a ordem multicelulares. Na maior parte do tempo, o corpo mata essa espécie invasora, eliminando-a antes que uma cabeça de praia seja estabelecida. Nesses casos, o câncer é morto antes mesmo de ser detectado.

Mas a pessoa ainda fuma, e o dano celular crônico persiste. Ocasionalmente, uma rara mutação permite que o câncer sobreviva às defesas anticâncer do corpo. Ele não floresce, mas não está totalmente morto. O pequeno câncer desenvolve variação genética (heterogeneidade intratumoral), o que permite a evolução em cadeia ramificada e a seleção natural. Com o tempo, a evolução tumoral seleciona a expressão de traços de sobrevivência, o que pode levar

A Estranha História do Câncer 251

décadas para acontecer. O câncer descobre habilidades anteriormente suprimidas pela mutação genética, mas, de novo, esses *atavismos não são aleatórios*. A pressão seletiva evolutiva possibilitada pela ITH é o que guia essas mutações.

PROGRESSÃO

À medida que o tumor cresce, ele enfrenta novos desafios que requerem novas soluções que não podem ser encontradas no antigo manual de sobrevivência. Partes do tumor em crescimento estão muito longe do suprimento vital, os vasos sanguíneos que carregam oxigênio. Isso ativa o fator induzido por hipóxia 1 (HIF1) que estimula o crescimento de novos vasos sanguíneos. Ele não é parte da sub-rotina de sobrevivência original, mas foi desenvolvido para dar suporte ao crescimento do tumor.

Além disso, o HIF1 encoraja a movimentação celular e o efeito de Warburg. A célula cancerosa produz ácido lático, que é despejado no microambiente ao seu redor. O ácido não somente suprime a função imunológica normal da célula, mas também degrada as estruturas de apoio, facilitando a invasão das células cancerosas através da membrana basal, entrem em tecidos locais, e eventualmente se disseminem pela corrente sanguínea. O dano da acidez atrai células inflamatórias que produzem fatores de crescimento. As células normais quase não sobrevivem nesse ambiente ácido da hipóxia, enquanto as células cancerosas vivem muito bem. Em terra de cegos, quem tem um olho é rei.

As sementes do câncer estão em todos os lugares, mas são irrelevantes sem um solo fértil. Organismos multicelulares controlam rigidamente o crescimento ao criar permissões. Mas certas condições, como a pronta disponibilidade de nutrientes e especialmente da glicose, permitem um fácil crescimento tanto das células normais quanto das cancerosas.

O corpo humano usa três caminhos principais de sensores de nutrientes: insulina, mTOR e AMPK, que também atuam como fatores de crescimento. Quando o corpo sente mais disponibilidade de nutrientes (insulina e mTOr altos e AMPK baixo), as condições favorecem o crescimento, que favorece as

252 O CÓDIGO DO CÂNCER

células cancerosas. O câncer de pulmão não está apenas sobrevivendo, como encontrou um bom solo para crescer. Mas está ficando um pouco grande demais e desajeitado — é hora de sair de casa.

METÁSTASE

As células normalmente ficam presas ao seu local de origem pelas moléculas de adesão à superfície. Mas células cancerosas que não podem se movimentar não podem crescer. Para uma espécie invasora, o movimento é um comportamento perfeitamente normal. As células cancerosas se libertam do tumor primário para encontrar mais espaço para crescer. Isso acontece cedo no curso do câncer, pois as células tumorais circulantes (CTCs) consomem os nutrientes rapidamente são logo motivadas pelo aumento da competição por recursos. Esse novo estresse ambiental cria novas pressões seletivas evolutivas.

Infelizmente, essas CTCs descobrem que a corrente sanguínea é um ambiente terrivelmente hostil, e a maioria simplesmente morre. Mas não todas. Um dia, surge um mutante genético raro que é capaz de sobreviver tanto ao ataque das células imunológicas quanto à viagem pela corrente sanguínea por tempo suficiente para voltar ao local do tumor original no pulmão.

Quando retorna para casa, encontra um santuário contra todas as coisas assustadoras que a estão tentando matar, e se recupera. O tumor acabou de se autossemear. Mas esse câncer que retorna é mais agressivo e sobrevive um pouco melhor na corrente sanguínea. Essa variante mais agressiva se multiplica na segurança do tumor primário. Domina e vence as células cancerosas incumbentes. Levada pela incessante fome de crescimento, a nova cepa de câncer de pulmão começa a liberar células tumorais circulantes no sangue. O ciclo de autossemeadura de tumor e metástase se repete várias vezes, com o câncer continuamente evoluindo sua habilidade de sobreviver na corrente sanguínea.

Mas as células cancerosas não podem circular para sempre no sangue como um bote perdido no oceano. Depois de quase não sobreviver à dura viagem pela corrente sanguínea, as células aportam na margem hostil de algum outro tecido. Essas células de câncer de pulmão podem aportar no rim, fígado, ossos ou cérebro. Quase todas elas são imediatamente eliminadas nesse novo ambiente hostil. Uma célula de pulmão não pode sobreviver no rim, fígado, ossos ou cérebro. É um peixe fora d'água.

Milhões de células de câncer de pulmão morrem nessas terras estrangeiras. Mas o tumor primário ainda está liberando milhões de células no sangue logo atrás delas. Onda após onda de células cancerosas morrem. É preciso mais do que algumas tentativas para a célula do câncer de pulmão original se adaptar ao ambiente completamente novo do fígado.

Eventualmente, uma rara mutação genética permite que as células do câncer de pulmão cheguem a novos órgãos, como o fígado, e sobrevivam. Talvez elas não floresçam, mas pelo menos não estão mortas. Essa micrometástase é tão pequena que é indetectável e pode permanecer dormente por décadas. A invasão e a metástase são habilidades difíceis de dominar, e a maioria dos cânceres fracassa.

Dado tempo suficiente, os processos evolutivos darwinianos selecionam uma variante genética rara para florescer, e a pequena metástase começa a crescer. O câncer acabou de sofrer metástase, e o prognóstico para o paciente acabou de desabar de bom para ruim. O lento processo da carcinogênese inicial para a metástase leva décadas.

Uma vez que o câncer é descoberto, o paciente começa um tratamento de quimioterapia, radiação, hormônios ou cirurgia. Essas armas de destruição celular em massa aniquilam os inimigos, mas sua eficácia é limitada pelo dano às células normais, o que causa efeitos colaterais. Pode parecer que o câncer entrou em remissão, mas, se algumas poucas células sobreviverem, o tratamento coloca uma nova pressão seletiva no câncer. As células resistentes replicam e florescem. O câncer reincide. E agora está resistente ao tratamento. O prognóstico acabou de decair de ruim para péssimo.

PARADIGMAS DO CÂNCER

O modelo evolutivo/ecológico do câncer, com evolução tumoral e autossemeadura, reflete o ecossistema complexo e dinâmico do câncer que está sempre em evolução. Ele considera não só a célula cancerosa em si, mas também sua relação com outras células e com o ambiente. Dinâmica populacional, evolução e pressão seletiva são elementos-chave desse novo modelo de câncer. O modelo evolutivo é um mosaico, não um monocroma como a SMT.

Nossa compreensão do câncer passou por três grandes paradigmas, cada um dos quais produziu tratamentos revolucionários e melhorou a compreensão, mas a jornada também revelou nossas lacunas de conhecimento sobre esse inimigo antigo. O paradigma do câncer 1.0 entendia o câncer como puramente uma doença do crescimento excessivo e descontrolado. A solução lógica é matar essas áreas de crescimento excessivo com veneno (quimioterapia), queimadura (radiação) e/ou corte (cirurgia). Mas esse paradigma chegou ao limite em meados dos anos de 1970.

O câncer faz uma coisa melhor do que tudo: cresce. Os tratamentos do paradigma do câncer 1.0 tentavam combatê-lo jogando o mesmo jogo. Estávamos atacando suas virtudes, não suas fraquezas. Se o câncer fosse um caranguejo, estaríamos tentando quebrar sua dura concha enquanto sofríamos com suas garras terríveis. O paradigma do câncer 1.0 definitivamente fracassou na explicação de *por que* essas células estavam crescendo excessivamente.

O paradigma do câncer 2.0 explicava que mutações genéticas acumuladas causavam o crescimento excessivo. Algumas mutações em alguns importantes genes do crescimento eram responsáveis pelo crescimento canceroso e funcionavam bem para alguns cânceres, mas problemas logo surgiram. À medida que perseguíamos as várias mutações genéticas, percebemos que havia muito mais do que as poucas esperadas. Havia *milhões*.

Os cânceres dominam a arte de mudar de forma, e sofrem mutação frequentemente e melhor do que qualquer outra coisa no universo conhecido. Então, focar uma mutação específica para matar o câncer é extremamente inútil, porque ele pode simplesmente sofrer uma nova mutação. O câncer é uma doença dinâmica, então qualquer tratamento exclusivo e estático, seja quimioterapia ou uma droga-alvo, geralmente fracassa. Em vez de curar, os tratamentos podem introduzir uma nova pressão seletiva; assim como o uso constante de antibióticos pode aumentar a resistência bacteriana. O câncer é o último sobrevivente, tendo evoluído por bilhões de anos para evadir de ameaças. Mais uma vez, estamos atacando as forças do câncer e torcendo pelo melhor. Com um número quase infinito de combinações de mutações, o tratamento-alvo de precisão genética revelou-se um sonho que foi pelo ralo.

Como com seu predecessor, o paradigma do câncer 2.0 (o modelo genético) fracassou por ter negligenciado a explicação do *porquê*. Por que as células estavam sofrendo mutações? Sem resposta, esse paradigma do câncer chegou ao limite no início dos anos 2000. Tínhamos nos concentrado tanto na genética específica do câncer que ignoramos a importância dos ambientes e interações entre as células. Tínhamos ignorado a floresta em meio às árvores.

UM NOVO ALVORECER

Isso finalmente nos levou à teoria do câncer evolutiva/ecológica atual: o paradigma do câncer 3.0. A evolução darwiniana é a única força conhecida no universo biológico que pode criar e coordenar o número de mutações necessárias para o câncer. A busca pela sobrevivência celular causa o acúmulo de dezenas ou centenas de mutações vistas em cada câncer.

O câncer não é só um problema de semente, mas também de solo. A ecologia é o estudo da relação entre um organismo e outro, bem como a relação desses organismos com seu ambiente. A teoria evolutiva não nega a importância do paradigma genético, mas o expande para incluir a semente e o solo. O câncer não é só uma doença genética. O paradigma evolutivo/ecológico reconhece a importância das interações célula-célula e das interações com o ambiente, deixando a teoria muito mais dinâmica, inclusiva e compreensiva. A biologia evolutiva conecta carcinogênese, progressão e metástase, enquanto a genética as considera questões separadas.

Essa ideia não é nova; só precisava ser redescoberta. "O câncer não é mais uma doença das células, assim como um congestionamento não é uma doença dos carros", escreveu o pesquisador D. W. Smithers em 1962. Um congestionamento é o resultado da interação entre o carro, os carros vizinhos e o ambiente. Se olhar cada carro individualmente — Os freios estão funcionando? Houve manutenção recente? —, você não encontrará o problema.

Da mesma forma, o câncer não é só uma doença genética, mas também ecológica. O ambiente tem um papel imenso em determinar o crescimento de um câncer. Sob certas circunstâncias, como altos níveis de insulina, o câncer avançará, enquanto, sob outras, fracassará.

Essa nova compreensão do câncer tem grandes implicações para prevenção e tratamento. Um fronte totalmente novo na guerra ao câncer foi iniciado. Podemos identificar alvos oportunistas para quebrar esse impasse dos últimos cinquenta anos. Uma avalanche de pesquisas permitiu o desenvolvimento de novas armas para combater o câncer. Expectativas de vida estão aumentando. As taxas de morte por câncer estão caindo. Pela primeira vez, o câncer pode estar em retirada.

PARTE VI

IMPLICAÇÕES DO TRATAMENTO

21

PREVENÇÃO E TRIAGEM DO CÂNCER

HOJE EM DIA, AS DOENÇAS cardíacas são a principal causa de morte nos Estados Unidos, e o câncer está sempre subindo nessa corrida mórbida. Mas isso provavelmente mudará em breve. De 1969 a 2014, as mortes por doenças cardíacas diminuíram 68,4% entre os homens e 67,6% nas mulheres, devido tanto à prevenção quanto ao tratamento melhorado.[1]

Ainda assim, no mesmo período, as mortes por câncer diminuíram no mínimo 21,9% entre os homens e 15,6% entre as mulheres — menos de um terço da taxa de queda das doenças cardíacas (veja as Figuras 21.1 e 21.2). Em 1969, o risco de morrer por uma doença cardíaca era de duas a três vezes mais alto do que de morrer por câncer. Em 2019, esse risco era praticamente o mesmo.[2] Nos anos 2000, o câncer era a principal causa de morte somente em dois estados (Alasca e Minnesota). Em 2014, 22 estados inteiros relataram que o câncer era a principal causa de morte.[3] De acordo com a American Cancer Society, o risco de ser diagnosticado com câncer ao longo da vida é mais de uma a cada três pessoas,[4] e, o pior, muitos dos cânceres relacionados à obesidade estão crescendo em prevalência e são considerados evitáveis.

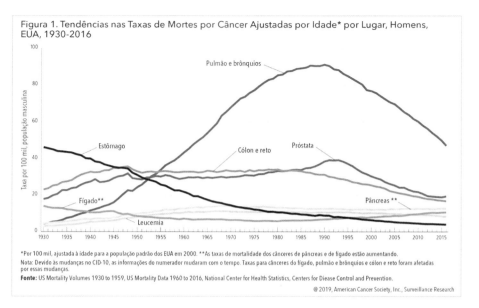

Figura 21.1

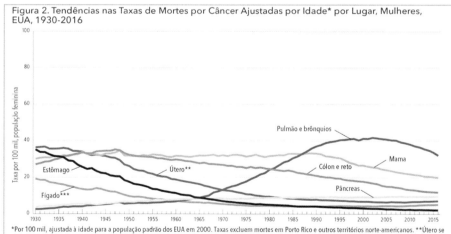

Figura 21.2

Apesar de o progresso contra o câncer ainda ficar muito atrás do das doenças cardíacas, ainda há algumas boas notícias. O número total de mortes por câncer atingiu o pico em 1991 e teve queda constante de 27% nos 25 anos seguintes, até 2016, devido principalmente à redução de câncer de pulmão graças ao aumento da regulamentação da indústria do tabaco e a campanhas antifumo eficazes.

A prevenção é a rota mais certeira para combater o câncer e é responsável por essa vitória significativa na redução de mortes por câncer de pulmão. A popularidade do fumo de tabaco nos Estados Unidos começou a crescer em torno de 1900, ganhando força durante a Primeira e a Segunda Guerras Mundiais, tendo um pico em 1964, quando 42% dos norte-americanos fumavam.[5] Fumar estava na moda, era comum e aparentemente inofensivo. Muitos médicos fumavam, assim como boa parte dos homens. Entre as mulheres, fumar era definitivamente menos popular nos anos 1960, mas ganhou força depois, ironicamente, como um símbolo de empoderamento feminino.

O primeiro evento na história da prevenção do câncer, ocorrido em 1964, foi a declaração do então cirurgião do U.S. Public Health Service, Luther Terry, de que fumar causava câncer de pulmão. Estima-se que o fumo de cigarro é responsável por 81% dos cânceres de pulmão (veja a Figura 21.3). Terry, ele mesmo fumante de longo prazo, salvou quase sozinho centenas de milhões de vidas.

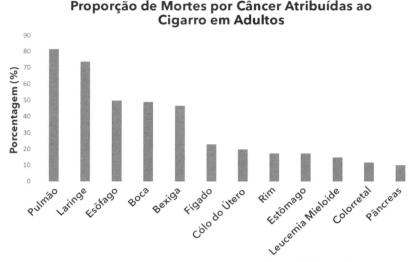

Dados de: Islami F. etl al. CA Cancer J Cline, 2018;68:31-54

Figura 21.3

A percepção pública do cigarro mudou, gradual mas irrevogavelmente, depois do relatório de 1964. Apenas um ano depois, novas legislações obrigavam a colocação de rótulos de aviso nos pacotes de cigarro, para que os consumidores soubessem que fumar era um risco à saúde deles. Outras medidas de saúde pública incluíram restringir a propaganda de cigarro, principalmente para os jovens. As taxas de fumo nos Estados Unidos caíram ao longo dos anos que se seguiram, chegando a 15,5% em 2016.[6]

As mortes por câncer de pulmão seguiram uma trajetória parecida, com um atraso de cerca de 25 anos, tempo que demora para seu desenvolvimento. De 1990 a 2016, as mortes por câncer de pulmão caíram 48% em homens. O fumo em mulheres começou depois dos homens, então mostrou ascensão e queda mais lentas.

Mas fumar cigarro não contribui somente para o câncer de pulmão. A irritação crônica causada pela fumaça do tabaco causa pelo menos doze outros cânceres e aumenta o risco de doença cardíaca, AVC e doença pulmonar crônica.[7]

O câncer de pulmão ainda era responsável pela maioria das mortes por câncer em 2019, para homens e mulheres, apesar de os números estarem caindo significativamente. Resta pouca dúvida acerca da melhor maneira de tratar o câncer de pulmão: parar de fumar. Nada mais chega nem perto disso. É uma questão de execução, não de conhecimento.

Os cânceres causados por agentes infecciosos como bactérias e vírus também vêm diminuindo. O câncer de estômago vem diminuindo desde 1930, pois melhorar o saneamento básico diminui drasticamente a prevalência da *H. pylori*. A superpopulação e a falta de saneamento persistiram na Ásia por grande parte da primeira metade do século XX, o que levou a uma infecção endêmica por *H. pylori* e altas taxas de câncer de estômago. No Japão, por exemplo, as mortes por câncer de estômago só começaram a cair em meados dos anos 1960.[8]

O câncer de fígado caiu nos Estados Unidos de 1930 a 1980 devido a grandes avanços na identificação e prevenção das hepatites B e C. Ambos são menos comuns nos Estados Unidos se compararmos com a Ásia, onde a hepatite B ficou endêmica devido à transmissão maternal. O pico das mortes por câncer de fígado no Japão só ocorreu em 1990.[9] Hoje em dia, a vacinação para hepatite B e medicamentos antivirais eficazes para a hepatite C nos dão esperança de que o câncer de fígado possa seguir sua tendência de queda.

As notícias recentes sobre o câncer de fígado não são boas, mas por um motivo completamente diferente. Nos últimos quarenta anos nos Estados Unidos, os diagnósticos de câncer de fígado triplicaram e as mortes mais do que dobraram. Há pouca dúvida sobre o porquê: ele é um dos cânceres relacionados à obesidade, sendo que indivíduos obesos e com sobrepeso sofrem quase o dobro do risco se comparados a indivíduos com peso saudável.[10] A gordura no fígado pode causar inflamação crônica, o que leva à cirrose e câncer de fígado. Há um crescimento na incidência do câncer de pâncreas, também relacionado à obesidade, em cerca de 1% ao ano de 2006 a 2015.

TRIAGEM

Depois do câncer de pulmão, os que mais matam são o de próstata (homens), mama (mulheres) e o colorretal em terceiro lugar. Em todos os três tipos de câncer, nenhum grande agente causador foi identificado, muito embora os cânceres de mama e de cólon sejam os mais proeminentes dos relacionados à obesidade. Sem conhecer a causa, esses cânceres não podem ser inteiramente prevenidos. O próximo melhor passo pode ser detecção antecipada e tratamento por meio da triagem. Quando são detectados no início, a taxa de sobrevivência de cinco anos para os cânceres de mama, de próstata e colorretal passa de 90% (veja a Figura 21.4).

SOBREVIVÊNCIA DE CINCO ANOS (PERCENTUAL), ESTADOS UNIDOS, 2008-2014

Metástase	Local	Regional	Distante
Mama (Mulheres)	99	85	27
Colorretal	90	71	14
Próstata	> 99	> 99	30
Esôfago	45	24	5
Pâncreas	34	12	3

American Cancer Society, Facts & Figures, 2019.

Figura 21.4

Uma vez que o câncer sofre metástase, no entanto, essas taxas de sobrevivência sofrem uma queda para menos de 30%. A chave, então, é reduzir o número de pacientes que apresentam estágios avançados da doença. Uma estratégia muito bem testada é fazer a triagem precoce da doença, na esperança de reduzirmos o número de pessoas que apresentam o estágio avançado e mais letal. Embora vários programas de triagem baseados em grandes populações tenham sido muito bem-sucedidos na redução dos cânceres cervical e colorretal, a triagem para três outros cânceres comuns (mama, próstata e tireoide) tem definitivamente tido menos sucesso. Infelizmente, apenas pegar mais doenças

Prevenção e Triagem do Câncer 265

no início não é útil por si só. Nos dois primeiros casos (de mama e colorretal), a triagem reduziu o avanço da doença, mas nos últimos três casos (próstata, esôfago e pâncreas) isso não aconteceu, o que faz toda a diferença do mundo.

CÂNCER CERVICAL

Mortes por câncer cervical diminuíram dramaticamente desde a década de 1940, muito por causa da introdução do exame de papanicolau. Agora se sabe que 70% dos cânceres cervicais são atribuídos a duas cepas (16 e 18) do papilomavírus humano (HPV), uma doença transmitida amplamente por meio de contato sexual. Depois da infecção por esses subtipos de HPV que causam câncer, o colo do útero libera células anormais por vários anos antes do desenvolvimento do câncer cervical invasivo.[11]

Em 1928, o ginecologista Dr. George N. Papanicolaou descobriu que, quando o colo do útero era raspado com um pequeno pincel e as amostras celulares obtidas eram examinadas no microscópio, células cancerosas previamente escondidas podiam ser detectadas.[12] As mulheres não tinham nenhum sintoma nesse estágio e se sentiam muito bem. Em 1939, Papanicolaou estava rotineiramente retirando amostras celulares de todas as mulheres que faziam exame obstetrício e ginecológico em seu hospital em Nova York. Em 1941, seu artigo descreveu como o papanicolau podia detectar lesões pré-cancerosas não suspeitas.[13] Com o diagnóstico precoce, a remoção dessas lesões impedia a progressão ao câncer. Hoje em dia, o câncer cervical é o garoto-propaganda dos programas de prevenção ao câncer, sendo uma das primeiras e mais bem-sucedidas intervenções até hoje.

Ao longo dos anos de 1940 e 1950, a American Cancer Society entusiasticamente promoveu o papanicolau para prevenção em massa. Ela treinou médicos e patologistas a usá-lo e estabeleceu uma série de clínicas de detecção de câncer, focadas principalmente no câncer cervical.[14] Mortes por câncer cervical tiveram uma queda estimada de 71% de 1969 a 2016. A boa notícia é que

266 O CÓDIGO DO CÂNCER

programas de vacinação em larga escala foram aprovados e desenvolvidos em muitos países. Prevenir a transmissão viral do HPV 16 e 18 é uma promessa para diminuir ainda mais a taxa de câncer cervical.

CÂNCER COLORRETAL

A triagem baseada na população para o câncer colorretal é outro grande exemplo de como aumentar as chances de um tratamento bem-sucedido do câncer, pois as mortes por câncer colorretal têm tendido à queda desde meados dos anos de 1980, devido amplamente a programas de prevenção.

Em 1927, pesquisadores descobriram que o tecido normal do cólon não se alterava diretamente para câncer colorretal, mas passava por uma fase pré-cancerosa inicial chamada pólipo adenomatoso.[15] O estágio do pólipo durava por anos ou mesmo décadas antes de se transformar em câncer invasivo. Antes da década de 1960, detectar pólipos adenomatosos não era fácil.

Exames de toques retais eram historicamente o método preferido de prevenção. Como parte de um exame físico de rotina, os pacientes ouviam o temido estalo da luva de látex e as instruções para se inclinar, pouco antes de o dedo do médico ser inserido no reto, para sentir qualquer coisa não usual. Esse exame não era apenas impopular, era virtualmente inútil, pois o cólon humano tem aproximadamente 150cm, e o médico podia sentir apenas os primeiros centímetros. Por sorte, avanços na tecnologia eventualmente forneceriam uma solução melhor.

Na década de 1940, uma câmera rígida chamada sigmoidoscópio foi desenvolvido. Ela era inserida no cólon sigmoide, os últimos cerca de 38cm de intestino grosso. Era um procedimento difícil e doloroso, mas, mesmo assim, começando em 1948, programas de prevenção de larga escala usando essa tecnologia primitiva resultaram em uma taxa de surpreendentes 85% de redução do câncer colorretal ao longo de 25 anos.[16] O conceito foi provado, mas o procedimento de prevenção não era amplamente aceito pelo público.

Prevenção e Triagem do Câncer 267

A tecnologia médica melhorada mudou o jogo mais uma vez. Pode ser que os pólipos sangrem intermitentemente, permitindo que pequenas quantidades de sangue que não são visíveis a olhos nus cheguem às fezes. No final dos anos de 1960, o teste de sangue oculto nas fezes (FOBT) foi desenvolvido, permitindo que quantidades invisíveis de sangue fossem detectadas e servissem como sinal antecipado de câncer colorretal. Ele requeria apenas uma simples amostra de fezes, sem necessidade de inserir tubos em orifícios.

Em meados dos anos de 1970, a colonoscopia flexível foi desenvolvida. Em vez de um microscópio rígido com um alcance limitado, o colonoscópio era flexível, permitindo uma passagem mais fácil por todo o cólon, com suas muitas torções e curvas. Um teste positivo para sangue oculto nas fezes agora poderia ser seguido por uma colonoscopia relativamente simples que poderia tanto detectar quanto remover os pólipos.[17]

Em 1993, descobertas do National Polyp Study provaram que essa abordagem combinada reduzia o câncer colorretal em surpreendentes 76% a 90%[18] e as mortes por câncer em 51%.[19] O Minnesota Colon Cancer Control Study de 1993 confirmou que a triagem com sangue oculto nas fezes e colonoscopia reduzia a morte por câncer colorretal em 33%.[20] Não era só um gol para a prevenção e tratamento do câncer, era um êxito completo.

Atualmente, a U.S. Preventive Services Task Force (USPSTF) recomenda começar a triagem com a FOBT ou colonoscopia aos 50 anos e até os 75 anos. A colonoscopia tem a vantagem de ser capaz de tanto detectar quanto remover imediatamente o pólipo. Taxas de triagens aumentaram de 20% nos anos 1990 para aproximadamente 65% nos Estados Unidos hoje.[21]

O aumento da triagem diminuiu continuamente as mortes por câncer colorretal, mas as estatísticas de 2019 contêm dados perturbadores: esse câncer está aumentando de maneira desproporcional em pacientes mais jovens, provavelmente relacionado à crise de obesidade, que está aumentando. A American Cancer Society estima que 55% dos cânceres colorretais são atri-

268 O CÓDIGO DO CÂNCER

buídos a fatores de risco modificáveis, predominantemente excesso de peso corporal. Para pacientes acima de 55 anos, o câncer colorretal diminuiu 3,7% por ano de 2006 a 2015; mas, para quem tem menos de 55, aumentou 1,8%.

Tanto o câncer cervical quanto o colorretal têm um progresso razoavelmente ordenado, de uma condição pré-maligna a câncer invasivo. Isso fornece uma janela de oportunidade em que a detecção precoce e a intervenção podem parar o progresso do câncer. Havia altas expectativas de que esses sucessos poderiam se repetir para os outros grandes assassinos, câncer de mama e de próstata, pela mamografia e pelo antígeno prostático específico (PSA), respectivamente.

CÂNCER DE MAMA

O foco da triagem do câncer de mama era a mamografia, um tipo de raio X, porque o autoexame é muito variável e duvidoso. Durante décadas as sociedades do câncer recomendaram a mamografia anual para mulheres a partir dos quarenta anos, e aparentemente a triagem precoce era uma intervenção bem-sucedida. As mortes por câncer de mama tiveram um pico em 1989 e diminuíram 40% de 1989 a 2016. Então, é de certa forma uma surpresa que, recentemente, muitos países estejam sugerindo *menos* triagem, especialmente para quem tem entre quarenta e cinquenta anos.

Em 2013, a Cochrane Library, especialista mundial reconhecida em medicina baseada em evidência, revisou todos os dados disponíveis sobre mamografia e concluiu que não fornecia benefícios na prevenção das mortes por câncer de mama.[22] Como seria possível? Mas a Cochrane Library não era a única em dúvida.

Em 2014, o Swiss Medical Board observou como "não era óbvio que os benefícios superavam os prejuízos."[23] Não era imediatamente aparente para esses especialistas que a mamografia tinha algum benefício. Para uma mulher de cinquenta anos, o Swiss Medical Board estimou que a triagem prevenia apenas uma morte por câncer de mama a cada mil mulheres. Isso significa que as outras 999 (ou 99,9%) mulheres não se beneficiavam diretamente da mamografia, mas poderiam ter sofrido de sobrediagnóstico.

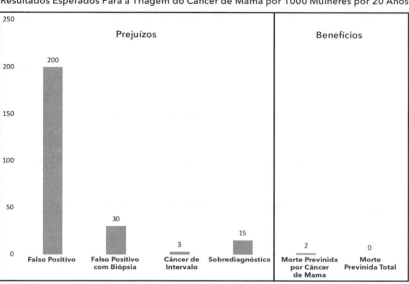

Løbert et al. Breast Cancer Research 2015 17:63

Figura 21.5

Por outro lado, era óbvio para qualquer observador casual que o papanicolau tinha reduzido drasticamente o fardo do câncer cervical. Nenhum estudo clínico randomizado foi necessário, porque os benefícios eram muito claros. Onde estava a desconexão?

Há três principais problemas com a triagem do câncer de mama: tendência de tempo de espera (veja a Figura 21.6); as mortes por câncer versus mortes em geral; e o fracasso para reduzir doenças em estágio avançado. Grande parte do benefício da triagem é ilusória devido a um fenômeno conhecido como tendência do tempo de espera. Imagine duas mulheres que desenvolveram câncer de mama aos sessenta anos e ambas morreram da doença aos setenta anos. A primeira passa pelo processo de prevenção e descobre aos 61 anos. A outra não passa por isso e a descobre aos 65. A primeira "sobreviveu" ao câncer por nove anos, enquanto a segunda, por apenas cinco anos. A triagem aparentemente melhorou a sobrevivência do câncer por quatro anos, mas é só uma ilusão.

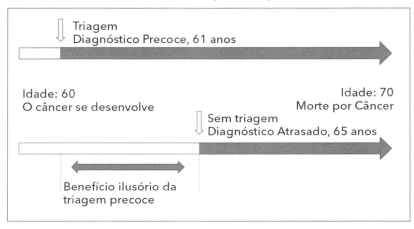

Figura 21.6

O segundo problema é uma questão metodológica. Muitos programas de prevenção se declaram um sucesso ao reduzir as mortes por câncer e não mortes totais. Por que isso é importante? Suponha que um grupo de 100 pessoas com câncer morrerão da doença dentro dos próximos 5 anos, e a triagem precoce é completamente ineficaz. No entanto, a toxicidade do tratamento (cirurgia, radiação e quimioterapia) causa ataques cardíacos e infecções, matando 25 desses pacientes. Sem a triagem, 100 pacientes morreram de câncer, mas com ela apenas 75 morreram de câncer, e 25, de outras causas. A triagem reduziu as mortes por 25%, mas os benefícios eram inteiramente ilusórios (veja a Figura 21.7). Os pacientes não se beneficiavam da triagem, e a maioria era na verdade prejudicada (veja a Figura 21.5). Por essa razão, o único resultado relevante é a sobrevivência no geral, não as mortes por câncer.

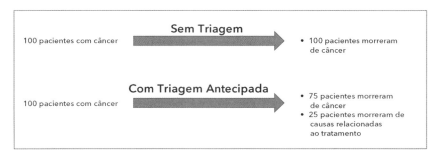

Figura 21.7

O terceiro problema, o fracasso para reduzir o diagnóstico de estágio avançado, é muito mais sério. A mamografia detecta muitos cânceres de mama em estágio inicial, exatamente como o esperado. De 1976 a 2008, a triagem pegava mais do que o dobro do número de cânceres de mama em início, se comparado a um período anterior à difusão do programa de prevenção (veja a Figura 21.8). Logicamente, era de se esperar que pegar e tratar a doença no início deveria reduzir a quantidade de cânceres de mama diagnosticados em estágio avançado. *Mas não reduzia*. A taxa de câncer em estágio avançado diminuiu em apenas 8%.

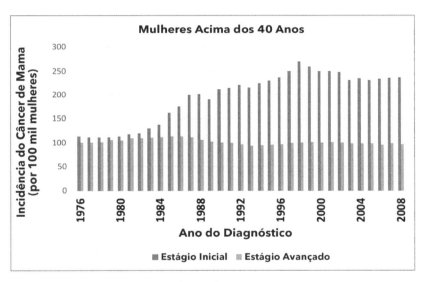

Data from: N Engl J Med 2012;367:1998-2005

Figura 21.8

A doença em estágio avançado é altamente letal, mas altamente curável no início. Era improvável que os casos que eram detectados em estágios iniciais progredissem para a doença mais avançada. Esperava-se que apenas uma minúscula parcela de 6,6% desses casos iniciais progredissem para câncer invasivo. Em outras palavras, em 93,4% dos casos detectados pela triagem no início, o tratamento não oferecia benefícios. Estávamos descobrindo casos que não precisavam de tratamento. E não estávamos reduzindo significativamente o número de casos avançados que eram os mais mortais.[24]

272 O CÓDIGO DO CÂNCER

Mas por que a detecção de doenças em estágios mais iniciais não se traduzia em menos cânceres avançados no geral? Tanto no câncer cervical quanto no colorretal, a progressão segue um caminho ordenado e definido, de um tumor microscópico, a um tumor maior, à metástase. Assim, praticamente todas as pequenas lesões pré-cancerosas detectadas e tratadas eram menos um câncer em estágio avançado no futuro. Mas o câncer de mama é diferente.

O modelo evolutivo do câncer pode nos ajudar a entender por que remover pequenos cânceres não reduz a incidência de cânceres completamente maduros. O câncer não segue uma evolução linear, em que um evento segue o próximo de maneira ordenada. Em vez disso, o câncer segue uma evolução de cadeia ramificada. Então, assim como uma árvore pode crescer através de uma cerca, bloquear um único galho pode não parar o progresso global do câncer.

A metástase é responsável pela maior parte das mortes por câncer. Se ela ocorre tardiamente, então a detecção e o tratamento precoces diminuirão o risco de metástase. Mas o novo paradigma do câncer reconhece que a metástase é um *evento inicial*. Muito cedo no curso do desenvolvimento do câncer, geralmente quando o câncer de origem primária em si não é detectável, células cancerosas são liberadas no sangue. Detectar cânceres mais iniciais nem sempre reduz o número de cânceres avançados, então os benefícios da mamografia são bem menores do que esperávamos e acreditávamos que seriam.

Infelizmente, há notícias piores por vir. A triagem não só é cara (tanto para pacientes quanto para operadoras de saúde); ela leva ao sobrediagnóstico, definido como a detecção de tumores na triagem que talvez nunca teriam progredido para sintomático ou uma ameaça à vida. Estima-se que *31%* de todos os cânceres de mama diagnosticados sejam sobrediagnósticos, totalizando 1,3 milhão de mulheres norte-americanas acima dos 30 anos. Quando detectados na mamografia, quase todos os tumores são tratados, o que gera tratamentos excessivos, que são desnecessários e prejudiciais.

Uma em cada dez mulheres terá o resultado positivo em uma mamografia, mas apenas 5% desses positivos realmente são câncer. Visto de outra forma,

95% das mulheres com mamografia positiva se sujeitam a procedimentos invasivos sem um benefício eventual. Isso inclui biópsias, lumpectomias e, às vezes, quimioterapia desnecessária. As mulheres que fazem mamografia são tratadas mais frequentemente com mastectomia e radiação. Nos Estados Unidos, a taxa de falso positivo é de 30% a 50%.[25] Além disso, já está bem estabelecido que mulheres que com resultados positivos na mamografia sofrem problemas psicológicos e uma qualidade de vida ruim, mesmo três anos depois do exame.

A maioria dos cânceres de mama diagnosticados pela mamografia é classificada como carcinoma ductal in situ (DCIS), um estágio muito inicial de câncer. Esse diagnóstico representa aproximadamente 20% de todos os cânceres de mama, e sua incidência aumentou dramaticamente com a difusão da triagem.[26] De 1983 a 2004, a incidência aumentou dez vezes. É improvável que muitos deles um dia progredissem para um estágio perigoso — como o modelo evolutivo explica, um câncer pode ser completamente contido pelos mecanismos anticâncer do próprio corpo. O tratamento agressivo de cânceres em estágio inicial é simplesmente desnecessário.

A mamografia é especialmente problemática em mulheres de 40 a 49 anos, cujos tecidos mamários mais firmes deixam a interpretação das imagens mais difícil, o que resulta em taxas de mais de 12% de falsos positivos.[27] Essas mulheres, cuja maioria não tem evidência de câncer, geralmente precisam repetir a mamografia ou realizar procedimentos invasivos como a biópsia.

O crescente reconhecimento do dano dos resultados falsos positivos dos exames de prevenção levou a USPSTF a mudar sua recomendação acerca da mamografia. A atualização de 2016 sobre câncer de mama não encontrou redução em mortes para quem tem entre 39 e 49 anos e não recomenda mais a prevenção como rotina para essa faixa etária.[28] A prevenção antecipada beneficia menos de 0,1% das mulheres, enquanto o risco de sobrediagnóstico é de 31%. Estamos fazendo mais mal do que bem (veja a Figura 21.9).

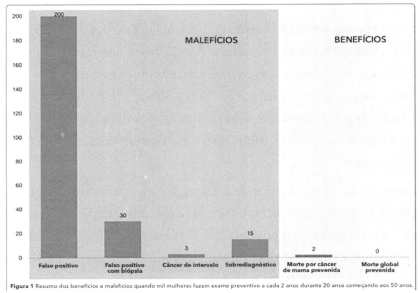

Figura 21.9

A mamografia não é o Santo Graal da prevenção ao câncer que esperávamos que fosse. Nos homens, há uma história parecida para o câncer de próstata.

CÂNCER DE PRÓSTATA

Identificada pela primeira vez na década de 1960, a proteína chamada antígeno prostático específico (PSA) liquidifica o sêmen para permitir que o espermatozoide nade livremente. O exame PSA, que mede a quantidade do antígeno no sangue, foi desenvolvido para casos de estupro. Em 1980, o PSA também foi encontrado no sangue de pacientes com câncer de próstata, aumentando a esperança de que o teste de PSA no sangue se tornaria o equivalente masculino do papanicolau.[29]

Altos níveis de PSA não são específicos do câncer de próstata, pois são comumente encontrados em homens com a próstata aumentada ou inflamada. A FDA aprovou o exame de prevenção baseado em PSA para câncer de próstata em 1986, estabelecendo o limite de 4,0ng/ml, pois os valores eram mais baixos do que isso em 85% dos homens. Isso significa que 15 homens em cada 100 tinham níveis acima de 4,0ng/ml e passariam por uma biópsia de próstata, dos quais entre 4 e 5 seriam diagnosticados com câncer de próstata agressivo.[30]

O entusiasmo para a prevenção baseada no PSA explodiu nas décadas de 1990 e 2000. Mais de 20 milhões de testes foram feitos por ano, e mais câncer de próstata foi diagnosticado no início do que nunca. Em 1986, menos de um terço dos homens foram diagnosticados com a doença em estágio inicial confinada à próstata. Em 2007, mais de dois terços dos casos de câncer de próstata estavam no início (veja a Figura 21.10). As mortes por câncer de próstata começaram a cair, e parecia mais uma história de sucesso para o câncer. Mas a história do PSA não era tão simples.

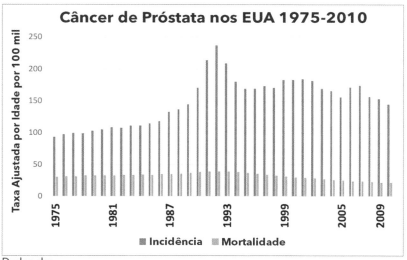

Dados de:
https://seer.cancer.gov/archive/csr/1975_2010/results_merged/sect_23_prostate.pdf

Figura 21.10

A prevenção detectava mais câncer de próstata em estágio inicial, mas melhorava a sobrevivência global? Três grandes estudos de longo prazo sobre o exame de prevenção baseado em PSA responderam a essa pergunta. Nos Estados Unidos, havia o Programa de Prevenção de Câncer de Próstata, de Pulmão, Colorretal e de Ovário, que envolvia mais de 76 mil homens.[31]

Na Europa, havia o estudo European Randomized Study of Screening for Prostate Cancer (ERSPC), com quase 182 mil participantes.[32] E, no Reino Unido, havia o PROTECT (Prostate Testing for Cancer and Treatment), com 408.825 participantes.[33] Com um acompanhamento entre 10 e 14,8 anos, nenhum desses estudos enormes detectou um benefício distinguível com relação à sobrevida global relacionada ao teste de PSA. O USPSTF estimou que a taxa de sobrediagnóstico ficou entre 16,4% a 40,7%. A triagem detectava câncer de próstata inicial, menos agressivo, mas não reduzia a doença avançada. Mais uma vez, parecia que a triagem estava detectando cânceres que não precisavam de tratamento.

Pacientes com PSA positivo se sujeitam a procedimentos invasivos com efeitos colaterais significativos. Aproximadamente 10% dos homens receberam pelo menos um resultado falso positivo, o que gera mais de 1 milhão de biópsias de próstata feitas por ano.[34] Dos homens no grupo de triagem PLCO, 12,6% se submeteram a uma ou mais biópsias. Desses, de 2% a 5% tiveram complicações relacionadas à biópsia. Dado o grande número de homens que se submetem à triagem, esse é um número enorme de complicações. Como com a mamografia, o sobrediagnóstico é um problema enorme. Homens diagnosticados com câncer de próstata têm maior probabilidade de ter um ataque cardíaco ou cometer suicídio no ano seguinte ao diagnóstico.[35]

Em 2012, o USPSTF fez uma recomendação contrária ao exame de PSA, observando com certa segurança de que os benefícios não superam os malefícios. Em 2018, a organização mais uma vez revisou a evidência e seguiu com sua posição contrária.[36] A força-tarefa tinha moderada certeza de que métodos de prevenção baseados no PSA eram piores do que não fazer nada.

De acordo com as instruções do USPSTF, homens com menos de 55 anos ou com mais de 70 não deveriam ser testados para PSA. Entre 55 e 69 anos, é uma escolha individual. Eles afirmaram que "a triagem oferece um pequeno benefício potencial para reduzir a chance de morte por câncer de próstata em alguns homens. No entanto, muitos deles sofrerão potenciais malefícios dela".[37] Não era exatamente um endosso à triagem.

CÂNCER DE TIREOIDE

Em 1999, a Coreia do Sul adotou a prevenção nacional em um esforço em sua própria "guerra ao câncer". Triagens para cânceres de mama, cervical, colorretal, gástrico e hepático foram fornecidas sem cobrança para toda a população. A triagem para o câncer de tireoide não foi incluída, mas por uma pequena taxa, de aproximadamente US$30 a US$50, os pacientes poderiam escolher fazer uma ultrassonografia no pescoço também. Em 2011, o câncer de tireoide estava sendo diagnosticado com 50 vezes mais frequência do que em 1993 (veja a Figura 21.11).[38] Em quase todos os casos diagnosticados, a tireoide foi parcial ou completamente retirada. Mas havia consequências para esse tratamento. Havia um risco de 11% de redução da função da paratireoide e de 2% de paralisia das cordas vocais devido a danos nos nervos.

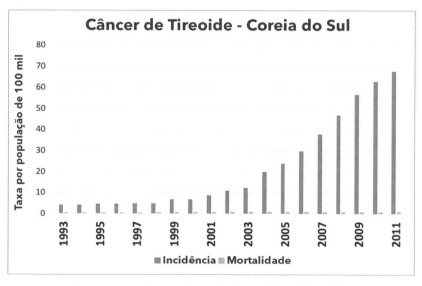

Dados de: N Engl J Med 2014;371:1765-1767

Figura 21.11

Apesar desse esforço intensivo para erradicar o câncer de tireoide em estágio inicial, o risco de morte por câncer de tireoide quase não mudou. Era simplesmente um caso clássico de sobrediagnóstico — a maioria dos cânceres de tireoide detectados na triagem não necessitavam de tratamento. Encontrar e tratar a doença no início não é útil. Apenas reduzir a incidência de doenças de estágio avançado é útil, e isso não é necessariamente a mesma coisa, dada a ocorrência da metástase no início do câncer. Segundo algumas estimativas, um terço de todos os adultos têm evidência de câncer de tireoide, mas a grande maioria desses cânceres não produzem sintomas ou causam problemas de saúde.[39] Descobrir e tratar os cânceres que não precisam ser tratados não é uma estratégia útil.

CONCLUSÕES

O modelo evolutivo do câncer explica os sucessos e fracassos de alguns programas de prevenção. Quando o câncer tem um progresso ordenado do estágio pré-canceroso para um tumor pequeno, a um tumor grande à metástase, a triagem é um sucesso (veja a Figura 21.12). Fazer triagem para remover cânceres iniciais previne o desenvolvimento de cânceres avançados, e isso salva vidas.

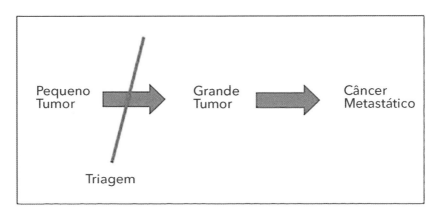

Figura 21.12

Mas, se a remoção do câncer em estágio inicial não reduz o câncer em estágio avançado, a triagem não é um sucesso, e o sobrediagnóstico se torna um problema. Nem todo câncer em estágio avançado precisa ser destruído, pois muitos cânceres pequenos são contidos pelo sistema imunológico e nunca serão uma ameaça à saúde. Com procedimentos tóxicos, como cirurgia, radiação e quimioterapia, o tratamento pode ser pior do que a doença.

Considere as bactérias normais de seu intestino, conhecidas como microbioma. Toda bactéria do seu corpo deve ser erradicada? Não. A maior parte das bactérias que vivem em seu trato gastrointestinal é neutra ou até mesmo boa. Os suplementos probióticos e a comida que contêm cultura viva (por exemplo, iogurte) derivam muito de seus benefícios propostos ao encorajar o crescimento dessas "bactérias boas". Matar todas as bactérias com antibióticos poderosos quase certamente faz mais mal do que bem. Da mesma maneira, mais pessoas morrem *com* câncer de próstata, do que *de* câncer de próstata. Tratamentos drásticos para erradicar cada célula cancerosa da próstata podem fazer mais mal do que bem.

Apesar de as pessoas acharem que a prevenção para o câncer "salva vidas", a verdade tem muito mais nuances. Algumas triagens realmente salvam vidas, enquanto outras não o fazem. Mesmo assim, olhar apenas para os números de "cânceres prevenidos" com a triagem é altamente complicado porque considera apenas os positivos. Quantas vidas foram prejudicadas pela triagem? Suponha que encontre um câncer de mama minúsculo que não estava destinado a progredir mais. Encontrá-lo nos exames preventivos leva à mastectomia, à quimioterapia e a uma vida inteira de preocupações. Pode ser que sua cirurgia a desfigure, deixando-a com um braço inchado para o resto da vida. A quimioterapia aumenta o risco de falência cardíaca e câncer futuro. Os riscos envolvidos com a triagem e detecção antecipada são muito reais, mas as pessoas raramente ouvem falar deles.

Sem uma boa evidência dos benefícios da triagem e uma melhor compreensão do porquê, pode ser um fracasso, e devemos confiar no princípio da medicina antiga *Primum non nocere*, que significa: "Em primeiro lugar, não faça nenhum mal." A perspectiva oferecida pelo paradigma do câncer de hoje explica por que tantas agências nacionais estão começando a voltar atrás com relação à quantidade de triagem que recomendam.

22

DETERMINANTES DIETÉTICOS DO CÂNCER

COMO AGORA ESTÁ plenamente claro, o câncer não é uma doença rara, mas uma ocorrência comum. Felizmente, a maioria dos cânceres não causa problema e é descoberta apenas incidentalmente, depois da morte. Autópsias encontraram câncer de próstata de que não se suspeitava em 30% dos homens acima dos 50 anos;[1] em 50% acima dos 70;[2] e surpreendentes 80% aos 90. Se viver por tempo o suficiente, todo homem deve esperar desenvolver câncer de próstata. Isso também é verdade para outros tipos de câncer. Estima-se que 11,2% da população adulta apresenta câncer de tireoide. Apesar dessa alta incidência, raramente causa a morte. Estudos de prevenção com colonoscopia encontraram adenomas (uma lesão pré-cancerosa) em quase metade da população aos 80 anos.[3]

Como a semente do câncer sempre está presente em todas as nossas células, uma pergunta importante é: por que você *não* tem câncer? Se não é um problema de semente, talvez seja de solo. A dieta é um determinante importantíssimo do progresso, porque a disponibilidade de nutrientes está invariavelmente ligada ao crescimento celular, principalmente das células cancerosas. As células normais precisam tanto de nutrientes quanto de fatores de crescimento para se proliferar, mas a sinalização de crescimento das células cancerosas está sempre ligada, então o único fator limitante são os nutrientes.

Estima-se que 35% dos cânceres sejam atribuídos à dieta/nutrição, fazendo com que seja o segundo determinante mais importante do câncer, atrás apenas do fumo de cigarro e sendo muito mais importante do que quaisquer outros fatores de risco.[4] Mais especificamente, o excesso de peso corporal pode ser responsável por uma grande proporção do risco.[5] A prevalência da maioria dos tipos de câncer tem diminuído vagarosamente com o tempo. Visivelmente, a incidência dos cânceres relacionados à obesidade está aumentando, fazendo com que a dieta seja uma das estratégias preventivas mais importantes à nossa disposição hoje.

Apesar de ser incrível saber que temos controle de pelo menos uma variedade no risco do câncer, temo que muitos leitores podem achar este capítulo decepcionante. Amaria revelar o "segredo" de prevenir ou curar o câncer. Mas o câncer não é tão simples — não há uma comida ou dieta milagrosa que pode manter o câncer longe. Alguns estudos preliminares sugerem que certas comidas podem oferecer algum benefício protetivo, mas é só isso. No geral, a prevenção dietética do câncer se resume a uma estratégia-chave: evitar doenças da hiperinsulinemia, inclusive obesidade e diabetes tipo 2.

PERDA DE PESO

Na Europa e na América do Norte, aproximadamente 20% dos incidentes de casos de câncer são atribuídos à obesidade,[6] e, para quem está com sobrepeso, a perda de peso intencional pode reduzir o risco de morte por câncer em 40% a 50%.[7] A evidência mais clara é fornecida por estudos com relação à cirurgia bariátrica (perda de peso). Há muitas formas de perder peso, mas os dados desses estudos cirúrgicos são particularmente instrutivos por causa da data de intervenção exata e da magnitude da perda de peso.

Vários estudos documentaram um benefício substancial à perda de peso intencional. Um estudo canadense de 2008 descobriu que a perda de peso deliberada da cirurgia bariátrica reduz estimados 78% do risco de câncer.[8] O Swedish Obese Subjects Study (SOS), uma triagem prospectiva e de intervenção controlada, descobriu que a cirurgia bariátrica[9] diminuía o câncer em uma taxa impressionante de 42% em mulheres, mas a taxa ficou praticamente inalterada em homens. O Utah Obesity Study sobre cirurgia bariátrica também mostrou essa diferença inesperada entre os sexos.[10] Nas mulheres, a incidência total de câncer foi reduzida em 24%, mas nos homens, mais uma vez, a taxa ficou imutável.

No entanto, a cirurgia de bypass gástrico tem seus próprios riscos, com alguns estudos apresentando o dobro do risco de câncer colorretal.[11] O dano e a inflamação da cirurgia podem estimular a hiperproliferação da mucosa intestinal e levar ao câncer.[12] Dado o custo, o risco cirúrgico e o potencial risco aumentado de câncer colorretal, a cirurgia de perda de peso não pode ser recomendada para a prevenção do câncer. Então, quais outras opções estão disponíveis?

A restrição calórica, definida como a redução de ingestão de energia sem desnutrição, foi demonstrada para inibir o crescimento de tumores em ratos em 1909.[13] O câncer em ratos que receberam apenas comida suficiente para sobreviver quase não cresceu. Nos ratos que puderam comer o quanto queriam, o câncer cresceu mais rapidamente. Esse efeito de proteção também é encontrado em macacos, que mostrou uma redução de 50% no risco do câncer quando recebiam uma dieta restritiva.[14] É claro, traduzir resultados de estudos em animais em soluções práticas para humanos é problemático — manter restrição calórica drástica é extremamente difícil para humanos. Eu diria que a maioria das pessoas tentou uma dieta de calorias restritas em algum ponto de sua vida, e diria também que elas não estão mais nessa dieta.

Em vez de restringir todas as calorias, outra estratégia pode ser reduzir ao máximo as comidas que estimulam a insulina, como açúcar e carboidratos refinados. O sensor de nutriente insulina/IGF-1 é um fator de crescimento vital e tem um papel-chave na causa da obesidade e do diabetes tipo 2. Pesquisas mostram que reduzir a insulina no sangue pode reduzir o risco de câncer.[15] Altos níveis de insulina também estão associados a um prognóstico ruim em casos de câncer.[16] Dois grandes estudos de coorte, o Nurses' Health Study e o Health Professionals Follow-up Study, mostraram que uma alta carga de insulina dietética em pacientes com câncer está associada com o aumento do risco de recorrência e morte por câncer.[17] Para os pacientes com câncer de cólon, as dietas com efeitos mais altos da insulina mais do que dobraram o risco de morte se comparadas a dietas com baixo teor de insulina (veja a Figura 22.1).[18]

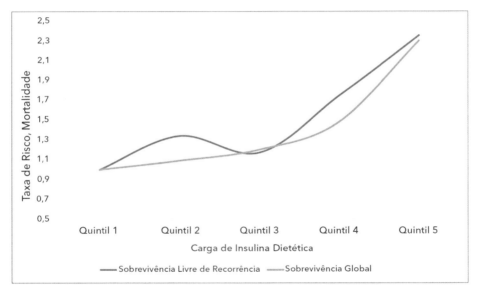

Dados por: J Natl Cancer Inst 2019. 111(2):1-10

Figura 22.1

É razoável imaginar que as dietas que têm o propósito de reduzir o efeito da insulina podem ser benéficas para o câncer, mas faltam estudos definitivos. As dietas cetogênicas, descritas pela primeira vez por Hans Krebs[19] em 1966, têm alto teor de gordura, moderado em proteína e muito baixo em carboidratos. Isso força o corpo a metabolizar a gordura como combustível, em vez da glicose. Manter os carboidratos baixos reduz tanto a glicose quanto a insulina. As dietas cetogênicas diminuem insulina, IGF-1 e mTOR sem necessariamente reduzir as calorias — um benefício saudável para algumas pessoas, mas ainda não há pesquisas para apoiar o benefício de uma dieta cetogênica no tratamento ou na prevenção do câncer.

Apesar de manter um nível de insulina baixo para prevenir o câncer, a questão da nutrição se torna muito mais complicada uma vez que o câncer progride.

CAQUEXIA DO CÂNCER

A caquexia do câncer é o fenômeno de perda de peso não intencional observado em pacientes com doença avançada e prognóstico ruim. Essa síndrome pode ocorrer em pessoas com outras doenças crônicas, também, como doença renal crônica, HIV e tuberculose. A perda de peso é vista em 30% a 80% dos pacientes com câncer e tende a ser progressiva.[20] Geralmente, quanto mais perda de peso, pior é o prognóstico. A caquexia é diferente da perda de peso normal porque há perda tanto de gordura quanto de músculos.

A caquexia não é simplesmente causada pela perda do apetite devido aos efeitos colaterais do tratamento. O mecanismo específico para a caquexia do câncer é desconhecido, mas provavelmente se deve à liberação de citocinas inflamatórias — moléculas que sinalizam uma inflamação — como o fator de necrose tumoral alfa (TNF-α). A perda de peso devido à falta de comida (intencional ou não) é fundamentalmente diferente da caquexia do câncer. Na anorexia, for exemplo, depois dos primeiros dias de jejum (sem comer), mais de 75% da energia do metabolismo deriva da gordura corporal, poupando proteína e músculos funcionais. Por outro lado, uma quantidade aproximadamente igual de músculo e gordura é perdida para a produção de energia na caquexia do câncer.[21] Isso gera o típico gasto de massa muscular da caquexia do câncer, que não ocorre no jejum, a menos que seja extremo.

A perda de peso intencional geralmente é acompanhada pela diminuição da taxa basal metabólica (BMR) para compensar a redução de disponibilidade de alimento. Isso não acontece na caquexia do câncer, e a BMR se mantém inapropriadamente alta. A perda de peso continua até mesmo enquanto os pacientes se tornam cada vez mais malnutridos. Conceitualmente, a caquexia é um outro mecanismo que beneficia o câncer à custa do organismo. Quando a gordura é metabolizada para produção de energia, moléculas chamadas de corpos cetônicos são produzidas, as quais as células cancerosas têm dificuldade de usar. Ao estimular a quebra da proteína muscular, aminoácidos são entregues ao fígado e convertidos em glicose, que as células cancerosas amam. O tratamento da caquexia do câncer é muito difícil porque simplesmente se alimentar mais não reduz as citocinas inflamatórias, então não previne a perda muscular ou a síndrome de perda muscular. Mesmo se o peso é recuperado, pode ser em forma de gordura, enquanto a perda muscular se mantém inabalável.

Então, apesar de a perda de peso ser uma estratégia útil para prevenir o progresso do câncer, a caquexia, uma vez avançada, limita o efeito da dieta no tratamento do câncer. Reduzir a glicose em uma tentativa de deixar o câncer "passar fome" é apenas modestamente útil porque o câncer avançado pode quebrar outros tecidos para liberar a glicose de que precisa. Pode ser que o câncer também metabolize aminoácidos como a glutamina, que é liberada durante a quebra muscular. É provável que a terapia dietética seja combinada a outros tratamentos para ser eficaz nesse estágio.

JEJUM E CÂNCER

O jejum intermitente é uma abordagem nutricional promissora para a prevenção do câncer, pois protege contra fatores de risco como obesidade, diabetes tipo 2[22] e inflamação.[23] As dietas com baixo teor de carboidratos reduzem a glicose e a insulina, mas não os outros sensores de nutrientes, mTOR e AMPK. O jejum reduz simultaneamente todos os sensores de nutrientes humanos e a maioria dos caminhos de crescimento, como PI3K, mTOR e IGF-1,[24] e também aumenta a autofagia e a mitofagia. Um estudo recente descobriu que mulheres que jejuam por menos de treze horas por noite, apesar de ter um IMC menor do que outras mulheres no estudo que jejuavam por esse tempo, tinham um risco 36% mais alto de câncer de mama recorrente.[25]

Jejuar durante a quimioterapia também pode reduzir os efeitos colaterais do tratamento enquanto aumenta a eficácia. O alvo da quimioterapia são as células que se proliferam rapidamente; no processo, outras células normais mas de rápido crescimento, como os folículos capilares e o tecido do sistema gastrointestinal também sofrem danos. O jejum protege as células normais ao colocá-las em um estado de repouso, ou de manutenção, que pode ajudar a mitigar os efeitos colaterais de perda de cabelo e náusea da quimioterapia. As células cancerosas não gostam desse estado protetivo, porque sua programação genética as coloca em modo de crescimento contínuo.

Em pequenos estudos clínicos, os pacientes não tinham dificuldade de jejuar antes e depois da quimioterapia,[26] e isso parece proteger contra os efeitos colaterais, como fadiga, fraqueza e problemas gastrointestinais.[27] E o mais importante, o jejum talvez aumente também a eficácia da quimioterapia.[28] Em modelos animais e de linhagens celulares, as condições de inanição aumentaram o efeito da quimioterapia em quinze de dezessete linhagens celulares cancerosas de mamíferos. Uma redução nos efeitos colaterais pode permitir uma dosagem mais alta da droga, o que resulta em maior morte das células cancerosas.

QUIMIOPREVENÇÃO

O termo *quimioprevenção do câncer* foi introduzido pelo NIH em 1976 para denotar comidas, suplementos ou drogas que podem bloquear o progresso do câncer. Uma das drogas de quimioprevenção mais promissoras é a antiga droga para diabetes metformina. Estudos demonstraram que, no diabetes tipo 2, a metformina potencialmente reduz o risco de câncer em 21% a 57%.[29] Especificamente, o uso de longo prazo da metformina em mulheres com diabetes tipo 2 foi associado a mais de 50% de redução do risco de câncer de mama.[30] A metformina reduz a glicose do câncer em crescimento sem os efeitos pró-crescimento do caminho da insulina/IGF-1/PI3K. Ela também ativa o AMPK, um importante sensor de nutrientes e caminho de crescimento, o que rapidamente inibe a síntese proteica celular e o crescimento. Algumas pesquisas indicaram que esse efeito anticâncer benéfico pode se estender também aos não diabéticos.[31]

O alimento natural mais amplamente estudado para a quimioprevenção é o chá verde, que contém altos níveis de compostos químicos chamados catequinas.[32] O chá verde contém concentrações de catequina muito mais altas do que o chá preto, sendo 30% do peso seco do chá verde e talvez uma porcentagem mais alta em cristais de chá verde produzidos a frio. Há vários potenciais de benefícios à saúde ao beber chá verde, embora a maioria desses estudos clínicos seja bem pequena. Beber chá verde pode ajudar a reduzir alguns dos fatores de risco para o câncer como excesso de peso,[33] resistência à insulina,[34] inflamação[35] e diabetes tipo 2.[36]

Em 2000, pesquisadores do Japão descobriram que o alto consumo de chá verde atrasava a idade média do câncer em cerca de 7,3 anos[37] e reduzia a recorrência do câncer de mama.[38] Provou-se que suplementos do extrato do chá verde reduziam a incidência de adenomas colorretais em mais de 50% em pequenos estudos-piloto.[39] No câncer de próstata, extratos de chá verde bloqueiam a progressão de lesões pré-cancerosas graves.[40] Esses estudos são promissores, mas altamente preliminares; no entanto, o chá verde é uma das poucas ferramentas quimiopreventivas que é um alimento natural de baixo custo e sem efeitos colaterais.

Nesse momento, conforme os estudos científicos disponíveis, é possível fazer apenas as seguintes recomendações:

- se estiver acima do peso, perca peso; e
- evite ou reverta o diabetes tipo 2.

Duas outras recomendações não tão claras são:

- se tiver diabetes tipo 2, considere a metformina; e
- considere beber mais chá verde.

O papel primário da dieta no tratamento do câncer é reduzir sua progressão, e não tratar a doença. O pilar do tratamento é reduzir a disponibilidade do fator de crescimento, predominantemente a insulina, e evitar os estados de hiperinsulinemia da obesidade e do diabetes tipo 2.

Mas imagine como a mudança da dieta pode ser poderosa. Pense se uma mulher japonesa nos Estados Unidos pudesse reduzir seu risco de câncer de mama àquele de uma mulher japonesa no Japão. Imagine se pudéssemos mudar nossas dietas ao comer alimentos naturais, e reduzir nosso risco de certos cânceres para que, como os indígenas no Norte, também fôssemos considerados "imunes" ao câncer.

23

IMUNOTERAPIA

POSSO GANHAR do Michael Jordan. Posso ganhar do Tiger Woods, também. *Quê?* você pergunta. Talvez você pense que estou fora de mim. De jeito nenhum. É muito simples: não jogo basquete ou golfe com eles, mas eu os desafio em uma competição sobre fisiologia médica. Não sou louco de desafiar Michael Jordan no basquete e Tiger Woods no golfe. Como o antigo estrategista chinês Sun Tzu escreveu em *A Arte da Guerra* no século V a.C.: "Na guerra, evite as forças de seu oponente e ataque suas fraquezas."

Como essa filosofia se aplica aos tratamentos do câncer? Todos os paradigmas do câncer anteriores fracassaram porque focaram o ataque nas forças do câncer, não nas fraquezas.

O paradigma do câncer 1.0 via o câncer como uma doença do crescimento excessivo, e sua força essencial é que cresce e sobrevive melhor do que qualquer outra coisa do mundo. Tentamos matá-lo, mas estávamos tentando derrotá-lo em seu próprio jogo. Houve alguns sucessos notáveis, mas os limites dessa abordagem foram rapidamente percebidos. Atacamos diretamente a principal força da doença. Algumas vezes vencemos, mas perdemos com muita frequência. Quando o câncer recorria, se tornava resistente a tratamentos anteriores e continuava a crescer. O câncer evoluiu no tempo e espaço, mas nossos tratamentos não.

O câncer não é uma máquina de crescimento que não pensa. É uma espécie dinâmica e em evolução que pensa na própria sobrevivência. A quimioterapia ataca o crescimento celular, definitivamente a habilidade mais básica de um ser vivo. Mas 4 bilhões de anos de evolução preparam as células cancerosas para essa última batalha por sobrevivência. Os caminhos do crescimento atacados pela quimioterapia provavelmente são as capacidades menos vulneráveis e mais obsoletas do câncer.

O paradigma do câncer 2.0 imaginava que o câncer era fundamentalmente uma doença de mutações genéticas aleatoriamente acumuladas. Bloqueie essa mutação (ou no máximo duas ou três mutações) e o câncer seria curado. Havia alguns ótimos sucessos, mas, mais uma vez, os limites dessa abordagem logo ficaram evidentes. O que aconteceu? Outra vez, estávamos atacando o câncer em suas forças. O câncer está constantemente sofrendo mutações. Então, tentamos criar maneiras de bloquear essas mutações. Estávamos tentando vencer o Tiger Woods no jogo do golfe.

Bloqueie um caminho e o câncer geralmente encontrará uma rota alternativa. As mutações que faziam com que as células cancerosas fossem sobreviventes não eram aleatórias, mas causadas pelo processo da evolução tumoral. O paradigma evolutivo/ecológico do câncer explica como alguns tratamentos do câncer fracassam, mas pode nos apontar para uma direção nova e mais estratégica. O câncer é uma espécie invasora lutando pela própria existência.

Felizmente, desenvolvemos defesas multifacetadas contra invasores. A estratégia lógica para vencer essa guerra é aumentar nossa própria defesa inata, o sistema imunológico — o que nos traz ao tratamento mais promissor dos últimos trinta anos: a imunoterapia.

TOXINAS DE COLEY

Em 1829, uma mulher que sofria de câncer de mama progressivo se recusou a fazer uma cirurgia. Depois de lutar contra o câncer por dezoito meses, ela estava acamada, caquética e perto da morte quando desenvolveu uma febre alta. O câncer estava inflamado, então o médico fez várias incisões no tumor para remover um pouco de fluidos. Dentro de oito dias, o câncer encolheu a um terço de seu tamanho original e, dentro de quatro semanas, não havia traços dele. O que aconteceu? Como a infecção *curou* o câncer dela?[1]

Em 1867, o médico alemão Wilhelm Busch cauterizou um câncer incurável no pescoço de uma paciente. Durante a recuperação, ela estava deitada ao lado de um paciente que estava sofrendo com uma infecção de pele conhecida como erisipela, causada pela bactéria streptococcus. A paciente com câncer logo contraiu a mesma infecção e desenvolveu uma febre alta, e então seu tumor imediatamente começou a encolher. Friedrich Fehleisen, outro médico alemão, repetiu esse tratamento em 1882, com algum sucesso. A remissão do câncer também foi documentada em um paciente infectado com a gangrena gasosa, uma infecção da espécie de bactérias *Clostridium*.

A ideia de que nosso sistema imunológico pode lutar contra o câncer não é nova. A regressão espontânea do câncer maligno é rara, mas ocorre em aproximadamente 1 em cada 100 mil casos de câncer,[2] cobrindo quase todos os tipos diferentes de câncer. A regressão espontânea é definida como o desaparecimento parcial ou completo do câncer na ausência de tratamento médico. Ela é mais comumente associada a uma doença febril aguda, geralmente devido a uma infecção ou vacinação.

Essas curas fortuitas encorajaram os primeiros médicos a explorar uma forma primitiva de imunoterapia para cânceres que eram incuráveis. O antigo médico egípcio Imhotep (ca. 2600 A.C.) sugeriu embalar a área cancerosa com um emplastro e, então, fazer uma incisão nele. As bactérias poderiam entrar para causar uma infecção, que ocasionalmente curaria o câncer. Era incomum, mas era a única esperança desesperada do paciente e do médico.[3] Infecções deliberadas para o tratamento do câncer continuavam a ser prescritas

294 O CÓDIGO DO CÂNCER

no século XIX. Ferimentos cirúrgicos eram deixados abertos de propósito para promover infecção. Feridas purulentas eram deliberadamente infectadas com gazes sépticas.[4]

Nos anos de 1880, Fred Stein, um alemão que imigrou para a cidade de Nova York, desenvolveu um tumor de rápido crescimento no pescoço. Desesperados, os médicos proclamaram que esse era um caso perdido e o aconselharam a acertar a vida. Ele logo sucumbiria à imperatriz de todas as doenças, disseram. Mas o destino interviria. Stein desenvolveu erisipela facial, e os antibióticos ainda não tinham sido desenvolvidos. Incrivelmente, seu sistema imunológico aumentou rápido, não só para enfrentar a infecção, mas destruir o câncer, também.

O cirurgião norte-americano Dr. William Coley rastreou Fred Stein em 1891. Intrigado com a habilidade intrínseca do corpo de lutar contra o câncer, Coley passou as décadas seguintes tentando persuadir o sistema imunológico a ser um assassino do câncer.[5] Ele desenvolveu o que poderia ser considerada a primeira tentativa do mundo de uma vacina para a doença. Coley inoculou pacientes com a bactéria *Streptococcus pyogenes* para gerar erisipela e provocar o sistema imunológico. Coley esperava que essa resposta imunológica seria estendida à malignidade.[6] Resultados de tal tratamento primitivo eram inconsistentes. Houve alguns grandes sucessos, temperados por alguns fracassos horríveis. Infectar pessoas intencionalmente na época anterior aos antibióticos não era uma estratégia vencedora.

Mas Coley não se intimidou. O problema não era a eficácia, mas a toxicidade. Ele consertou sua fórmula adicionando outras bactérias (*Serratia marcescens*) e inativando-as com calor antes da administração. Essa fórmula, agora chamada de toxinas de Coley, foi usada para tratar mais de mil pacientes com câncer inoperável, incluindo linfomas, mielomas, carcinomas e melanomas. As toxinas de Coley foram injetadas diretamente no tumor todos os dias por um a dois meses antes de a dose ser gradualmente diminuída.

Alguns dos resultados foram surpreendentes. Mais de metade dos sarcomas antes inoperáveis mostrava remissão completa, e o paciente sobreviveu por mais de cinco anos. Mesmo depois de vinte anos, 21% dos pacientes não tinham evidência de câncer. Nessa época não havia nada de milagroso. Curiosamente, esse tratamento foi usado mesmo para a doença avançada, porque o sistema imunológico podia encontrar e atacar o câncer em qualquer lugar no corpo, mesmo se tivesse espalhado.

Coley enfatizou que causar uma febre era essencial para induzir a regressão espontânea. As toxinas de Coley foram usadas na China pela última vez em 1980, quando um paciente com câncer de fígado terminal foi tratado durante 34 semanas. Seus sintomas desapareceram completamente. Com o advento da quimioterapia e do paradigma genético do câncer, as toxinas de Coley tinham sido vistas apenas nos livros de história, e durante décadas a ideia da imunoterapia do câncer foi colocada de lado.

EDIÇÃO IMUNE

O fato de que alguns cânceres podiam regredir espontaneamente implicava que forças implícitas dentro de nossos corpos poderiam prevenir o câncer e destruí-lo. Em 1909, o cientista alemão Paul Ehrlich propôs uma nova teoria radical do câncer. Contrário à crença prevalente de que era relativamente raro, Ehrlich conjecturou que as células cancerosas são mais ou menos comuns, mas são impedidas de causar mais danos por uma defesa intrínseca do hospedeiro, agora conhecida como sistema imunológico.[7] Embora não soubesse na época, ele estava descrevendo o conceito de "vigilância imune", em que o sistema imunológico humano constantemente identifica e erradica tumores em evolução.

Essa hipótese foi mais refinada em 1970 pelo imunologista vencedor do Prêmio Nobel Sir Frank Burnet,[8] que sugeriu que as mudanças genéticas da malignidade não eram raras. Burnet propôs que o sistema imunológico elimina essas células perigosas como parte de sua vigilância de rotina para manter o corpo em bom funcionamento. Burnet escreveu que um "pequeno acúmulo de células cancerosas pode se desenvolver e… provocar uma reação imunológica eficaz com a regressão do tumor e nenhum sinal clínico de sua existência".[9]

296 O CÓDIGO DO CÂNCER

As células cancerosas estão sempre se desenvolvendo, mas são extirpadas por nossas defesas imunológicas inatas. Esse conceito original de vigilância imunológica foi mais estendido e agora é chamado de imunoedição, que consiste em três estágios: eliminação (vigilância imunológica), equilíbrio e escape.

Eliminação

As sociedades regularmente implementam forças especiais, como a polícia e as agências de controle de drogas, para procurar e destruir elementos disruptivos. Da mesma maneira, o sistema imunológico humano implementa células especializadas para patrulhar regularmente o corpo inteiro, à procura de elementos disruptivos como vírus, bactérias e, sim, células cancerosas. Quando encontram células danificadas que são potencialmente cancerosas, as matam com grande prejuízo. Isso elimina rapidamente a ameaça cancerosa antes que possa se espalhar.

Estima-se que todas as células do corpo sofram mais de 20 mil eventos que danificam o DNA por dia.[10] Todos os dias! O dano celular subletal crônico não é um evento raro; é uma ocorrência diária. Fontes comuns de danos incluem fumo, poluição, vírus, bactérias e radiação. Felizmente, nossas células desenvolveram caminhos potentes de reparação do DNA, mas, se o equilíbrio vira a favor do dano celular, pode ser que esses mecanismos não sejam suficientes. Todas as células danificadas são potencialmente cancerosas. Em certo nível de dano, a melhor maneira de removê-las é por meio da apoptose ou destruição pelo sistema imunológico.

Qualquer queda de imunidade, como por drogas ou infecção por HIV, predispõe as células a sucumbirem ao câncer. O sistema imunológico também se degrada com a idade, o que pode ajudar a explicar por que o risco de câncer aumenta tão significativamente com a idade. Se o sistema imunológico não é forte o suficiente para erradicar completamente as células cancerosas, então seguimos de uma eliminação do câncer ao equilíbrio.

Equilíbrio

Em 2004, um homem de 64 anos com fibrose pulmonar fez um transplante de pulmão e recebeu a superdose-padrão de supressão imunológica para evitar a rejeição do órgão. Um ano depois, ele desenvolveu falta de ar e tosse. Um nódulo no pulmão direito foi identificado como melanoma metastático, assim como vários linfonodos.

Câncer! Esse homem nunca na vida tinha sofrido de melanoma, então por que esse estava tão espalhado em seu pulmão agora? Um exame completo da pele não revelou nenhuma evidência de que havia ou já houvera melanoma. Com um horror cada vez maior, a equipe médica pediu mais informações sobre o histórico médico do doador do pulmão.

A doadora era uma mulher de 51 anos que tinha morrido de trauma. Seu histórico médico era sem igual, mas, devido à investigação, um único problema foi encontrado. Aos 21 anos, essa mulher tinha passado por uma cirurgia para remover um melanoma. Ela não precisou de mais tratamento e nunca teve uma recaída. Em teoria, o câncer tinha sido curado muitos e muitos anos antes e não afetaria sua doação de órgãos, mesmo que a equipe de transplante soubesse disso. Na hora da coleta dos órgãos, seus pulmões pareciam completamente normais e saudáveis.

Mais testes de DNA confirmaram que o melanoma do receptor realmente tinha vindo da doadora do pulmão. Nesse caso, uma célula microscópica inativa de câncer viável estava nos pulmões da doadora apesar de não haver evidência clínica da doença. O câncer tinha simplesmente ficado dormente, sendo verificado pelo sistema imunológico da mulher durante trinta anos. As células cancerosas evitaram a erradicação pelo sistema imunológico dela, mas não eram fortes o suficiente para se espalhar. Era um impasse. Quando seu pulmão foi transplantado no receptor com o sistema imunológico suprimido, o delicado equilíbrio entre câncer e sistema imunológico definitivamente pendeu a favor do câncer.[11] Após sete meses do diagnóstico, o homem morreu de melanoma metastático.

298 O CÓDIGO DO CÂNCER

No estágio de equilíbrio da imunoedição, bolsões de células cancerosas sobrevivem, mas não podem se proliferar, devido à supressão pelo sistema imunológico. Cânceres latentes podem ficar dormentes durantes anos ou décadas. Os esforços do câncer para crescer equivalem aos esforços do sistema imunológico para conter o crescimento. As forças pró e anticâncer estão em um equilíbrio perfeito.

Escape

Com a idade, o sistema imunológico geralmente se enfraquece e às vezes não pode mais conter o câncer. Nessa batalha entre o câncer, uma espécia invasora e o sistema imunológico, a vantagem é do câncer. Ele escapa à repressão do sistema imunológico. Não tratado, o câncer continuará a crescer e então entrará em metástase. Nesse momento, um sistema imunológico melhor pode pender o equilíbrio a nosso favor. Esta é a promessa da próxima fase da medicina do câncer: imunoterapia.

IMUNOTERAPIA

Os Primeiros Anos

Em 1929, médicos do John Hopkins observaram que pacientes com tuberculose (TB) pareciam ser de alguma forma protegidos contra o câncer. A TB reduzia o risco do câncer em quase 60%![12] A tuberculose, endêmica em muitas partes do mundo, é causada por uma bactéria de lento crescimento chamada *Mycobacterium tuberculosis*. Ela é resistente à maioria dos antibióticos, e mesmo hoje o tratamento gira em torno da isoniazida, uma droga descoberta em 1912. A natureza muito difundida e amplamente incurável da TB levou ao estabelecimento de muitos sanatórios no século XIX, onde os pacientes ficavam em quarentena. A falta de tratamento eficaz estimulou o interesse no desenvolvimento da vacina BCG (Bacilo de Calmette e Guérin) em 1921, usando a bactéria *Mycobacterium bovis*.

Estudos em animais na década de 1950 sugeriam que a vacina BCG também protegia do câncer. Em 1976, estudos provaram que ela de fato tratava câncer superficial de bexiga em humanos.[13] Em 1990, a BCG instilada diretamente na bexiga por citoscopia foi aprovada pelo FDA para tratamento de câncer de bexiga.

Uma taxa surpreendente de 71% dos pacientes com câncer de bexiga inicial responderam ao tratamento com BCG,[14] que hoje representa o tratamento de primeira linha do câncer de bexiga. Como exatamente essa vacina para TB funcionava para o câncer superficial de bexiga era completamente desconhecido. Funcionava, e era só o que sabíamos. A BCG estimula com profundidade o sistema imunológico,[15] e isso de alguma forma melhorava o reconhecimento e a destruição subsequente das células cancerosas.

Em 1992, houve outra breve agitação no interesse na imunoterapia do câncer com o desenvolvimento do tratamento com a interleucina-2 (IL-2). A IL-2 causava um furor nas células T, uma parte integral do sistema imunológico, e as células cancerosas eram mortas no fogo cruzado. Mas, por causa da ativação geral do sistema imunológico, a IL-2 também causava muitos efeitos colaterais, como febre, calafrios, náusea e diarreia. Por fim, o tratamento com IL-2 mostrou-se eficaz apenas para cerca de 6% dos pacientes com melanoma, mas cerca de 2% dos pacientes morriam devido aos efeitos colaterais.[16] Felizmente, a imunoterapia do câncer progrediu muito além desses primeiros passos.

Imunoterapia Moderna

O ganhador do Prêmio Nobel Dr. James Allison nutriu uma profunda vingança pessoal contra o câncer, pois perdeu a mãe para o linfoma, o tio para o câncer de pulmão e o irmão para o câncer de próstata. Em 1978, ele começou a pesquisar como as células T atacam os tumores, tornando-se pioneiro na imunoterapia do câncer bem antes de este ser considerado um campo reconhecido.

O sistema imunológico humano contém muitos tipos de células. As células T são matadoras profissionais, altamente letais, designadas a destruir os patógenos. O corpo, então, mantém um rígido controle sobre essas armas

300 O CÓDIGO DO CÂNCER

mortais. As células T devem matar células doentes ou infectadas, mas deixar as normais em paz. Sem ser observadas, as células T poderiam devastar o corpo. As doenças autoimunes, como lúpus eritematoso sistêmico e artrite reumatoide, são causadas por um sistema imunológico super-responsivo. O objetivo é matar todos os invasores mas evitar o fogo amigo. Para isso, o sistema imunológico deve distinguir entre os tecidos que são do corpo e os que não são. Como um míssil nuclear, um sistema imunológico saudável deve ser altamente letal mas rigidamente regulado. Para isso, usamos controles positivos e negativos.

Para lançar um míssil nuclear, duas chaves devem estar simultaneamente ativadas para reduzir a chance de um lançamento errático. O mecanismo de controle positivo para ativação, e, para proteção adicional, há também o controle negativo, um "interruptor matador" para abortar de imediato o lançamento em caso de emergência. Esse interruptor tem aparecimentos muito proemi-nentes em filmes de ação de Hollywood, em que o herói desativa o míssil que está prestes a incinerar uma cidade densamente povoada apenas um segundo antes de ser lançado. As células T humanas funcionam da mesma maneira. Dois receptores devem ser ativados simultaneamente para que uma célula T seja ativada. A célula T deve detectar tanto o antígeno do tumor quanto um segundo interruptor, conhecido como receptor coestimulador CD28.

Na época da pesquisa de Allison, ninguém tinha suspeitado ainda de outra camada de proteção: o controle negativo. Na década de 1990, Allison estava trabalhando com um receptor recém-descrito conhecido como antígeno 4 associado ao linfócito T citotóxico (CTLA-4), que a maioria dos pesquisa-dores acreditava ser um ativador da célula T. A descoberta de Allison foi o reconhecimento de que a CTLA-4 não era um interruptor de ativamento, mas de aborto. A possibilidade de as células T terem um botão de abortar não tinha sido ainda considerada.[17]

Se ambos os sinais estavam presentes, então a célula T iniciaria o modo Rambo e começaria a destruir os inimigos, principalmente as células cance-rosas. O interruptor para abortar a missão, CTLA-4, agia como um posto de controle para as células T. Era o tomador da decisão final. Se a CTLA-4 não estivesse ativada, as células T lançariam seu assalto nuclear. Se o interruptor de parar fosse acionado, então o ataque imunológico seria desligado. As células cancerosas evitariam as células T altamente letais ao imitar esse interruptor.

Então, se pudéssemos desativá-lo, poderíamos liberar o ataque das células T às cancerosas. Em 1996, Allison criou um anticorpo monoclonal que podia bloquear a CTLA-4 e que se tornou o primeiro posto de controle inibidor do mundo.[18] Em um de seus primeiros experimentos com animais, ele administrou essa nova droga e assistiu com assombro aos tumores derreterem por completo. Os tumores nos camundongos que não receberam o anticorpo continuaram crescendo. Allison lembra: "Era um experimento perfeito: 100% vivos versus 100% mortos."

Esse anticorpo ficou conhecido como ipilimumab e foi aprovado em 2011 pela FDA para o tratamento do melanoma metastático. Foi a primeira droga de qualquer tipo a melhorar a sobrevivência no melanoma avançado e forneceu provas para o conceito de imunoterapia do câncer. Mais de 20% dos pacientes com melanoma metastático que receberam ipilimumab ainda estavam vivos dez anos depois.[19] Os resultados são ainda mais incríveis se você considerar que o ipilimumab é dado por apenas três meses. Esse tipo de resposta durável é praticamente desconhecido na oncologia por causa da frustrante habilidade do câncer de desenvolvê-la.

Mas a CTLA-4 não é o único interruptor que aborta a célula T no sistema imunológico humano. Em 1992, trabalhando de maneira independente na Universidade de Kyoto, no Japão, o Dr. Tasuku Honjo descobriu outro interruptor que impede a célula T chamado de proteína de morte programada 1 (PD-1). Células normais expressam PD-1 na superfície para protegê-las do ataque imunológico. As células fetais, por exemplo, estão cobertas de PD-1, que as protege das células imunológicas da mãe.

As células cancerosas usam o mesmo truque, produzindo PD-1 em abundância para se disfarçar de células normais e se proteger do ataque do sistema imunológico — um lobo em pele de cordeiro, um estratagema clássico de sobrevivência. Um anticorpo que bloqueasse a PD-1 liberaria o sinal de morte, permitindo que células T atacassem as células cancerosas desprotegidas. Em 2012, uma segunda classe de inibidores de pontos de controle contra a PD-1 provou sua eficácia no câncer humano e foi aprovada pelo FDA em 2014. Essas drogas eram eficazes contra uma grande variedade de tumores, incluindo melanoma e cânceres de pulmão e rim. Honjo e Allison compartilhariam o Prêmio Nobel de Fisiologia ou Medicina em 2018 por terem "estabelecido um princípio inteiramente novo para a terapia do câncer".[20] Combinar os anticorpos que bloqueiam a PD-1 e a CTLA-4 pode oferecer um tratamento ainda mais eficaz.[21]

Outra imunoterapia promissora é uma tecnologia chamada transferência adotiva de células T. Nesse tratamento, as próprias células T do paciente são extraídas e cultivadas em laboratório. Um sistema-alvo chamado receptor quimérico de antígeno (CAR-T) é anexado às células T, que são transferidas de volta ao paciente. Essas células T letais, quando ativadas, vão direto ao câncer específico do paciente, como um míssil guiado. Os primeiros tratamentos com CAR-T receberam aprovação da FDA em 2017: tisagenlecleucel, para o tratamento da leucemia, e axicabtagene ciloleucel, para o linfoma.[22] CAR-T é mais como uma plataforma de entrega do que uma droga, porque novos antígenos quiméricos podem ser anexados às células T do paciente. Teoricamente, o CAR-T seria a oportunidade de mirar qualquer câncer.

A imunoterapia tem muitas vantagens se comparada com tratamentos convencionais. Primeiro, o câncer está sempre em um estado de evolução dinâmica com o meio ambiente. Uma droga ataca um alvo estático e não evolui. Assim, o câncer pode facilmente lidar com a droga, desenvolver resistência e fazer com que o tratamento seja ineficaz com o tempo. O sistema imunológico mais forte é um sistema dinâmico que pode seguir melhor o ritmo do câncer. O sistema imunológico pode se ajustar e evoluir junto ao câncer.

Segundo, o sistema imunológico tem uma memória, então pode prevenir a recorrência. Quando somos vacinados contra o sarampo na infância, nosso sistema imunológico se lembra desse vírus e fornece uma proteção para a vida toda. Da mesma forma, o sistema imunológico fortalecido permitiu a alguns pacientes com melanoma que vivessem por mais tempo por causa desse efeito da memória.

Terceiro, a imunoterapia tem menos efeitos colaterais que as quimioterapias convencionais porque o sistema imunológico é um tratamento-alvo. A quimioterapia convencional é um tratamento tóxico, feito para matar as células cancerosas ligeiramente mais rápido que as células regulares. A imunoterapia não é intrinsecamente tóxica, exceto para as células que são identificadas pelo corpo como invasoras.

Quarto, a imunoterapia é um tratamento sistêmico, o que é crucial porque o câncer é uma doença sistêmica. A metástase ocorre no início do processo da doença, então uma terapia sistêmica pode tratar *potenciais* micrometástases pelo corpo. O sistema imunológico pode bloquear e destruir as células cancerosas e não precisa de uma mira manual como nos tratamentos locais, como cirurgia e radiação. A natureza sistêmica do tratamento também significa que a imunoterapia pode ser eficaz mesmo muito tarde no processo da doença, depois que o câncer sofre metástase. Mesmo no início da imunoterapia, Coley observou que esse efeito sistêmico pode beneficiar pacientes em estágio avançado de câncer.

A acessibilidade, no entanto, não é uma das vantagens da imunoterapia. Dados os preços exorbitantes desses tratamentos, muitos fornecedores questionam a praticabilidade de usar essas drogas avançadas. Em sistemas únicos de saúde, o possível custo de salvar algumas vidas deve ser equilibrado com outras coisas — como mais leitos hospitalares, mais berçários e mais casas de repouso. Não é uma questão fácil e está além do escopo deste livro, mas é um problema que logo chegará à frente das discussões do sistema de saúde.

O EFEITO ABSCOPAL

Em 2008, uma mulher de 33 anos com um melanoma tratado cirurgicamente fez um PET scan que iluminou um novo nódulo de 2cm no pulmão. O câncer havia retornado. Parte de seu pulmão foi removido, e ela começou a

304 O CÓDIGO DO CÂNCER

quimioterapia e a imunoterapia de manutenção com ipilimumab, que colocou o melanoma em remissão, mas apenas temporariamente. Em 2010, novas lesões metastáticas foram notadas em seu baço, peito e no tecido do pulmão (pleura). Uma lesão dolorosa perto de sua coluna foi tratada com radiação fracionada. Como esperado, a metástase espinhal encolheu, mas, de maneira admirável, o mesmo ocorreu com as metástases do baço e do peito, ainda que estivessem fora da área de radiação.[23] Como uma terapia local (radiação) resultou em uma resposta sistêmica a um câncer que tinha invadido tantas áreas de seu corpo?

Esse caso de 2012, relatado no *New England Journal of Medicine*, redescobriu um fenômeno conhecido como "efeito abscopal", observado pela primeira vez em 1973. O termo *abscopal* [24] deriva do prefixo do latim *ab*, que significa "longe", e *scopus*,[25] "alvo". Um efeito abscopal tem uma consequência longe do alvo intencional. A radioterapia queima qualquer tecido canceroso ou qualquer outro tecido que fique no caminho. Algumas vezes, inesperadamente, lesões metastáticas não irradiadas regridem em um local muito longe do tratamento.

A radiação geralmente afeta apenas as células da área irradiada. Mas em uma pequena porcentagem de casos, as células cancerosas de fora e até mesmo de muito longe também podem responder ao tratamento. Esse tipo de resultado é historicamente raro — pelo menos, até a era da imunoterapia. A literatura médica de 1969 a 2018 relatou 94 casos do efeito abscopal, mas metade desses relatos ocorreu nos últimos 6 anos, a era da imunoterapia moderna.[26] Quando combinada com a imunoterapia, a radiação pode induzir uma eficaz resposta sistêmica antitumor que excede muito o benefício esperado dos dois tratamentos administrados sozinhos. Uma pesquisa recente descobriu esse efeito abscopal em uma taxa espantosa de 27% dos pacientes com tumores sólidos metastáticos tratados com imunoterapia e radiação.[27] O uso difundido da imunoterapia mudou o efeito abscopal de um fenômeno atípico para um que poderia beneficiar mais de um quarto de todos os pacientes com câncer.

Por mais estranho que esse fenômeno seja à primeira vista, o paradigma evolutivo do câncer pode nos ajudar a entender por que o efeito abscopal acontece. A radiação danifica o DNA celular e causa necrose. Essa morte celular descontrolada espalha partes celulares pelos tecidos como um ovo cru que foi derrubado em uma calçada. O DNA, em geral rigidamente contido no núcleo, de repente está exposto, e esse estado altamente inflamado atrai células imunológicas para limpar a bagunça. Além disso, o sistema imunológico é feito para procurar e destruir células semelhantes.

Mas as células cancerosas estão protegidas porque se aninham usando o PD-1 e CTLA-4 e não exprimem uma reação imune suficiente. Quando os pacientes recebem *tanto* a radiação quanto a imunoterapia, o sistema imunológico não só é ativado como também programado para matar as células que não estão protegidas. Essa sinergia é responsável pelo efeito abscopal. O dano celular local que foi induzido pela radiação age como uma vacina, visando o sistema imunológico ativado no DNA como um míssil guiado. Mas usar o regime de dosagem correto é crucial.

Normalmente, o DNA exposto é limpo por uma enzima chamada TREX1. Essa enzima, nomeada em homenagem à espécie de dinossauros *Tyrannosaurus rex*, engole com voracidade qualquer traço de DNA que esteja por perto para evitar mais problemas. Doses mais altas de radiação ativam o TREX1, que destrói DNA solto, previne a ativação do sistema imunológico e reduz o efeito abscopal.[28] Uma dose menor de radiação espalhada ao longo do tempo (fracionada), baixo o suficiente para evitar a ativação do TREX1, pode ser mais eficaz na produção do efeito abscopal.[29]

Em 2019, foi publicado o primeiro pequeno estudo clínico controlado em humanos que visava o efeito abscopal.[30] Todos os pacientes foram tratados com a imunoterapia e houve a aleatoriedade para radiação adicional ou não. Os pacientes que receberam a radiação dobraram sua taxa de resposta objetiva, e a média da sobrevivência global mais do que dobrou, de 7,6 meses a 15,9 meses. Por causa do pequeno número de pacientes inscritos, esses resultados não foram estatisticamente significativos, mas eram encorajadores.

306 O CÓDIGO DO CÂNCER

A diferença entre um atleta médio e um do Hall da Fama é a habilidade que o último tem de melhorar aqueles a seu redor. A imunoterapia representa o futuro da medicina do câncer, não só porque é eficaz sozinha, mas porque faz com que outros tratamentos mais antigos fiquem melhores.

TERAPIA ADAPTATIVA

O maior problema com os tratamentos-padrão para o câncer não é que eles não matam as células cancerosas; eles fazem isso até que bem. O problema é que o câncer desenvolve resistência. Quimioterapia, radiação e tratamentos hormonais matam as células cancerígenas, mas exercem uma pressão seletiva natural que favorece a resistência. São todas facas de dois gumes, com o potencial tanto de curar quanto de matar. O paradigma evolutivo do câncer traz uma questão importante: é necessário erradicar ou câncer ou é suficiente apenas controlar sua população?

Em 1989, o pesquisador do câncer Robert Gatenby ficou fascinado pela ideia da evolução tumoral. As células cancerosas, raciocinou, devem competir por recursos. Modelos matemáticos usados desde a década de 1920 descreveram como as populações cresciam em condições adversas. Por exemplo, as equações Lotka-Volterra modelam o crescimento de uma população de lebres-americanas e do lince que se alimenta delas. Gatenby aplicou tais equações a populações não de lebres, mas de células cancerosas,[31] iniciando o campo da matemática oncológica.

A população de uma espécie invasora envolve dispersão, proliferação, migração e evolução, exatamente como o câncer. Por exemplo, uma peste que come plantações cresce rápido quando há alimento facilmente disponível. Pesticidas as destroem, mas, inevitavelmente, há o desenvolvimento de resistência mesmo contra os mais potentes (como o infame DDT). As células cancerosas também desenvolvem resistência às quimioterapias mais potentes. A erradicação bem-sucedida de pestes difundidas é rara, porque os pesticidas funcionam como uma pressão seletiva natural que favorece a resistência à droga. Essas pestes resistentes enfrentam uma competição reduzida e então prosperam.

Suponha que você borrife pesticida em 1 bilhão de gafanhotos para reduzir 99,9% da população, para 1 milhão. Esse 1 milhão de gafanhotos agora não tem competição por alimento e começa a expandir a população exponencialmente. Mais cedo ou mais tarde, acaba ficando com 1 bilhão de gafanhotos resistentes ao pesticida. As células cancerosas são iguais. Você pode matar 99,9% das células cancerosas com quimioterapia, mas essas sobreviventes enfrentarão competição reduzida e, então, terão muitos recursos para prosperarem. Da mesma maneira, a nova população de câncer será resistente ao tratamento.

O mantra do tratamento-padrão da quimioterapia é administrar a dosagem máxima tolerada (MTD) — ou seja, dar o máximo possível de quimioterapia que seja humanamente possível sem matar o paciente. Quando Gatenby modelou matematicamente essa estratégia, a resistência era desenvolvida a cada vez, resultando, por fim, no fracasso do tratamento.[32]

Em 2014, Gatenby testou uma nova estratégia promissora, chamada terapia adaptativa, com base em seu modelo matemático. Se a estratégia "tratar para matar" não funciona para o câncer metastático, ele pensou, então talvez uma estratégia "tratar para conter" poderia funcionar. Em vez de bombardear o câncer com MTD, ele seletivamente deu quimioterapia apenas acima de certo nível de atividade cancerosa, tentando gerenciar a doença em vez de erradicá-la. À medida que gotejava, os resultados de seu estudo-piloto foram impressionantes. A terapia adaptativa — ou seja, o uso de menos da metade da dose da terapia de quimioterapia — melhorou a sobrevivência em 64%.[33]

Cepas resistentes do câncer devem dedicar mais recursos para manter sua resistência. Sem a droga para agir como pressão seletiva natural, as cepas resistentes à droga ficam em desvantagem, usando recursos preciosos para manter um traço relativamente inútil de resistência à droga. Apesar de esses resultados serem preliminares, eles enfatizam os tipos de pesquisa inovadoras que podem ser feitas usando novos paradigmas do câncer. Talvez em alguns casos podemos ter melhores resultados ao controlar em vez de erradicar o câncer. Às vezes, marcamos mais pontos no jogo fazendo layups fáceis em vez de sempre tentar enterrar.

CONCLUSÃO

A imunoterapia, o efeito abscopal e a terapia adaptativa são exemplos de novas terapias para o câncer reveladas pelo paradigma evolutivo do câncer. A tecnologia por trás da imunoterapia é revolucionária, e o futuro é brilhante, mas ainda não chegou. Apesar do número de drogas aprovadas pela FDA entre 2002 e 2014, a melhora na sobrevivência global a tumores sólidos é de apenas 2,1 meses.[34] Ainda assim, pela primeira vez em décadas, há razão para sermos otimistas.

Aplicar as lições da biologia evolutiva à nossa compreensão do câncer traz nova esperança para o futuro do tratamento. Viraremos o jogo com relação ao câncer? Somente o tempo dirá, mas nossa nova compreensão acerca de nosso inimigo antigo promete uma luz no fim do túnel.

EPÍLOGO

O CÂNCER É DE LONGE o maior mistério da medicina. A ciência médica descobriu as causas de muitas das outras doenças que nos afligem. Infecções são causadas por bactérias, vírus e fungos. Bloqueios nas artérias causam doenças cardíacas, derrames e doença arterial periférica.

A fibrose cística é uma doença genética. A gota é causada pelo excesso de ácido úrico. Dentre as doenças mais comuns, o câncer se destaca. O que causa câncer? Por que ele existe? O que diabos *é* o câncer?

Passamos por três paradigmas em nossa compreensão sobre o câncer. O paradigma 1.0 considerava o câncer uma doença do crescimento excessivo. O paradigma 2.0, uma doença de mutações genéticas aleatórias que causavam o crescimento excessivo. Ambos os paradigmas avançaram nossa compreensão acerca da história do câncer, mas não eram suficientes. Ao perseguir o mistério da gênese do câncer desde o início da humanidade, no extremo da vida multicelular, o paradigma 3.0 revelou novos insights sobre esse fascinante inimigo.

A semente do câncer está em todas as células de todas as vidas multicelulares. O câncer é um atavismo, uma reversão a um manual genético anterior trazido à tona pela luta pela sobrevivência (transformação) de uma célula. Para essa semente florescer, ela depende do ambiente (o solo). Os aspectos mais importantes do progresso são os caminhos do crescimento do corpo, que são também os caminhos dos sensores de nutrientes.

Doenças do crescimento são doenças do metabolismo. Doenças do metabolismo são doenças do crescimento. O câncer é uma doença da evolução e ecologia. Apesar de sem dúvida nenhuma haver mais coisas a serem descobertas, esse novo paradigma representa um grande salto à frente.

Esses novos insights sobre o câncer trazem novos tratamentos. Estamos finalmente vendo taxas decrescentes de mortes por câncer à medida que entendemos tanto os benefícios quanto as limitações dos programas de prevenção. Estamos usando nossas armas de destruição celular em massa com mais precisão à medida que reconhecemos sua natureza ambígua. Talvez não precisemos sempre erradicar as células cancerosas. Estamos desenvolvendo novas armas sistêmicas, mediadas pelo sistema imunológico que caçarão as células cancerosas e as matarão onde quer que se escondam.

Mas surgiu um novo obstáculo massivo. A crise da obesidade aumentou as taxas de cânceres relacionados à obesidade, incluindo câncer de mama e colorretal. Enquanto a maioria dos cânceres está diminuindo, estes estão aumentando. Mas ainda há motivo para ser otimista. A nutrição é nossa arma primária contra cânceres relacionados à obesidade. Ao fazer mudanças em nossa dieta, podemos ajudar a reduzir a ameaça.

UMA NOVA ESPERANÇA

A medicina do câncer ficou paralisada na neutralidade por décadas enquanto as comunidades médicas e científicas passavam vagarosamente pelos paradigmas. Mas tenho esperanças no futuro, porque nossa nova compreensão pode gerar progresso de formas que não eram imaginadas. O câncer é uma doença diferente de todo o resto que enfrentamos na medicina. A história do câncer é mais estranha do que ficção científica, e foram necessários alguns insights incisivos de um astrobiólogo para nos guiar pelo caminho certo.

O reconhecimento de um novo paradigma da medicina do câncer significa que, pela primeira vez em décadas, temos uma chance de fazer um progresso real em nossa guerra ao câncer que já dura décadas. Há uma nova esperança. Um novo alvorecer.

A todos cujas vidas foram tocadas pelo câncer, de pesquisadores a médicos, de pacientes a familiares, espero que este livro tenha ajudado a jogar luz sobre esses mistérios médicos mais profundos.

NOTAS

Capítulo 1: Guerra de Trincheiras

1. "Adult Obesity Prevalence Maps", Centers for Disease Control and Prevention, atualizado em 29 de outubro de 2019, https://www.cdc.gov/obesity/data/prevalence-maps.html.

2. Max Frankel, "Protracted War on Cancer", *New York Times*, 12 de junho de 1981, https://www.nytimes.com/1981/06/12/opinion/protracted-war-on-cancer.html.

3. J. C. Bailar III e E. M. Smith, "Progress Against Cancer?", *New England Journal of Medicine* 314, no. 19 (8 de maio de 1986): 1226–32.

4. Barron H. Lerner, "John Bailar's Righteous Attack on the 'War on Cancer'", Slate, 12 de janeiro de 2017, https://slate.com/technology/2017/01/john-bailar-reminded-us-of-the-value-of-evidence.html.

5. Clifton Leaf, *The Truth in Small Doses* (Nova York: Simon & Schuster, 2013), 25.

6. J. C. Bailar III e H. L. Gornik, "Cancer Undefeated", *New England Journal of Medicine* 336, no. 22 (29 de maio de 1997): 1569–74.

7. Gina Kolata, "Advances Elusive in the Drive to Cure Cancer", *New York Times*, 23 de abril de 2009, https://www.nytimes.com/2009/04/24/health/policy/24cancer.html.

8. Alexander Nazaryan, "World War Cancer", *New Yorker*, 30 de junho de 2013, https://www.newyorker.com/tech/annals-of-technology/world-war-cancer.

9. James D. Watson, "To Fight Cancer, Know the Enemy", *New York Times*, 5 de agosto de 2009, https://www.nytimes.com/2009/08/06/opinion/06watson.html.

10. David Chan, "Where Do the Millions of Cancer Research Dollars Go Every Year?", Slate, 7 de fevereiro de 2013, https://slate.com/human-interest/2013/02/where-do-the-millions-of-cancer-research-dollars-go-every-year.html.

11. J. R. Johnson et al., "End Points and United States Food and Drug Administration Approval of Oncology Drugs", *Journal of Clinical Oncology* 21, no. 7 (1 de abril de 2003): 1404–11.

Capítulo 2: A História do Câncer

1. Siddhartha Mukherjee, *The Emperor of All Maladies* (Nova York: Simon & Schuster, 2010), 6.

2. "Anesthesia Death Rates Improve over 50 Years", CBC, 21 de setembro de 2012, https://www.cbc.ca/news/health/anesthesia-death-rates-improve-over-50-years-1.1200837.

3. E. H. Grubbe, "Priority in the Therapeutic Use of X-rays", *Radiology* 21 (1933): 156–62.

4. M. A. Cleaves, "Radium: With a Preliminary Note on Radium Rays in the Treatment of Cancer", *Medical Record* 64 (1903): 601–6.

5. E. B. Krumbhaar, "Role of the Blood and the Bone Marrow in Certain Forms of Gas Poisoning: I. Peripheral Blood Changes and Their Significance", *JAMA*, 72 (1919): 39–41.

6. I. Berenblum et al., "The Modifying Influence of Dichloroethyl Sulphide on the Induction of Tumours in Mice by Tar", *Journal of Pathology and Bacteriology* 32 (1929): 424–34.

7. Sarah Hazell, "Mustard Gas—from the Great War to Frontline Chemotherapy", Cancer Research UK, 27 de agosto de 2014, https://scienceblog.cancerresearchuk.org/2014/08/27/mustard-gas-from-the-great-war-to-frontline-chemotherapy/.

8. R. J. Papac, "Origins of Cancer Therapy", *Yale Journal of Biology and Medicine* 74 (2001): 391–98.

9. S. Farber et al., "Temporary Remissions in Acute Leukemia in Children Produced by Folic Acid Antagonist, 4-aminopteroyl-glutamic Acid (Aminopterin)", *New England Journal of Medicine* 238 (1948): 787–93.

10. M. C. Li, R. Hertz e D. M. Bergenstal, "Therapy of Choriocarcinoma and Related Trophoblastic Tumors with Folic Acid and Purine Antagonists", *New England Journal of Medicine* 259 (1958): 66–74.

NOTAS 315

11. E. J. Freireich, M. Karon e E. Frei III, "Quadruple Combination Therapy (VAMP) for Acute Lymphocytic Leukemia of Childhood", *Proceedings of the American Association for Cancer Research* 5 (1964): 20.

12. V. T. DeVita, A. A. Serpick e P. P. Carbone, "Combination Chemotherapy in the Treatment of Advanced Hodgkin's Disease", *Annals of Internal Medicine* 73 (1970): 881–95.

Capítulo 3: O que É o Câncer?

1. Carta de Charles Darwin a J. D. Hooker, 1 de agosto de 1857, DCP-LETT-2130, Darwin Correspondence Project, https://www.darwinproject.ac.uk/letter/?docId=letters/DCP-LETT-2130.xml.

2. D. Hanahan e R. A. Weinberg, "The Hallmarks of Cancer", *Cell* 100, no. 1 (janeiro de 2000): 57–70.

3. D. Hanahan e R. A. Weinberg, "Hallmarks of Cancer: The Next Generation", *Cell* 144, no. 5 (4 de março de 2011): 646–74, doi: 10.1016/j.cell.2011.02.013.

4. A. G. Renehan et al., "What Is Apoptosis, and Why Is It important?", *BMJ* 322 (2001): 1536–38.

5. J. F. Kerr, A. H. Wyllie e A. R. Currie, "Apoptosis: A Basic Biological Phenomenon with Wide-Ranging Implications in Tissue Kinetics", *British Journal of Cancer* 26, no. 4 (agosto de 1972): 239–57.

6. J. W. Shay et al., "Hayflick, His Limit, and Cellular Ageing", *Nature Reviews Molecular Cell Biology* 1, no. 1 (outubro de 2000): 72–76,doi: 10.1038/35036093.

7. G. Watts, "Leonard Hayflick and the Limits of Ageing", *Lancet* 377, no. 9783 (18 de junho de 2011): 2075, doi: 10.1016/S0140-6736(11)60908-2.

8. Robin McKie, "Henrietta Lacks's Cells Were Priceless, but Her Family Can't Afford a Hospital", *Guardian*, 3 de abril de 2010, https://www.theguardian.com/world/2010/apr/04/henrietta-lacks-cancer-cells.

9. O. Warburg, F. Wind e E. J. Negelein, "The Metabolism of Tumors in the Body", *General Physiology* 8, no. 6 (7 de março de 1927): 519–30.

Capítulo 4: Cancerígenos

1. "Cancer", Mayo Clinic, 12 de dezembro de 2018, https://www.mayoclinic.org/diseases-conditions/cancer/symptoms-causes/syc-20370588.

2. D. E. Redmond, "Tobacco and Cancer: The First Clinical Report, 1761", *New England Journal of Medicine* 282, no. 1 (1 de janeiro de 1970): 18–23.

316 NOTAS

3. J. R. Brown e J. L. Thornton, "Percivall Pott (1714–1788) and Chimney Sweepers' Cancer of the Scrotum", *British Journal of Industrial Medicine* 14, no. 1 (janeiro de 1957): 68–70.

4. Daniel King, "History of Asbestos", Asbestos.com and the Mesothelioma Center, https://www.asbestos.com/asbestos/history/.

5. K. M. Lynch e W. A. Smith, "Pulmonary Asbestosis III: Carcinoma of the Lung in Asbesto-silicosis", *American Journal of Cancer* 24 (1935): 56–64.

6. B. I. Casteman, "Asbestos and Cancer: History and Public Policy", *British Journal of Industrial Medicine* 48 (1991): 427–32.

7. J. C. McDonald e A. D. McDonald, "Epidemiology of Mesothelioma", em D. Liddell e K. Miller, eds., *Mineral Fibers and Health* (Boca Raton, FL: CRC Press, 1991).

8. M. Albin et al., "Asbestos and Cancer: An Overview of Current Trends in Europe", *Environmental Health Perspectives* 107, Suppl. 2 (1999): 289–98, https://ehp.niehs.nih.gov/doi/10.1289/ehp.99107s2289.

9. J. LaDou, "The Asbestos Cancer Epidemic", *Journal of Environmental Health Perspectives* 112, no. 3 (2004): 285–90.

10. "Agents Classified by the IARC Monographs, Volumes 1–127", International Agency for Research on Cancer, 26 de junho de 2020, https://monographs.iarc.fr/agents-classified-by-the-iarc/.

11. D. J. Shah et al., "Radiation-induced Cancer: A Modern View", *British Journal of Radiology* 85, no. 1020 (2012): e1166–73.

12. K. Ozasa et al., "Studies of the Mortality of Atomic Bomb Survivors: Report 14, 1950–2003: An Overview of Cancer and Noncancer Diseases", *Radiation Research* 177 (2012): 229–43.

13. B. R. Jordan, "The Hiroshima/Nagasaki Survivor Studies: Discrepancies between Results and General Perception", *Genetics* 203, no. 4 (2016): 1505–12.

14. J. F. Kerr et al., "Apoptosis: A Basic Biological Phenomenon with WideRanging Implications in Tissue Kinetics", *British Journal of Cancer* 26 (1972): 239–57.

Capítulo 5: O Câncer Viraliza

1. D. A. Burkitt, "Sarcoma Involving the Jaws in African Children", *British Journal of Surgery* 46 (1958): 218–23, doi: 10.1002/bjs.18004619704.

2. I. Magrath, "Denis Burkitt and the African Lymphoma", *Ecancermedicalscience* 3, no. 159 (2009): 159, doi: 10.3332ecancer.2009.159.

NOTAS 317

3. M. A. Epstein, B. G. Achong, and Y. M. Barr, "Virus Particles in Cultured Lymphoblasts from Burkitt's Lymphoma", *Lancet* 1 (1964): 702–3, doi: 10.1016/S0140-6736(64)91524-7.

4. J. S. Pagano et al., "Infectious Agents and Cancer: Criteria for a Causal Relation", *Seminars in Cancer Biology* 14 (2004): 453–71.

5. D. P. Burkitt, "Etiology of Burkitt's Lymphoma: An Alternative Hypothesis to a Vectored Virus", *Journal of the National Cancer Institute* 42 (1969): 19–28.

6. Magrath, "Dennis Burkitt and the African Lymphoma".

7. M. L. K. Chua et al., "Nasopharyngeal Carcinoma", *Lancet* 387, no. 10022 (2016): 1012–24.

8. F. Petersson, "Nasopharyngeal Carcinoma: A Review", *Seminars in Diagnostic Pathology* 32, no. 1 (2015): 54–73.

9. E. Chang e H.-O. Adami, "The Enigmatic Epidemiology of Nasopharyngeal Carcinoma", *Cancer Epidemiol, Biomarkers and Prevention* 15 (2006): 1765–77.

10. Nicholas Wade, "Special Virus Cancer Program: Travails of a Biological Moon Shot", *Science* 174 (24 de dezembro de 1971): 1306–11.

11. Harold M. Schmeck Jr., "National Cancer Institute Reorganizing 10-Year-Old Viral Research Program", *New York Times*, 19 de junho de 1974, https://www.nytimes.com/1974/06/19/archives/national-cancer-institute-reorganizing-10yearold-viral-research.html.

12. T. M. Block et al., "A Historical Perspective on the Discovery and Elucidation of the Hepatitis B Virus", *Antiviral Research* 131 (julho de 2016): 109–23, doi: 10.1016/j.antiviral.2016.04.012.

13. R. P. Beasley et al., "Hepatocellular Carcinoma and Hepatitis B Virus: A Prospective Study of 22 707 Men in Taiwan", *Lancet* 8256 (1981): 1129–33.

14. V. Vedham et al., "Early-Life Exposures to Infectious Agents and Later Cancer Development", *Cancer Medicine* 4, no. 12 (2015): 1908–22.

15. H. J. Alter et al., "Posttransfusion Hepatitis After Exclusion of Commercial and Hepatitis-B Antigen-Positive Donors", *Annals of Internal Medicine* 77, no. 5 (1972): 691–99.

16. Zosia Chustecka, "Nobel-Winning Discovery of HPV–Cervical Cancer Link Already Having an Impact on Medicine", Medscape Medical News, 16 de outubro de 2008, http://www.vch.ca/Documents/public-health-nobel-winning-hpv.pdf.

17. J. M. Walboomers et al., "Human Papillomavirus Is a Necessary Cause of Invasive Cervical Cancer Worldwide", *Journal of Pathology* 189, no. 1 (setembro de 1999): 12–19.

318 NOTAS

18. L. Torre et al., "Global Cancer Statistics", *CA: A Cancer Journal for Clinicians* 65 (2012): 87–108.

19. M. Arbyn et al., "Prophylactic Vaccination Against Human Papillomaviruses to Prevent Cervical Cancer and Its Precursors", Cochrane Database of Systematic Reviews 5, Article No. CD009069, 2018, doi: 10.1002/14651858. CD009069.pub3.

20. K. D. Crew e A. I. Neugut, "Epidemiology of Gastric Cancer", *World Journal of Gastroenterology* 12, no. 3 (21 de janeiro de 2006): 354–62.

21. B. Linz et al., "An African Origin for the Intimate Association between Humans and *Helicobacter pylori*", *Nature* 445 (2007): 915–18.

22. Pamela Weintraub, "The Doctor Who Drank Infectious Broth, Gave Himself an Ulcer, and Solved a Medical Mystery", *Discover*, 8 de abril de 2010, http://discovermagazine.com/2010/mar/07-dr-drank-broth-gave-ulcer-solved-medical-mystery.

23. S. Suerbaum e P. Michetti P., "*Helicobacter pylori* Infection", *New England Journal of Medicine* 347 (2002): 1175–86.

24. H. S. Youn et al., "Pathogenesis and Prevention of Stomach Cancer", *Journal of Korean Medical Science* 11 (1996): 373–85.

25. A. M. Nomura, G. N. Stemmermann e P. H. Chyou, "Gastric Cancer among the Japanese in Hawaii", *Japanese Journal of Cancer Research* 86 (1995): 916–23.

26. D. M. Parkin et al., "Global Cancer Statistics, 2002", *CA: A Cancer Journal for Clinicians* 55 (2005): 74–108.

27. R. Mera et al., "Long-term Follow-up of Patients Treated for *Helicobacter pylori* Infection", *Gut* 54 (2005): 1536–40.

28. M. E. Stolte et al., 2002. "*Helicobacter* and Gastric MALT Lymphoma", *Gut* 50, Suppl. 3 (2002): III19–III24.

29. R. M. Peek Jr. e J. E. Crabtree, "*Helicobacter* Infection and Gastric Neoplasia", *Journal of Pathology* 208 (2006): 233–48.

30. D. Parkin, "The Global Health Burden of Infection-associated Cancers in the Year 2002", *International Journal of Cancer* 118 (2006): 3030–44.

Capítulo 6: Teoria da Mutação Somática

1. J. Gayon, "From Mendel to Epigenetics: History of Genetics", *Comptes Rendus Biologies* 339 (2016): 225–30.

2. T. Boveri, "Über mehrpolige Mitosen als Mittel zur Analyse des Zellkerns", *Verh. D. Phys. Med. Ges. Würzberg N. F.* 35 (1902): 67–90.

NOTAS 319

3. A. Balmain, "Cancer Genetics: From Boveri and Mendel to Microarrays", *Nature Reviews* 1 (2001): 77–82.

4. K. Bister, "Discovery of Oncogenes: The Advent of Molecular Cancer Research", *PNAS* 112, no. 50 (2015): 15259–60.

5. L. Chin et al., "*P53* Deficiency Rescues the Adverse Effects of Telomere Loss and Cooperates with Telomere Dysfunction to Accelerate Carcinogenesis", *Cell* 97 (1999): 527–38.

6. "Known and Probable Human Carcinogens", American Cancer Society, atualizado em 14 de agosto de 2019, https://www.cancer.org/cancer/cancer-causes/general-info/known-and-probable-human-carcinogens.html.

7. A. Balmain e I. B. Pragnell, "Mouse Skin Carcinomas Induced *in vivo* by Chemical Carcinogens Have a Transforming Harvey-ras Oncogene", *Nature* 303 (1983): 72–74.

8. "Age and Cancer Risk", NIH National Cancer Institute, 29 de abril de 2015, https://www.cancer.gov/about-cancer/causes-prevention/risk/age.

9. P. Nowell e D. Hungerford, "A Minute Chromosome in Human Chronic Granulocytic Leukemia", resumo, *Science* 132 (1960): 1497.

10. E. H. Romond et al., "Trastuzumab Plus Adjuvant Chemotherapy for Operable HER2 Positive Breast Cancer", *New England Journal of Medicine* 353 (2005): 1673–84.

Capítulo 7: O Leito de Procusto do Câncer

1. P. Lichtenstein, "Environmental and Heritable Factors in the Causation of Cancer", *New England Journal of Medicine* 343 (2000): 78–85.

2. M. C. King, J. H. Marks e J. B. Mandell, "Breast and Ovarian Cancer Risks Due to Inherited Mutations in *BRCA1* and *BRCA2*", *Science* 302, no. 5645 (2003): 643–46.

3. L. A. Mucci et al., "Familial Risk and Heritability of Cancer among Twins in Nordic Countries", *JAMA* 315, no. 1 (5 de janeiro de 2006): 68–76.

4. A. R. David e M. R. Zimmerman, "Cancer: An Old Disease, a New Disease or Something in Between?", *Nature Reviews Cancer* 10 (2010): 728–33.

5. James W. Hampton, "Cancer Prevention and Control in American Indians/Alaska Natives", *American Indian Culture and Research Journal* 16, no. 3 (1992): 41–49.

6. M. L. Sievers e J. R. Fisher, "Cancer in North American Indians: Environment versus Heredity", *American Journal of Public Health* 73 (1983): 485–87; T. K. Young e J. W. Frank, "Cancer Surveillance in a Remote Indian Population in Northwestern Ontario", *American Journal of Public Health* 73 (1983): 515–20.

320 NOTAS

7. I. M. Rabinowitch, "Clinical and Other Observations on Canadian Eskimos in the Western Arctic", *Canadian Medical Association Journal* 34 (1936): 487.

8. O. Schafer et al., "The Changing Pattern of Neoplastic Disease in Canadian Eskimos", *Canadian Medical Association Journal* 112 (1975): 1399–1404.

9. F. S. Fellows, "Mortality in the Native Races of the Territory of Alaska, with Special Reference to Tuberculosis", *Public Health Reports (1896–1970)* 49, no. 9 (2 de março de 1934): 289–98.

10. J. T. Friborg e M. Melbye, "Cancer Patterns in Inuit Populations", *Lancet Oncology* 9, no. 9 (2008): 892–900.

11. R. G. Ziegler et al., "Migration Patterns and Breast Cancer Risk in AsianAmerican Women", *Journal of the National Cancer Institute* 85, no. 22 (17 de novembro de 1993): 1819–27.

12. J. Peto, "Cancer Epidemiology in the Last Century and the Next Decade", *Nature* 411, no. 6835 (17 de maio de 2001): 390–95.

13. Andrew Pollack, "Huge Genome Project Is Proposed to Fight Cancer", *New York Times*, 28 de março de 2005, https://www.nytimes.com/2005/03/28/health/huge-genome-project-is-proposed-to-fight-cancer.html.

14. Pollack, "Huge Genome Project Is Proposed to Fight Cancer".

15. G. L. G. Miklos, "The Human Cancer Genome Project — One More Misstep in the War on Cancer", *Nature Biotechnology* 23 (2005): 535–37.

16. "NIH Completes In-depth Genomic Analysis of 33 Cancer Types", NIH National Cancer Institute, 5 de abril de 2018, https://www.cancer.gov/news-events/press-releases/2018/tcga-pancancer-atlas.

17. T. Sjöblom et al., "The Consensus Coding Sequences of Human Breast and Colorectal Cancers", *Science* 314, no. 5797 (2006): 268–74.

18. Heidi Ledford, "End of Cancer-Genome Project Prompts Rethink", *Nature Magazine*, 5 de janeiro de 2015, https://www.scientificamerican.com/article/end-of-cancer-genome-project-prompts-rethink/.

19. L. D. Wood et al., "The Genomic Landscapes of Human Breast and Colorectal Cancers", *Science* 318, no. 5853 (16 de novembro de 2007): 1108–13.

20. S. Yachida et al., "Distant Metastasis Occurs Late During the Genetic Evolution of Pancreatic Cancer", *Nature* 467, no. 7319 (28 de outubro de 2010): 1114–17.

21. Bert Vogelstein et al., "Cancer Genome Landscapes", *Science* 339, no. 6127 (29 de março de 2013): 1546–58, doi: 10.1126/science.1235122.

22. B. Pereira et al., "The Somatic Mutation Profiles of 2,433 Breast Cancers Refines Their Genomic and Transcriptomic Landscapes", *Nature Communications* 10, no. 7 (2016): 11479, doi: 10.1038/ncomms11479.

23. C. Greenman et al., "Patterns of Somatic Mutation in Human Cancer Genomes", *Nature* 446, no. 7132 (8 de março de 2007): 153–58.

24. Vogelstein et al., "Cancer Genome Landscapes", 1546–58.

25. Yachida et al., "Distant Metastasis Occurs Late During the Genetic Evolution of Pancreatic Cancer", 1114–17.

26. L. A. Loeb et al., "A Mutator Phenotype in Cancer", *Cancer Research* 61, no. 8 (15 de abril de 2001): 3230–39.

Capítulo 8: O Problema do Denominador

1. D. Humpherys et al., "Abnormal Gene Expression in Cloned Mice Derived from Embryonic Stem Cell and Cumulus Cell Nuclei", *Proceedings of the National Academy of Sciences* 99, no. 20 (1 de outubro de 2002): 12889–94.

2. K. B. Jacobs et al., "Detectable Clonal Mosaicism and Its Relationship to Aging and Cancer", *Nature Genetics* 44, no. 6 (6 de maio de 2012): 651–58.

3. Carl Zimmer, "Researchers Explore a Cancer Paradox", *New York Times*, 18 de outubro de 2018, https://www.nytimes.com/2018/10/18/science/cancer-genetic-mutations.html.

4. I. Martincorena et al., "Somatic Mutant Clones Colonize the Human Esophagus with Age", *Science* 362, no. 6417 (18 de outubro de 2018): 911–17, doi: 10.1126/science.aau3879.

5. A. G. Renehan et al., "The Prevalence and Characteristics of Colorectal Neoplasia in Acromegaly", *Journal of Clinical Endocrinology and Metabolism* 85, no. 9 (setembro de 2000): 3417–24.

6. C. A. Sheldon et al., "Incidental Carcinoma of the Prostate: A Review of the Literature and Critical Reappraisal of Classification", *Journal of Urology* 124, no. 5 (novembro de 1980): 626–31.

7. W. C. Hahn e R. A. Weinberg, "Mechanisms of Disease: Rules for Making Human Tumor Cells", *New England Journal of Medicine* 347 (2002): 1593–1603.

8. T. Sjoblom et al., "The Consensus Coding Sequences of Human Breast and Colorectal Cancers", *Science* 314 (2006): 268–74.

9. D. L. Stoler et al., "The Onset and Extent of Genomic Instability in Sporadic Colorectal Tumor Progression", *Proceedings of the National Academy of Sciences* 96, no. 26 (1999): 15121–26.

322 NOTAS

Capítulo 9: Um Falso Amanhecer

1. H. Bower et al., "Life Expectancy of Patients with Chronic Myeloid Leukemia Approaches the Life Expectancy of the General Population", *Journal of Clinical Oncology* 34, no. 24 (20 de agosto de 2016): 2851–57, doi: 10.1200/JCO.2015.66.2866.

2. J. Elliott et al., "ALK Inhibitors for Non-Small Cell Lung Cancer: A Systematic Review and Network Meta-analysis", *PLoS One* 19, no. 15 (19 de fevereiro de 2020): e0229179, doi: 10.1371/journal.pone.0229179.

3. "Crizotinib", GoodRx.com, https://www.goodrx.com/crizotinib.

4. D. M. Hyman et al., "Implementing Genome-driven Oncology", *Cell* 168, no. 4 (2017): 584–99.

5. Charles Ornstein e Katie Thomas, "Top Cancer Researcher Fails to Disclose Corporate Financial Ties in Major Research Journals", *New York Times*, 8 de setembro de 2018, https://www.nytimes.com/2018/09/08/health/jose-baselga-cancer-memorial-sloan-kettering.html.

6. I. F. Tannock e J. A. Hickman, "Limits to Personalized Cancer Medicine", *New England Journal of Medicine* 375 (2016): 1289–94.

7. V. Prasad, "Perspective: The Precision Oncology Illusion", *Nature* 537 (2016): S63.

8. F. Meric-Bernstam et al., "Feasibility of Large-Scale Genomic Testing to Facilitate Enrollment onto Genomically Matched Clinical Trials", *Journal of Clinical Oncology* 33, no. 25 (1 de setembro de 2015): 2753–65.

9. K. T. Flaherty, et al. "NCI-Molecular Analysis for Therapy Choice. Interim Analysis Results". https://www.allianceforclinicaltrialsinoncology.org/main/cmsfile?cmsPath=/Public/Annual%20Meeting/files/CommunityOncology-NCI-Molecular%20Analysis.pdf.

10. J. Marquart, E. Y. Chen e V. Prasad, "Estimation of the Percentage of US Patients with Cancer Who Benefit from Genome-driven Oncology", *JAMA Oncology* 4, no. 8 (2018): 1093–98.

11. D. S. Echt et al., "Mortality and Morbidity in Patients Receiving Encainide, Flecanide, or Placebo: The Cardiac Arrhythmia Suppression Trial", *New England Journal of Medicine* 324 (1991): 781–88.

12. C. M. Booth e E. A. Eisenhauer, "Progression-free Survival: Meaningful or Simply Measurable?", *Journal of Clinical Oncology* 30 (2012): 1030–33.

13. V. Prasad et al., "A Systematic Review of Trial-Level Meta-Analyses Measuring the Strength of Association between Surrogate End-Points and Overall Survival in Oncology", *European Journal of Cancer* 106 (2019): 196–211, doi: 10.1016/j.ejca.2018.11.012; Prasad et al., "The Strength of

Association between Surrogate End Points and Survival in Oncology: A Systematic Review of Trial-Level Meta-analyses", *JAMA Internal Medicine* 175, no. 8 (2015): 1389–98, doi: 10.1001/jamainternmed. 2015.2829.

14. R. Kemp e V. Prasad, "Surrogate Endpoints in Oncology: When Are They Acceptable for Regulatory and Clinical Decisions, and Are They Currently Overused?", *BMC Medicine* 15, no. 1 (2017): 134.

15. J. Puthumana et al., "Clinical Trial Evidence Supporting FDA Approval of Drugs Granted Breakthrough Therapy Designation", *JAMA* 320, no. 3 (2018): 301–3.

16. E. Y. Chen et al., "An Overview of Cancer Drugs Approved by the US Food and Drug Administration Based on the Surrogate End Point of Response Rate", *JAMA Internal Medicine*, doi: 10.1001/jamainternmed.2019.0583.

17. B. Gyawali et al., "Assessment of the Clinical Benefit of Cancer Drugs Receiving Accelerated Approval", *JAMA Internal Medicine*, doi: 10.1001/jamainternmed.2019.0462.

18. K. Miller et al., "Paclitaxel plus Bevacizumab versus Paclitaxel Alone for Metastatic Breast Cancer", *New England Journal of Medicine* 357 (2007): 2666–76.

19. R. B. D'Agostino Sr., "Changing End Points in Breast-Cancer Drug Approval: The Avastin Story", *New England Journal of Medicine* 365, no. 2 (2011): e2.

20. Roxanne Nelson, "FDA Approves Everolimus for Advanced Breast Cancer", Medscape, 20 de julho de 2012, https://www.medscape.com/viewarticle/767862.

21. M. Piccart et al., "Everolimus plus Exemestane for Hormone-ReceptorPositive, Human Epidermal Growth Factor Receptor-2-Negative Advanced Breast Cancer: Overall Survival Results from BOLERO-2", *Annals of Oncology* 25, no. 12 (2014): 2357–62.

22. V. Prasad et al., "The Strength of Association between Surrogate End Points and Survival in Oncology".

23. V. Prasad e S. Mailankody, "Research and Development Spending to Bring a Single Cancer Drug to Market and Revenues after Approval", *JAMA Internal Medicine* 177, no. 11 (2017): 1569–75, doi: 10.1001/jamainternmed.2017.3601.

24. E. Y. Chen et al., "Estimation of Study Time Reduction Using Surrogate End Points Rather than Overall Survival in Oncology Clinical Trials", *JAMA Internal Medicine* 179, no. 5 (2019): doi: 10.1001/jamainternmed.2018.8351.

324 NOTAS

25. T. Fojo et al., "Unintended Consequences of Expensive Cancer Therapeutics — The Pursuit of Marginal Indications and a Me-Too Mentality that Stifles Innovation and Creativity: The John Conley Lecture", *JAMA Otolaryngology Head and Neck Surgery* 140, no. 12 (2014): 1225–36, doi: 10.1001/jamaoto.2014.1570.

26. D. K. Tayapongsak et al., "Use of Word 'Unprecedented' in the Media Coverage of Cancer Drugs: Do 'Unprecedented' Drugs Live Up to the Hype?", *Journal of Cancer Policy* 14 (2017): 16–20.

27. M. V. Abola e V. Prasad, "The Use of Superlatives in Cancer Research", *JAMA Oncology* 2, no. 1 (2016): 139–41.

28. T. Rupp e D. Zuckerman, "Quality of Life, Overall Survival, and Costs of Cancer Drugs Approved Based on Surrogate Endpoints", *JAMA Internal Medicine* 177, no. 2 (2017): 276–77, doi: 10.1001/jamainternmed.2016.7761.

29. Carolyn Y. Johnson, "This Drug Is Defying a Rare Form of Leukemia — and It Keeps Getting Pricier", *Washington Post*, 9 de março de 2016, https://www.washingtonpost.com/business/this-drug-is-defying-a-rare-form-of-leukemia--and-it-keeps-getting-pricier/2016/03/09/4fff8102-c571-11e5-a4aa-f25866ba0dc6_story.html.

30. Prasad e Mailankody, "Research and Development Spending to Bring a Single Cancer Drug to Market and Revenues After Approval", 1569–75.

31. N. Gordon et al., "Trajectories of Injectable Cancer Drug Costs After Launch in the United States", *Journal of Clinical Oncology* 36, no. 4 (1 de fevereiro de 2018): 319–25, doi: 10.1200/JCO.2016.72.2124.

32. V. Prasad, K. De Jesus e S. Mailankody, "The High Price of Anticancer Drugs: Origins, Implications and Barriers, Solutions", *Nature Reviews Clinical Oncology* 14, no. 6 (2017): 381–90.

33. https://www.igeahub.com/2018/05/28/10-best-selling-drugs-2018-oncology/.

34. Alex Philippidis, "The Top 15 Best-Selling Drugs of 2017", GEN, 12 de março de 2018, https://www.genengnews.com/the-lists/the-top-15-best-sellingdrugs-of-2017/77901068.

35. S. Singhal et al., "Antitumor Activity of Thalidomide in Refractory Multiple Myeloma", *New England Journal of Medicine* 341, no. 21 (1999): 1565–71.

36. Geeta Anand, "How Drug's Rebirth as Treatment for Cancer Fueled Price Rises", *Wall Street Journal*, 15 de novembro de 2004, https://www.wsj.com/articles/SB110047032850873523.

37. Hagop Kantarjian et al., "High Cancer Drug Prices in the United States: Reasons and Proposed Solutions", *Journal of Oncology Practice* 10, no. 4 (2014): e208–e211.

38. P. J. Neumann et al., "Updating Cost-effectiveness: The Curious Resilience of the $50,000-per-QALY Threshold", *New England Journal of Medicine* 371, no. 9 (agosto de 2014): 28796–97, doi: 10.1056/NEJMp1405158.

39. Centers for Disease Control and Prevention, "Part V: Cost-Effectiveness Analysis", *Five-Part Webcast on Economic Evaluation*, 26 de abril de 2017, https://www.cdc.gov/dhdsp/programs/spha/economic_evaluation/docs/podcast_v.pdf.

40. D. A. Goldstein, "Cost-effectiveness Analysis of Regorafenib for Metastatic Colorectal Cancer", *Journal of Clinical Oncology* 33, no. 32 (10 de novembro de 2015): 3727–32, doi: 10.1200/JCO.2015.61.9569.

41. S. Mailankody e V. Prasad, "Five Years of Cancer Drug Approvals: Innovation, Efficacy, and Costs", *JAMA Oncology* 1, no. 4 (2015): 539–40.

42. Lorie Konish, "This Is the Real Reason Most Americans File for Bankruptcy", CNBC, 11 de fevereiro de 2019, https://www.cnbc.com/2019/02/11/this-is-the-real-reason-most-americans-file-for-bankruptcy.html.

Capítulo 10: A Semente e o Solo

1. S. Paget, "The Distribution of Secondary Growths in Cancer of the Breast", *Lancet* 1 (1889): 99–101.

2. M. Esteller "Cancer Epigenomics: DNA Methylomes and HistoneModification Maps", *Nature Reviews Genetics* 8, no. 4 (abril de 2007): 286–98.

3. L. J. C. Rush et al., "Novel Methylation Targets in De Novo Acute Myeloid Leukemia with Prevalence of Chromosome 11 Loci", *Blood* 97, no. 10 (2001): 3226–33, doi: 10.1182/blood.V97.10.3226.

4. A. D. Beggs et al., "Whole-genome Methylation Analysis of Benign and Malignant Colorectal Tumours", *Journal of Pathology* 229, no. 5 (abril de 2013): 697–704, doi: 10.1002/path.4132.

5. I. Martincorena et al., "Somatic Mutant Clones Colonize the Human Esophagus with Age", *Science* (18 de outubro de 2018): eaau3879, doi: 10.1126/science.aau3879.

6. Alaina G. Levine, "NIH Recruits Physicists to Battle Cancer", APS Physics, março de 2010, https://www.aps.org/publications/apsnews/201003/nih.cfm.

326 NOTAS

7. R. A. Weinberg, "Coming Full Circle: From Endless Complexity to Simplicity and Back Again", *Cell* 157, no. 1 (27 de março de 2014): 267–71, doi: 10.1016/j.cell.2014.03.004.

8. Paula Davies, "Cancer: The Beat of an Ancient Drum?", *Guardian*, 25 de abril de 2011, https://www.theguardian.com/commentisfree/2011/apr/25/cancer-evolution-ancient-toolkit-genes.

9. Jessica Wapner, "A New Theory on Cancer: What We Know about How It Starts Could All Be Wrong", *Newsweek*, 17 de julho de 2017, https://www.newsweek.com/2017/07/28/cancer-evolution-cells-637632.html.

10. Wapner, "A New Theory on Cancer".

Capítulo 11: As Origens da Vida e as Origens do Câncer

1. Michael Marshall, "Timeline: The Evolution of Life", *New Scientist*, 14 de julho de 2009, https://www.newscientist.com/article/dn17453-timeline-the-evolution-of-life.

2. Leyland Cecco, "Rising Fame: Experts Herald Canadian Woman's 120-year-old Sourdough Starter", *Guardian*, 14 de maio de 2018, https://www.theguardian.com/world/2018/may/14/ione-christensen-canada-yukon-sourdough-starter-yeast.

3. A. H. Yona et al., "Chromosomal Duplication Is a Transient Evolutionary Solution to Stress", *Proceedings of the National Academy of Sciences USA* 109, no. 51 (2012): 21010–15.

4. L. Cisneros et al., "Ancient Genes Establish Stress-induced Mutation as a Hallmark of Cancer", *PLoS One* 12, no. 4 (2017): e0176258.

Capítulo 12: Evolução Tumoral

1. G. H. Heppner, "Tumor Heterogeneity", *Cancer Research* 44 (1984): 2259–65.

2. Cancer Genome Atlas Research Network, "Integrated Genomic Analyses of Ovarian Carcinoma", *Nature* 474 (2011): 609–15.

3. N. Navin et al., "Tumour Evolution Inferred by Single-cell Sequencing", *Nature* 472 (2011): 90–94.

4. S. Nik-Zainal et al., "Mutational Processes Molding the Genomes of 21 Breast Cancers", *Cell* 149 (2012): 979–93.

5. Charles Swanton, "Intratumor Heterogeneity: Evolution through Space and Time", *Cancer Research* 72, no. 19 (outubro de 2012): 4875–82.

6. S. P. Shah et al., "Mutational Evolution in a Lobular Breast Tumour Profiled at Single Nucleotide Resolution", *Nature* 461 (2009): 809–13.

7. M. Gerlinger et al., "Intratumor Heterogeneity and Branched Evolution Revealed by Multiregion Sequencing", *New England Journal of Medicine* 366 (2012): 883–92.

8. L. Bai e W. G. Zhu, "*p53*: Structure, Function and Therapeutic Applications", *Journal of Molecular Cancer* 2, no. 4 (2006): 141–53.

9. A. Kamb, S. Wee e C. Lengauer, "Why Is Cancer Drug Discovery So Difficult?", *Nature Reviews Drug Discovery* 6 (2007): 115–20.

10. L. M. Byrd et al., "Better Life Expectancy in Women with BRCA2 Compared with BRCA1 Mutations Is Attributable to Lower Frequency and Later Onset of Ovarian Cancer", *Cancer Epidemiology, Biomarkers and Prevention* 17, no. 6 (junho de 2008): 1535–42, doi: 10.1158/1055-9965.EPI-07-2792.

11. Wapner, "A New Theory on Cancer".

12. Helen Roberts, "Boy Born with 'Tail' Loses 'Monkey God' Status after It's Removed so He Can Walk", *Mirror*, 3 de julho de 2015, https://www.mirror.co.uk/news/world-news/boy-born-tail-loses-monkey-5993397.

Capítulo 13: Transformação Cancerosa

1. T. Domazet-Lošo e D. Tautz, "Phylostratigraphic Tracking of Cancer Genes Suggests a Link to the Emergence of Multicellularity in Metazoa", *BMC Biology* 8, no. 66 (2010), https://doi.org/10.1186/1741-7007-8-66 PMID: 20492640.

2. A. S. Trigos et al., "Altered Interactions between Unicellular and Multicellular Genes Drive Hallmarks of Transformation in a Diverse Range of Solid Tumors", *Proceedings of the National Academy of Sciences USA* 114 (2017): 6406–11.

3. "COSMIC Release v90", Sanger Institute, 5 de setembro de 2019, https://cosmic-blog.sanger.ac.uk/cosmic-release-v90/.

4. L. Cisneros et al., "Ancient Genes Establish Stress-induced Mutation as a Hallmark of Cancer" *PLoS One* 12, no. 4 (2017): e0176258, https://doi.org/10.1371/journal.pone.0176258.

5. H. Chen et al., "The Reverse Evolution from Multi-cellularity to Unicellularity During Carcinogenesis", *Nature Communications* 6 (2015): 6367.

6. Vogelstein et al., "Cancer Genome Landscapes", 1546–58.

7. Chen et al., "The Reverse Evolution from Multi-cellularity to Unicellularity During Carcinogenesis", 6367.

328 NOTAS

8. H. Chen e X. He, "The Convergent Cancer Evolution Toward a Single Cellular Destination", *Molecular Biology and Evolution* 33, no. 1 (2016): 4–12, doi: 10.1093/molbev/msv212.

9. M. Vincent, "Cancer: A De-repression of a Default Survival Program Common to All Cells?", *Bioessays* 34 (2011): 72–82.

10. H. F. Dvorak, "Tumors: Wounds that Do Not Heal — Similarities between Tumor Stroma Generation and Wound Healing", *New England Journal of Medicine* 315, no. 26 (25 de dezembro de 1986): 1650–59.

11. L. Simonato et al., "Lung Cancer and Cigarette Smoking in Europe: An Update of Risk Estimates and an Assessment of Inter-country Heterogeneity", *International Journal of Cancer* 91, no. 6 (15 de março de 2001): 876–87.

12. S. Bhat et al., "Risk of Malignant Progression in Barrett's Esophagus Patients: Results from a Large Population-Based Study", *Journal of the National Cancer Institute* 103, no. 13 (6 de julho de 2001): 1049–57.

13. L. A. Anderson et al., "Risk Factors for Barrett's Oesophagus and Oesophageal Adenocarcinoma: Results from the FINBAR Study", *World Journal of Gastroenterology* 13, no. 10 (14 de março de 2007): 1585–94.

14. N. D. Walter et al., "Wound Healing after Trauma May Predispose to Lung Cancer Metastasis", *American Journal of Respiratory Cell and Molecular Biology* 44 (2011): 591–96.

15. R. P. DerHagopian et al., "Inflammatory Oncotaxis", *JAMA* 240, no. 4 (1978): 374–75.

16. L. M. Burt et al., "Risk of Secondary Malignancies after Radiation Therapy for Breast Cancer: Comprehensive Results", *Breast* 35 (outubro de 2017): 122–29, doi: 10.1016/j.breast.2017.07.004.

17. M. Faurschou et al., "Malignancies in Wegener's Granulomatosis: Incidence and Relation to Cyclophosphamide Therapy in a Cohort of 293 Patients", *Journal of Rheumatology* 35, no. 1 (janeiro de 2008): 100–105.

18. J. A. Baltus et al., "The Occurrence of Malignancies in Patients with Rheumatoid Arthritis Treated with Cyclophosphamide: A Controlled Retrospective Follow-up", *Annals of the Rheumatic Diseases* 42, no. 4 (agosto de 1983): 368–73.

19. H. Welch e W. C. Black, "Using Autopsy Series to Estimate the Disease 'Reservoir' for Ductal Carcinoma In Situ of the Breast: How Much More Breast Cancer Can We Find?", *Annals of Internal Medicine* 127 (1997): 1023–28.

20. "It Is Not the Strongest of the Species that Survives But the Most Adaptable", Quote Investigator, 4 de maio de 2014, https://quoteinvestigator. com/2014/05/04/adapt/.

NOTAS 329

Capítulo 14: Nutrição e Câncer

1. R. Doll e R. J. Peto, "The Causes of Cancer: Quantitative Estimates of Avoidable Risks of Cancer in the United States Today", *National Cancer Institute* 66, no. 6 (junho de 1981): 1191–308.

2. W. J. Blot e R. E. Tarone, "Doll and Peto's Quantitative Estimates of Cancer Risks: Holding Generally True for 35 Years", *Journal of the National Cancer Institute* 107, no. 4 (2015): djv044.

3. D. P. Burkitt, "Some Diseases Characteristic of Modern Western Civilization", *British Medical Journal* 1, no. 274 (1973): 274–78.

4. G. E. McKeown-Eyssen et al., "A Randomized Trial of a Low-Fat, HighFiber Diet in the Recurrence of Colorectal Polyps", *Journal of Clinical Epidemiology* 47 (1994): 525–36.

5. R. MacLennan et al., "Randomized Trial of Intake of Fat, Fiber, and Beta Carotene to Prevent Colorectal Adenomas: The Australian Polyp Prevention Project", *Journal of the National Cancer Institute* 87 (1995): 1760–66.

6. C. S. Fuchs et al., "Dietary Fiber and the Risk of Colorectal Cancer and Adenoma in Women", *New England Journal of Medicine* 340, no. 3 (21 de janeiro de 1999): 169–76.

7. A. Schatzkin et al., "Lack of Effect of a Low-Fat, High-Fiber Diet on the Recurrence of Colorectal Adenomas", *New England Journal of Medicine* 342 (2000): 1149–55.

8. B. V. Howard et al., "Low-fat Dietary Pattern and Risk of Cardiovascular Disease: The Women's Health Initiative Randomized Controlled Dietary Modification Trial", *JAMA* 295, no. 6 (8 de fevereiro de 2006): 655–66.

9. R. L. Prentice et al., "Low-Fat Dietary Pattern and Risk of Invasive Breast Cancer: The Women's Health Initiative Randomized Controlled Dietary Modification Trial", *JAMA* 295, no. 6 (8 de fevereiro de 2006): 629–42.

10. S. A. A. Beresford et al., "Low-Fat Dietary Pattern and Risk of Colorectal Cancer: The Women's Health Initiative Randomized Controlled Dietary Modification Trial", *JAMA* 295, no. 6 (2006):643–54, doi: 10.1001/jama.295.6.643.

11. Alpha-Tocopherol, Beta Carotene Cancer Prevention Study Group, "The Effect of Vitamin E and Beta Carotene on the Incidence of Lung Cancer and Other Cancers in Male Smokers", *New England Journal of Medicine* 330, no. 13 (1994): 1029–35.

12. G. S. Omenn et al., "Effects of a Combination of Beta Carotene and Vitamin A on Lung Cancer and Cardiovascular Disease", *New England Journal of Medicine* 334, no. 18 (1996): 1150–55.

330 NOTAS

13. E. Lonn et al., "Heart Outcomes Prevention Evaluation (HOPE) 2 Investigators: Homocysteine Lowering with Folic Acid and B Vitamins in Vascular Disease", *New England Journal of Medicine* 354 (2006): 1567–77.

14. B. F. Cole et al., "Folic Acid for the Prevention of Colorectal Adenomas: A Randomized Clinical Trial", *JAMA* 297, no. 21 (6 de junho de 2007): 2351–59.

15. C. B. Ambrosone et al., "Dietary Supplement Use During Chemotherapy and Survival Outcomes of Patients with Breast Cancer Enrolled in a Cooperative Group Clinical Trial (SWOG S0221)", *Journal of Clinical Oncology* (19 de dezembro de 2019): JCO1901203, doi: 10.1200/JCO.19.01203.

16. K. H. Bønaa et al., "Homocysteine Lowering and Cardiovascular Events after Acute Myocardial Infarction", *New England Journal of Medicine* 354, no. 15 (2006): 1578–88.

17. M. Ebbing et al., "Mortality and Cardiovascular Events in Patients Treated with Homocysteine-lowering B Vitamins after Coronary Angiography: A Randomized Controlled Trial", *JAMA* 300, no. 7 (2008): 795–804.

18. M. Ebbing et al., "Cancer Incidence and Mortality after Treatment with Folic Acid and Vitamin B12", *JAMA* 302, no. 19 (18 de novembro de 2009): 2119–26, doi: 10.1001/jama.2009.1622.

19. S. Faber et al., "The Action of Pteroylglutamic Conjugates on Man", *Science* 106 (1947): 619–21.

20. E. Cameron e L. Pauling, "Ascorbic Acid and the Glycosaminoglycans: An Orthomolecular Approach to Cancer and Other Diseases", *Oncology* 27, no. 2 (1973): 181–92.

21. B. Lee et al., "Efficacy of Vitamin C Supplements in Prevention of Cancer: A Meta-Analysis of Randomized Controlled Trials", *Korean Journal of Family Medicine* 36, no. 6 (novembro de 2015): 278–85.

22. S. Peller e C. S. Stephenson, "Skin Irritation and Cancer in the United States Navy", *American Journal of Medical Sciences* 194 (1937): 326–33.

23. F. L. Apperly, "The Relation of Solar Radiation to Cancer Mortality in North America", *Cancer Research* 1 (1941): 191–95.

24. C. F. Garland e F. C. Garland, "Do Sunlight and Vitamin D Reduce the Likelihood of Colon Cancer?", *International Journal of Epidemiology* 9 (1980): 227–31; W. B. Grant, "An Estimate of Premature Cancer Mortality in the US Due to Inadequate Doses of Solar Ultraviolet-B Radiation", *Cancer* 94 (2002): 1867–75.

NOTAS 331

25. N. Keum e E. Giovannucci, "Vitamin D Supplements and Cancer Incidence and Mortality: A Meta-analysis", *British Journal of Cancer* 111 (2014): 976–80.

26. K. K. Deeb, D. L. Trump e C. S. Johnson, "Vitamin D Signalling Pathways in Cancer: Potential for Anticancer Therapeutics", *Nature Reviews Cancer* 7 (2007): 684–700, doi: 10.1038/nrc2196.

27. D. Feldman et al., "The Role of Vitamin D in Reducing Cancer Risk and Progression", *Nature Reviews Cancer* 14 (2014): 342–57.

28. M. L. Melamed et al., "25-hydroxyvitamin D Levels and the Risk of Mortality in the General Population", *Archives of Internal Medicine* 168 (2008): 1629–37, doi: 10.1001/archinte.168.15.1629.

29. J. E. Manson et al., "Vitamin D Supplements and Prevention of Cancer and Cardiovascular Disease", *New England Journal of Medicine* 380, no. 1 (3 de janeiro de 2019): 33–44, doi: 10.1056/NEJMoa1809944; J. E. Manson et al., "Marine n-3 Fatty Acids and Prevention of Cardiovascular Disease and Cancer", *New England Journal of Medicine* 380, no. 1 (3 de janeiro de 2019): 23–32, doi: 10.1056/NEJMoa1811403.

30. R. Scragg et al., "Monthly High-Dose Vitamin D Supplementation and Cancer Risk: A Post Hoc Analysis of the Vitamin D Assessment Randomized Clinical Trial", *JAMA Oncology* 4, 11 (novembro de 2018): e182178, doi: 10.1001/jamaoncol.2018.2178.

31. J. Ju et al., "Cancer Preventive Activities of Tocopherols and Tocotrienols", *Carcinogenesis* 31, no. 4 (abril de 2010): 533–42; S. Mahabir et al., "Dietary Alpha-, Beta-, Gammaand Delta-tocopherols in Lung Cancer Risk", *International Journal of Cancer* 123 (2008): 1173–80.

32. I. M. Lee et al., "Vitamin E in the Primary Prevention of Cardiovascular Disease and Cancer: The Women's Health Study: A Randomized Controlled Trial", *JAMA* 294 (2005): 56–65.

33. D. Albanes et al., "Alpha-Tocopherol and Beta-carotene Supplements and Lung Cancer Incidence in the Alpha-tocopherol, Beta-carotene Cancer Prevention Study: Effects of Base-line Characteristics and Study Compliance", *Journal of the National Cancer Institute* 88 (1996): 1560–70.

34. J. M. Gaziano et al., "Vitamins E and C in the Prevention of Prostate and Total Cancer in Men: The Physicians' Health Study II Randomized Controlled Trial", *JAMA* 301 (2009): 52–62.

35. S. M. Lippman et al., "Effect of Selenium and Vitamin E on Risk of Prostate Cancer and Other Cancers: The Selenium and Vitamin E Cancer Prevention Trial (SELECT)", *JAMA* 301 (2009): 39–51.

332 NOTAS

36. E. A. Klein et al., "Vitamin E and the Risk of Prostate Cancer: The Selenium and Vitamin E Cancer Prevention Trial (SELECT)", *JAMA* 306 (2011): 1549–56.

37. B. Lauby-Secretan et al., "Body Fatness and Cancer: Viewpoint of the IARC Working Group", *New England Journal of Medicine* 375 (2016): 794–98.

38. E. E. Calle et al., "Overweight, Obesity, and Mortality from Cancer in a Prospectively Studied Cohort of U.S. Adults", *New England Journal of Medicine* 348, 17 (24 de abril de 2003): 1625–38.

39. C. Brooke Steele et al., "Vital Signs: Trends in Incidence of Cancers Associated with Overweight and Obesity — United States, 2005–2014", *Morbidity and Mortality Weekly Report* 66 (2017): 1052–58. https://www.cdc.gov/mmwr/volumes/66/wr/mm6639e1.htm.

40. Lauby-Secretan et al., "Body Fatness and Cancer", 794–98.

41. N. Keum et al., "Adult Weight Gain and Adiposity-Related Cancers: A Dose-Response Meta-Analysis of Prospective Observational Studies", *Journal of the National Cancer Institute* 107, no. 2 (10 de março de 2015): ii: djv088, doi: 10.1093/jnci/djv088.

42. F. Islami et al., "Proportion and Number of Cancer Cases and Deaths Attributable to Potentially Modifiable Risk Factors in the United States", *CA: A Cancer Journal for Clinicians* 68, 1 (janeiro de 2018): 31–54, doi: 10.3322/caac.21440.

43. H. Sung et al., "Emerging Cancer Trends among Young Adults in the USA: Analysis of a Population-based Cancer Registry", *Lancet Public Health* 4, no. 3 (1 de março de 2019): https://www.thelancet.com/journals/lanpub/article/PIIS2468-2667(18)30267-6/fulltext.

44. P. Rous, "The Influence of Diet of Transplanted and Spontaneous Mouse Tumors", *Journal of Experimental Medicine* 20, no. 5 (1914): 433–51.

45. A. Tannenbaum, "The Dependence of Tumor Formation on the Composition of the Calorie-Restricted Diet as Well as on the Degree of Restriction", *Cancer Research* 5, no. 11 (1945): 616–25.

46. A. H. Eliassen et al., "Adult Weight Change and Risk of Postmenopausal Breast Cancer", *JAMA* 296, no. 2 (12 de julho de 2006): 193–201.

Capítulo 15: Hiperinsulinemia

1. M. Rabinowitch, "Clinical and Other Observations on Canadian Eskimos in the Eastern Arctic", *Canadian Medical Association Journal* 34 (1936): 487–501.

2. G. M. Brown, L. B. Cronk e T. J. Boag, "The Occurrence of Cancer in an Eskimo", *Cancer* 5, no. 1 (janeiro de 1952): 142–43.

3. G. J. Mouratoff et al., "Diabetes Mellitus in Eskimos", *JAMA* 199, no. 13 (1967): 961–66, doi: 10.1001/jama.1967.03120130047006.

4. George J. Mouratoff et al., "Diabetes Mellitus in Eskimos after a Decade", *JAMA* 226, no. 11 (1973): 1345–46.

5. Cynthia D. Schraer et al., "Prevalence of Diabetes Mellitus in Alaskan Eskimos, Indians, and Aleuts", *Diabetes Care* 11 (1988): 693–700.

6. K. J. Acton et al., "Trends in Diabetes Prevalence among American Indian and Alaska Native Children, Adolescents, and Young Adults", *American Journal of Public Health* 92 (2002): 1485–90.

7. Etan Orgel, "The Links between Insulin Resistance, Diabetes, and Cancer", *Current Diabetes Reports* 13, no. 2 (abril de 2013): 213–22, doi: 10.1007/s11892-012-0356-6.

8. P. T. Campbell et al., "Diabetes and Cause-Specific Mortality in a Prospective Cohort of One Million U.S. Adults", *Diabetes Care* 35 (2012): 1835–44.

9. S. R. Seshasai et al., "Diabetes Mellitus, Fasting Glucose, and Risk of Cause-Specific Death", *New England Journal of Medicine* 364 (2011): 829–41.

10. Y. Chan et al., "Association between Type 2 Diabetes and Risk of Cancer Mortality: A Pooled Analysis of Over 771,000 Individuals in the Asia Cohort Consortium", *Diabetologia* 60, no. 6 (junho de 2017): 1022–32, doi: 10.1007/s00125-017-4229-z.

11. T. Stocks et al., "Blood Glucose and Risk of Incident and Fatal Cancer in the Metabolic Syndrome and Cancer Project (Me-Can): Analysis of Six Prospective Cohorts", *PLoS Medicine* 6 (2009): e1000201.

12. E. Giovannucci et al., "Diabetes and Cancer", *Diabetes Care* 33 (2010): 1674–85; S. C. Larsson, N. Orsini e A. Wolk, "Diabetes Mellitus and Risk of Colorectal Cancer: A Meta-analysis", *Journal of the National Cancer Institute* 97 (2005): 1679–87; S. C. Larsson, C. S. Mantzoros e A. Wolk, "Diabetes Mellitus and Risk of Breast Cancer: A Meta-analysis", *International Journal of Cancer* 121 (2007): 856–62.

13. W. Wu et al., "Rising Trends in Pancreatic Cancer Incidence and Mortality in 2000–2014", *Clinical Epidemiology* 10 (9 de julho de 2018): 789–97.

14. B. E. Barker, H. Fanger e P. Farnes, "Human Mammary Slices in Organ Culture: I. Methods of Culture and Preliminary Observations on the Effects of Insulin", *Experimental Cell Research* 35 (1964): 437–48.

15. D. LeRoith et al., "The Role of Insulin and Insulin-like Growth Factors in the Increased Risk of Cancer in Diabetes", *Rambam Maimonides Medical Journal* 2, no. 2 (2011): e0043.

334 NOTAS

16. E. J. Gallagher e D. LeRoith, "The Proliferating Role of Insulin and Insulin-like Growth Factors in Cancer", *Trends in Endocrinology and Metabolism* 21, no. 10 (outubro de 2010): 610–18.

17. V. Papa et al., "Elevated Insulin Receptor Content in Human Breast Cancer", *Journal of Clinical Investigations* 86 (1990): 1503–10.

18. J. Ma et al., "A Prospective Study of Plasma C-peptide and Colorectal Cancer Risk in Men", *Journal of the National Cancer Institute* 96 (2004): 546–53.

19. R. Kaaks et al., "Serum C-Peptide, Insulin-like Growth Factor (IGF) I, IGF-Binding Proteins, and Colorectal Cancer Risk in Women", *Journal of the National Cancer Institute* 92, no. 19 (4 de outubro de 2000): 1592–600.

20. E. K. Wei et al., "A Prospective Study of C-peptide, Insulin-like Growth Factor-I, Insulin-like Growth Factor Binding Protein-1, and the Risk of Colorectal Cancer in Women", *Cancer Epidemiology, Biomarkers and Prevention* 14 (2005): 850–55.

21. T. Tsujimoto et al., "Association between Hyperinsulinemia and Increased Risk of Cancer Death in Nonobese and Obese People: A Population-based Observational Study", *International Journal of Cancer* 141 (2017): 102–11.

22. M. J. Gunter et al., "Breast Cancer Risk in Metabolically Healthy but Overweight Postmenopausal Women", *Cancer Research* 75, no. 2 (2015): 270–74.

23. "Three-fold Increase in UK Insulin Use, Study Finds", BBC News, 6 de fevereiro de 2014, https://www.bbc.com/news/health-26065673.

24. C. J. Currie et al., "Mortality and Other Important Diabetes-related Outcomes with Insulin vs Other Antihyperglycemic Therapies in Type 2 Diabetes", *Journal of Clinical Endocrinology and Metabolism* 98, no. 2 (fevereiro de 2013): 668–77.

25. S. L. Bowker et al., "Increased Cancer-related Mortality for Patients with Type 2 Diabetes Who Use Sulfonylureas or Insulin", *Diabetes Care* 29 (2006): 254–58.

26. C. J. Currie, C. D. Poole, and E. A. M. Gale, "The Influence of Glucoselowering Therapies on Cancer Risk in Type 2 Diabetes", *Diabetologia* 52 (2009): 1766–77, doi: 10.1007/s00125-009-1440-6.

27. Y. X. Yang, S. Hennessy e J. D. Lewis, "Insulin Therapy and Colorectal Cancer Risk among Type 2 Diabetes Mellitus Patients", *Gastroenterology* 127 (2004): 1044–50.

NOTAS 335

Capítulo 16: Fatores de Crescimento

1. K. B. Michaels e W. C. Willett, "Breast Cancer: Early Life Matters", *New England Journal of Medicine* 351 (2004): 1679–81.

2. P. A. Van den Brandt, "Pooled Analysis of Prospective Cohort Studies on Height, Weight, and Breast Cancer Risk", *American Journal of Epidemiology* 152, no. 6 (15 de setembro de 2000): 514–27.

3. M. Ahlgren et al., "Growth Patterns and the Risk of Breast Cancer in Women", *New England Journal of Medicine* 351 (2004): 1619–26.

4. J. Green et al., "Height and Cancer Incidence in the Million Women Study: Prospective Cohort, and Meta-analysis of Prospective Studies of Height and Total Cancer Risk", *Lancet Oncology* 12, no. 8 (agosto de 2011): 785–94, doi: 10.1016/S1470-2045(11)70154-1.

5. Michelle McDonagh, "Lifestyle Linked to Huge Increase in Shortsightedness", *Irish Times*, 27 de fevereiro de 2018, https://www.irishtimes.com/life-and-style/health-family/lifestyle-linked-to-huge-increase-in-short-sightedness-1.3397726.

6. Elie Dolgin, "The Myopia Boom", *Nature* 519, no. 19 (2015): 276–78.

7. L. C. Cantley, "The Phosphoinositide 3-Kinase Pathway", *Science* 296, no. 5573 (31 de maio de 2002): 1655–57.

8. Lewis C. Cantley, "Seeking Out the Sweet Spot in Cancer Therapeutics: An Interview with Lewis Cantley", *Disease Models and Mechanisms* 9, no. 9 (1 de setembro de 2016): 911–16, doi: 10.1242/dmm.026856.

9. H. Tan et al., "Genome-wide Mutational Spectra Analysis Reveals Significant Cancer-specific Heterogeneity", *Scientific Reports* 5, no. 12566 (2015): doi: 10.1038/srep12566.

10. L. C. Cantley, "Cancer, Metabolism, Fructose, Artificial Sweeteners and Going Cold Turkey on Sugar", *BMC Biology* 12, no. 8 (2014).

11. M. Barbieri et al., "Insulin/IGF-I-signaling Pathway: An Evolutionarily Conserved Mechanism of Longevity from Yeast to Humans", *American Journal of Physiology-Endocrinology and Metabolism* 285 (2003): E1064–E1071.

12. D. A. Fruman et al., "The PI3K Pathway in Human Disease", *Cell* 170, no. 4 (10 de agosto de 2017): 605–35, doi: 10.1016/j.cell.2017.07.029.

13. Pal A. et al., "PTEN Mutations as a Cause of Constitutive Insulin Sensitivity and Obesity", *New England Journal of Medicine* 367 (2012): 1002–11.

14. D. L. Riegert-Johnson et al., "Cancer and Lhermitte-Duclos Disease Are Common in Cowden Syndrome Patients", *Hereditary Cancer in Clinical Practice* 8, no. 6 (2010): https://doi.org/10.1186/1897-4287-8-6.

336 NOTAS

15. D. P. Burkitt, "Some Diseases Characteristic of Modern Western Civilization", *BMJ* 1, no. 5848 (3 de fevereiro de 1973): 274–78, doi: 10.1136/bmj.1.5848.274.

16. Gary Taubes, "Rare Form of Dwarfism Protects Against Cancer", *Discover*, 26 de março de 2013, http://discovermagazine.com/2013/april/19-double-edged-genes.

17. A. Janecka et al., "Clinical and Molecular Features of Laron Syndrome, a Genetic Disorder Protecting from Cancer", *In Vivo* 30, no. 4 (julho–agosto de 2016): 375–81.

18. J. Guevara-Aguirre et al., "Growth Hormone Receptor Deficiency Is Associated with a Major Reduction in Pro-aging Signaling, Cancer, and Diabetes in Humans", *Science Translational Medicine* 3, no. 7 (16 de fevereiro de 2011): 70ra13, doi: 10.1126/scitranslmed.3001845.

19. J. Jones e D. Clemmons, "Insulin-like Growth Factors and Their Binding Proteins: Biological Actions", *Endocrine Reviews* 16 (1995): 3–34; R. C. Baxter, J. M. Bryson e J. R. Turtle, "Somatogenic Receptors of Rat Liver: Regulation by Insulin", *Endocrinology* 107, no. 4 (1980): 1176–81; S. J. Moschos e C. S. Mantzoros, "The Role of the IGF System in Cancer: From Basic to Clinical Studies and Clinical Applications", *Oncology* 63 (2002): 317–32; E. Giovannucci e D. Michaud, "The Role of Obesity and Related Metabolic Disturbances in Cancers of the Colon, Prostate, and Pancreas", *Gastroenterology* 132 (2007): 2208–25.

20. M. J. Gunter et al., "A Prospective Evaluation of Insulin and Insulinlike Growth Factor-I as Risk Factors for Endometrial Cancer", *Cancer Epidemiology, Biomarkers and Prevention* 17, no. 4 (2008): 921–29.

21. M. J. Gunter et al., "Insulin, Insulin-like Growth Factor-I, Endogenous Estradiol, and Risk of Colorectal Cancer in Postmenopausal Women", *Cancer Research* 68, no. 1 (2008): 329–37.

22. A. Canonici et al., "Insulin-like Growth Factor-I Receptor, E-cadherin and Alpha-V Integrin Form a Dynamic Complex Under the Control of Alphacatenin", *International Journal of Cancer* 122 (2008): 572–82.

23. R. Palmqvist et al., "Plasma Insulin-like Growth Factor 1, Insulin-like Growth Factor Binding Protein 3, and Risk of Colorectal Cancer: A Prospective Study in Northern Sweden", *Gut* 50 (2002): 642–46.

24. J. Ma et al., "Prospective Study of Colorectal Cancer Risk in Men and Plasma Levels of Insulin-like Growth Factor (IGF)-1 and IGF-binding Protein-3", *Journal of the National Cancer Institute* 91 (1999): 620–25.

Capítulo 17: Sensores de Nutrientes

1. "Did a Canadian Medical Expedition Lead to the Discovery of an Anti-aging Pill?", *Financial Post*, 12 de fevereiro de 2015, https://business.financialpost.com/news/did-a-canadian-medical-expedition-lead-to-the-discovery-of-an-anti-aging-pill.

2. K. Hara et al., "Amino Acid Sufficiency and mTOR Regulate p70 S6 Kinase and eIF-4E BP1 through a Common Effector Mechanism", *Journal of Biological Chemistry* 273 (1998): 14484–94.

3. B. Magnuson et al., "Regulation and Function of Ribosomal Protein S6 Kinase (S6K) within mTOR Signaling Networks", *The Biochemical Journal* 441, no. 1 (2012): 1–21.

4. "Organ Transplants and Cancer Risk", National Institutes of Health, 21 de novembro de 2011, https://www.nih.gov/news-events/nih-research-matters/organ-transplants-cancer-risk.

5. H. Populo et al., "The mTOR Signalling Pathway in Human Cancer", *International Journal of Molecular Science* 13 (2012): 1886–918, doi: 10.3390/ijms13021886.

6. S. A. Forbes et al., "COSMIC: Mining Complete Cancer Genomes in the Catalogue of Somatic Mutations in Cancer", *Nucleic Acids Research* 39 (2011): D945–D950.

7. A. G. Renehan, C. Booth, and C. S. Potten, "What Is Apoptosis, and Why Is It Important?", *British Medical Journal* 322 (2001): 1536–38.

8. Y. H. Tseng et al., "Differential Roles of Insulin Receptor Substrates in the Anti-apoptotic Function of Insulin-like Growth Factor-1 and Insulin", *Journal of Biological Chemistry* 277 (2002): 31601–11.

9. H. Zong et al., "AMP Kinase Is Required for Mitochondrial Biogenesis in Skeletal Muscle in Response to Chronic Energy Deprivation", *Proceedings of the National Academy of Sciences USA* 99 (2002): 15983–87.

10. H. J. Weir et al., "Dietary Restriction and AMPK Increase Life Span via Mitochondrial Network and Peroxisome Remodeling", *Cell Metabolism* 26 (2017): 1–13.

Capítulo 18: O Retorno de Warburg

1. A. M. Otto, "Warburg Effect(s): A Biographical Sketch of Otto Warburg and His Impacts on Tumor Metabolism", *Cancer and Metabolism* 5, no. 5 (2016), doi: 10.1186/s40170-016-0145-9.

2. O. Warburg et al., "Versuche an überlebendem carcinom-gewebe", *Wiener klinische Wochenschrift* 2 (1923): 776–77.

338 NOTAS

3. O. Warburg, "On the Origin of Cancer", *Science* 123, no. 3191 (1956): 309–14.

4. F. Weinberg et al., "Mitochondrial Metabolism and ROS Generation Are Essential for Kras-mediated Tumorigenicity", *Proceedings of the National Academy of Sciences USA* 107 (2010): 8788–93; A. S. Tan et al., "Mitochondrial Genome Acquisition Restores Respiratory Function and Tumorigenic Potential of Cancer Cells Without Mitochondrial DNA", *Cell Metabolism* 21 (2015): 81–94; V. R. Fantin, J. St-Pierre e P. Leder, "Attenuation of LDH-A Expression Uncovers a Link between Glycolysis, Mitochondrial Physiology, and Tumor Maintenance", *Cancer Cell* 9 (2006): 425.

5. C-H. Chang et al., "Posttranscriptional Control of T Cell Effector Function by Aerobic Glycolysis", *Cell* 153, no. 6 (2013): 1239–51.

6. X. L. Zu e M. Guppy, "Cancer Metabolism: Facts, Fantasy, and Fiction", *Biochemical and Biophysical Research Communications* 313 (2004): 459–65.

7. W. H. Koppenol et al., "Otto Warburg's Contributions to Current Concepts of Cancer Metabolism", *Nature Reviews Cancer* 11, no. 5 (maio de 2011): 325–37, doi: 10.1038/nrc3038.

8. M. G. Vander Heiden, "Understanding the Warburg Effect: The Metabolic Requirements of Cell Proliferation", *Science* 324, no. 5930 (22 de maior de 2009): 1029–33.

9. R. B. Robey e N. Hay, "Is AKT the 'Warburg Kinase'? — AKT: Energy Metabolism Interactions and Oncogenesis", *Seminars in Cancer Biology* 19 (2009): 25–31.

10. R. C. Osthus et al., "Deregulation of Glucose Transporter 1 and Glycolytic Gene Expression by c-Myc", *Journal of Biological Chemistry* 275 (2000): 21797–800.

11. S. Venneti et al., "Glutamine-based PET Imaging Facilitates Enhanced Metabolic Evaluation of Gliomas in Vivo", *Science Translational Medicine* 7, no. 274 (11 de fevereiro de 2015): 274ra17.

12. H. Eagle, "Nutrition Needs of Mammalian Cells in Tissue Culture", *Science* 122 (1955): 501–14.

13. David R. Wise e Craig B. Thompson, "Glutamine Addiction: A New Therapeutic Target in Cancer", *Trends in Biochemical Sciences* 35, no. 8 (agosto de 2010): 427–33, doi: 10.1016/j.tibs.2010.05.003.

14. A. Carracedo, "Cancer Metabolism: Fatty Acid Oxidation in the Limelight", *Nature Reviews Cancer* 13, no. 4 (abril de 2013): 227–32.

NOTAS 339

15. Luana Schito e Gregg L. Semenza, "Hypoxia-inducible Factors: Master Regulators of Cancer Progression", *Trends in Cancer Research* 2, no. 12 (2016): 758–70.

16. G. L. Semenza, "Hypoxia-Inducible Factor 1 and Cancer Pathogenesis", *IUBMB Life* 60, no. 9 (2008): 591–97.

17. G. L. Semenza, "HIF-1 Mediates Metabolic Responses to Intratumoral Hypoxia and Oncogenic Mutations", *Journal of Clinical Investigations* 123 (2013): 3664–71.

18. R. A. Gatenby, "The Potential Role of Transformation-induced Metabolic Changes in Tumor-Host Interaction", *Cancer Research* 55 (1995): 4151–56.

19. V. Estrella et al., "Acidity Generated by the Tumor Microenvironment Drives Local Invasion", *Cancer Research* 73, no. 5 (1 de março de 2013): 1524–35, doi: 10.1158/0008-5472.CAN-12-2796.

20. L. Schwartz et al., "Out of Warburg Effect: An Effective Cancer Treatment Targeting the Tumor Specific Metabolism and Dysregulated pH", *Seminars in Cancer Biology*, http://dx.doi.org/doi:10.1016/j.semcancer.2017.01.005.

21. O. Trabold et al., "Lactate and Oxygen Constitute a Fundamental Regulatory Mechanism in Wound Healing", *Wound Repair and Regeneration* 11 (2003): 504–9.

Capítulo 19: Invasão e Metástase

1. National Institutes of Health, s.v., "metastasis", https://www.cancer.gov/publications/dictionaries/cancer-terms/def/metastasis.

2. C. L. Chaffer e R. A. Weinberg, "A Perspective on Cancer Cell Metastasis", *Science* 33, no. 6024 (2011): 1559–64.

3. T. I. Brandler, "Large Fibrolipoma", *British Medical Journal* 1 (1894): 574.

4. V. Estrella, T. Chen, M. Lloyd, et al., "Acidity Generated by the Tumor Microenvironment Drives Local Invasion", *Cancer Research* 73 (2013): 1524–35.

5. A. F. Chambers, A. C. Groom e I. C. MacDonald, "Dissemination and Growth of Cancer Cells in Metastatic Sites", *Nature Reviews Cancer* 2 (2002): 563–72.

6. C. A. Klein, "Parallel Progression of Primary Tumours and Metastases",*Nature Reviews Cancer* 9 (2009): 302–12, https://doi.org/10.1038/nrc2627.7.

7. H. R. Carlson, "Carcinoma of Unknown Primary: Searching for the Origin of Metastases", *JAAPA* 22, no. 8 (2009): 18–21.

8. S. Meng et al., "Circulating Tumor Cells in Patients with Breast Cancer Dormancy", *Clinical Cancer Research* 10 (2004): 8152–62.

340 NOTAS

9. S. Nagrath et al., "Isolation of Rare Circulating Tumor Cells in Cancer Patients by Microchip Technology", *Nature* 450 (2007): 1235–39.

10. D. Tarin et al., "Mechanisms of Human Tumor Metastasis Studied in Patients with Peritoneovenous Shunts", *Cancer Research* 44 (1984): 3584–92.

11. S. Braun et al., "A Pooled Analysis of Bone Marrow Micro-Metastasis in Breast Cancer", *New England Journal of Medicine* 353 (2005): 793–802.

12. J. Massagué e A. C. Obenauf, "Metastatic Colonization", *Nature* 529, no. 7586 (21 de janeiro de 2016): 298–306, doi: 10.1038/nature17038.

13. D. P. Tabassum e K. Polyak, "Tumorigenesis: It Takes a Village", *Nature Reviews Cancer* 15 (2015): 473–83.

14. D. Hanahan e L. M. Coussens, "Accessories to the Crime: Functions of Cells Recruited to the Tumor Microenvironment", *Cancer Cell* 21 (2012): 309–22.

15. Mi-Young Kim, "Tumor Self-Seeding by Circulating Cancer Cells", *Cell* 139, no. 7 (24 de dezembro de 2009): 1315–26, doi: 10.1016/j.cell.2009.11.025.

16. P. K. Brastianos, "Genomic Characterization of Brain Metastases Reveals Branched Evolution and Potential Therapeutic Targets", *Cancer Discovery* 5, no. 11 (novembro de 2015): 1164–77.

17. L. Ding et al., "Genome Remodelling in a Basal-like Breast Cancer Metastasis and Xenograft", *Nature* 464 (2010): 999–1005.

Capítulo 21: Prevenção e Triagem do Câncer

1. E. S. Ford et al., "Explaining the Decrease in U.S. Deaths from Coronary Disease, 1980–2000", *New England Journal of Medicine* 356, no. 23 (2007): 2388–98.

2. H. K. Weir et al., "Heart Disease and Cancer Deaths: Trends and Projections in the United States, 1969–2020", *Preventing Chronic Disease* 13 (2016): 160211, https://doi.org/10.5888/pcd13.160211.

3. K. G. Hastings et al., "Socioeconomic Differences in the Epidemiologic Transition from Heart Disease to Cancer as the Leading Cause of Death in the United States, 2003 to 2015", *Annals of Internal Medicine* 169, no. 12 (18 de dezembro de 2018): 836–44.

4. Stacy Simon, "Facts & Figures 2019: US Cancer Death Rate Has Dropped 27% in 25 Years", American Cancer Society, 8 de janeiro de 2019, https://www.cancer.org/latest-news/facts-and-figures-2019.html.

5. Anthony Komaroff, "Surgeon General's 1964 Report: Making Smoking History", *Harvard Health Blog*, 10 de janeiro de 2014, https://www.health.harvard.edu/blog/surgeon-generals-1964-report-making-smoking-history-201401106970.

NOTAS 341

6. Centers for Disease Control and Prevention, "Smoking Is Down, but Almost 38 Million American Adults Still Smoke", comunicado para a imprensa, 18 de janeiro de 2018, https://www.cdc.gov/media/releases/2018/p0118-smoking-rates-declining.html.

7. Islami et al., "Proportion and Number of Cancer Cases and Deaths Attributable to Potentially Modifiable Risk Factors in the United States", 31–54.

8. M. Inoue e S. Tsugane, "Epidemiology of Gastric Cancer in Japan", *Postgraduate Medical Journal* 81 (2005): 419–24.

9. T. Tonda et al., "Detecting a Local Cohort Effect for Cancer Mortality Data Using a Varying Coefficient Model", *Journal of Epidemiology* 25, no. 10 (2015): 639–46, doi: 10.2188/jea.JE20140218.

10. Y. Chen et al., "Excess Body Weight and the Risk of Primary Liver Cancer: An Updated Meta-analysis of Prospective Studies", *European Journal of Cancer* 48, no. 14 (2012): 2137–45.

11. H. C. Taylor e H. B. Guyer, "A Seven-Year History of Early Cervical Cancer", *American Journal of Obstetrics and Gynecology* 52 (1946): 451–55.

12. P. J. Shaw, "The History of Cervical Screening — I: The Pap Test", *Journal of Obstetrics and Gynaecology Canada* 22, no. 2 (2000): 110–14.

13. G. N. Papanicolaou e H. F. Traut, "The Diagnostic Value of Vaginal Smears in Carcinoma of the Uterus", *American Journal of Obstetrics and Gynecology* 42, no. 2 (1941): 193–206.

14. "History of Cancer Screening and Early Detection". American Cancer Society. https://www.cancer.org/cancer/cancer-basics/history-of-cancer/cancer-causes-theories-throughout-history11.html.

15. J. P. Lockhart-Mummery e C. Dukes, "The Precancerous Changes in the Rectum and Colon", *Surgery, Gynecology and Obstetrics* 36 (1927): 591–96.

16. V. A. Gilbertsen e J. M. Nelms, "The Prevention of Invasive Cancer of the Rectum", *Cancer* 41 (1978): 1137–39.

17. S. J. Sinawer, "The History of Colorectal Cancer Screening: A Personal Perspective", *Digestive Diseases and Sciences*, doi: 10.1007/s10620-014-3466-y.

18. S. J. Winawer et al., "Prevention of Colorectal Cancer by Colonoscopic Polypectomy: The National Polyp Study Workgroup", *New England Journal of Medicine* 329 (1993): 1977–81.

19. A. G. Zauber et al., "Colonoscopic Polypectomy and Long-Term Prevention of Colorectal-Cancer Deaths", *New England Journal of Medicine* 366 (2012): 687–96.

20. J. S. Mandel et al., "Reducing Mortality from Colorectal Cancer by Screening for Fecal Occult Blood: Minnesota Colon Cancer Control Study", *New England Journal of Medicine* 328 (1993): 1365–71.

21. Centers for Disease Control and Prevention, "Vital Signs: Colorectal Cancer Screening Test Use — United States, 2012", *Morbidity and Mortality Weekly Report* 62 (2012): 881–88.

22. P. C. Gøtzsche e K. J. Jørgensen. "Screening for Breast Cancer with Mammography", *Cochrane Database Systemic Reviews* 6 (2013): CD001877.

23. N. Biller-Andorno e P. Juni, "Abolishing Mammography Screening Programs? A View from the Swiss Medical Board", *New England Journal of Medicine* 370, no. 21 (22 de maio de 2014): 1965–67, doi: 10.1056/NEJMp1401875.

24. A. Bleyer e H. G. Welch, "Effect of Three Decades of Screening Mammography on Breast-Cancer Incidence", *New England Journal of Medicine* 367 (2012): 1998–2005.

25. Magnus Løberg et al., "Benefits and Harms of Mammography Screening", *Breast Cancer Research* 17 (2015): 63, doi: 10.1186/s13058-015-0525-z.

26. H. J. Burstein et al., "Ductal Carcinoma In Situ of the Breast", *New England Journal of Medicine* 350, no. 14 (2004): 1430–41, PMID: 15070793.

27. H. D. Nelson et al., "Screening for Breast Cancer: A Systematic Review to Update the 2009 U.S. Preventive Services Task Force Recommendation", Evidence Synthesis No. 124, AHRQ Publication No. 14-05201-EF-1, Agency for Healthcare Research and Quality, Rockville, MD, 2016.

28. Nelson et al., "Screening for Breast Cancer", 16.

29. G. De Angelis et al., "Twenty Years of PSA: From Prostate Antigen to Tumor Marker", *Reviews in Urology* 9, no. 3 (verão de 2007): 113–23.

30. W. J. Catalona et al., "Selection of Optimal Prostate Specific Antigen Cutoffs for Early Detection of Prostate Cancer: Receiver Operating Characteristic Curves", *Journal of Urology* 152, no. 6, part 1 (1994): 2037–42; M. Thompson et al., "Prevalence of Prostate Cancer among Men with a Prostate-Specific Antigen Level < or = 4.0 ng per Milliliter", *New England Journal of Medicine* 350 (2004): 2239–46.

31. G. L. Andriole et al. (PLCO Project Team), "Mortality Results from a Randomized Prostate-Cancer Screening Trial", *New England Journal of Medicine* 360, no. 13 (2009): 1310–19.

32. F. H. Schröder et al. (ERSPC Investigators), "Screening and Prostate Cancer Mortality in a Randomized European Study", *New England Journal of Medicine* 360, no. 13 (2009): 1320–28.

33. R. M. Martin et al. (CAP Trial Group), "Effect of a Low-Intensity PSAbased Screening Intervention on Prostate Cancer Mortality: The CAP Randomized Clinical Trial", *JAMA* 319, no. 9 (2018): 883–95.

34. S. Loeb et al., "Complications after Prostate Biopsy: Data from SEERMedicare", *Journal of Urology* 186 (2011): 1830–34.

35. F. Fang et al., "Immediate Risk of Suicide and Cardiovascular Death After a Prostate Cancer Diagnosis: Cohort Study in the United States", *Journal of the National Cancer Institute* 102 (2010): 307–14.

36. J. J. Fenton et al., "Prostate-Specific Antigen–Based Screening for Prostate Cancer Evidence Report and Systematic Review for the US Preventive Services Task Force", *JAMA* 319, no. 18 (2018): 1914–31.

37. "Final Recommendation Statement. Prostate Cancer: Screening". US Preventative Services Task Force. https://www.uspreventiveservicestaskforce.org/uspstf/recommendation/prostate-cancer-screening.

38. H. S. Ahn, "Korea's Thyroid Cancer 'Epidemic': Screening and Overdiagnosis", *New England Journal of Medicine* 371 (2014): 1765–67.

39. H. R. Harach, K. O. Franssila e V. M. Wasenius, "Occult Papillary Carcinoma of the Thyroid: A 'Normal' Finding in Finland — A Systematic Autopsy Study", *Cancer* 56 (1985): 531–38.

Capítulo 22: Determinantes Dietéticos do Câncer

1. P. T. Scardino, "Early Detection of Prostate Cancer", *Urologic Clinics of North America* 16, no. 4 (novembro de 1989): 635–55.

2. E. T. Thomas et al., "Prevalence of Incidental Breast Cancer and Precursor Lesions in Autopsy Studies: A Systematic Review and Meta-analysis", *BMC Cancer* 17 (2017): 808.

3. J. M. P. Holly, "Cancer as an Endocrine Problem", *Clinical Endocrinology and Metabolism* 22, no. 4 (2008): 539–50.

4. R. Doll e R. Peto, "The Causes of Cancer: Quantitative Estimates of Avoidable Risks of Cancer in the United States Today", *Journal of the National Cancer Institute* 66, no. 6 (1981): 1191–1308.

5. Islami et al., "Proportion and Number of Cancer Cases and Deaths Attributable to Potentially Modifiable Risk Factors in the United States", 31–54; D. M. Parkin, L. Boyd e L. C. Walker, "The Fraction of Cancer Attributable to Lifestyle and Environmental Factors in the UK in 2010", *British Journal of Cancer* 105, Suppl. 2 (2011): 77s–81s; M. C. Playdon et al., "Weight Gain After Breast Cancer Diagnosis and All-Cause Mortality:

344 NOTAS

Systematic Review and Meta-Analysis", *Journal of the National Cancer Institute* 107, no. 12 (30 de setembro de 2015): djv275, doi: 10.1093/jnci/djv275.

6. M. Arnold et al., "Global Burden of Cancer Attributable to High Body Mass Index in 2012: A Population-Based Study", *Lancet Oncology* 16, no. 1 (2015): 36–46.

7. D. F. Williamson et al., "Prospective Study of Intentional Weight Loss and Mortality in Never-Smoking Overweight US White Women Aged 40–64 Years", *American Journal of Epidemiology* 141 (1995): 1128–41.

8. N. V. Christou et al., " Bariatric Surgery Reduces Cancer Risk in Morbidly Obese Patients", *Surgery for Obesity and Related Disease* 4 (2008): 691–95.

9. L. Sjostrom et al., "Effects of Bariatric Surgery on Cancer Incidence in Obese Patients in Sweden: Swedish Obese Subjects Study", *Lancet Oncology* 10 (2009): 653–62.

10. T. D. Adams et al., "Cancer Incidence and Mortality after Gastric Bypass Surgery", *Obesity* 17 (2009): 796–802.

11. H. Mackenzie et al., "Obesity Surgery and Risk of Cancer", *British Journal of Surgery* 105, no. 12 (novembro de 2018): 1650–57; M. Derogar et al., "Increased Risk of Colorectal Cancer After Obesity Surgery", *Annals of Surgery* 258 (2013): 983–88.

12. P. Kant e M. A. Hull, "Excess Body Weight and Obesity — The Link with Gastrointestinal and Hepatobiliary Cancer", *Nature Reviews Gastroenterology and Hepatology* 8 (2011): 224–38.

13. C. Moreschi, "Beziehungen zwischen Ernährung und Tumorwachstum", *Z Immunitätsforsch, Orig.* 2 (1909): 651–75.

14. V. D. Longo e L. Fontana, "Calorie Restriction and Cancer Prevention: Metabolic and Molecular Mechanisms", *Trends in Pharmacological Sciences* 31, no. 2 (fevereiro de 2010): 89–98.

15. M. Prisco et al., "Insulin and IGF-1 Receptors Signaling in Protection from Apoptosis", *Hormone and Metabolic Research* 31 (1999): 80–89.

16. M. Kunkel et al., "Overexpression of GLUT-1 and Increased Glucose Metabolism in Tumors Are Associated with a Poor Prognosis in Patients with Oral Squamous Cell Carcinoma", *Cancer* 97 (2003): 1015–24; R. L. Derr et al., "Association between Hyperglycemia and Survival in Patients with Newly Diagnosed Glioblastoma", *Journal of Clinical Oncology* 27 (2009): 1082–86.

17. C. Yuan et al., "Influence of Dietary Insulin Scores on Survival in Colorectal Cancer Patients", *British Journal of Cancer* 117, no. 7 (2017): 1079–87.

18. Vicente Morales-Oyarvide, "Dietary Insulin Load and Cancer Recurrence and Survival in Patients with Stage III Colon Cancer: Finding from CALGB 89803", *Journal of the National Cancer Institute* 111, no. 2 (2019): 1–10.

19. H. A. Krebs, "The Regulation of the Release of Ketone Bodies by the Liver", *Advances in Enzyme Regulation* 4 (1966): 339–54.

20. W. D. DeWys, "Weight Loss and Nutritional Abnormalities in Cancer Patients: Incidence, Severity and Significance", in K. C. Calman e K. C. H. Fearon, *Clinics in Oncology* (Londres: Saunders, 1986), 5:251–61.

21. M. J. Tisdale, "Biology of Cachexia", *Journal of the National Cancer Institute* 89 (1997): 1763–73.

22. C. R. Marinac et al., "Prolonged Nightly Fasting and Breast Cancer Risk: Findings from NHANES (2009–2010)", *Cancer Epidemiology, Biomarkers, and Prevention* 24, no. 5 (maio de 2015): 783–89.

23. C. R. Marinac et al., "Frequency and Circadian Timing of Eating May Influence Biomarkers of Inflammation and Insulin Resistance Associated with Breast Cancer Risk", *PLoS One* 10, no. 8 (2015): e0136240, doi: 10.1371/journal.pone.0136240; Marinac et al., "Prolonged Nightly Fasting and Breast Cancer Risk", 783–89.

24. S. J. Moschos, "The Role of the IGF System in Cancer: From Basic to Clinical Studies and Clinical Applications", *Oncology* 63 (2002): 317–32.

25. Catherine R. Marinac et al., "Prolonged Nightly Fasting and Breast Cancer Prognosis", *JAMA Oncology* 2, no. 8 (1 de agosto de 2016): 1049–55, doi: 10.1001/jamaoncol.2016.0164.

26. F. M. Safdie et al., "Fasting and Cancer Treatment in Humans: A Case Series Report", *Aging* 1, no. 12 (31 de dezembro de 2009): 988–1007; T. B. Dorff et al., "Safety and Feasibility of Fasting in Combination with Platinumbased Chemotherapy", *BMC Cancer* 16, 360 (2016).

27. S. de Groot et al., "The Effects of Short-Term Fasting on Tolerance to (Neo) Adjuvant Chemotherapy in HER2-Negative Breast Cancer Patients: A Randomized Pilot Study", *BMC Cancer* 15, 652 (2015).

28. C. Lee et al., "Fasting Cycles Retard Growth of Tumors and Sensitize a Range of Cancer Cell Types to Chemotherapy", *Science Translational Medicine* 4, no. 124 (7 de março de 2012): 124ra27.

29. J. M. Evans et al., "Metformin and Reduced Risk of Cancer in Diabetic Patients", *BMJ* 330 (2005): 1304–5; S. L. Bowker et al., "Increased Cancer-Related Mortality for Patients with Type 2 Diabetes Who Use Sulfonylureas or Insulin", *Diabetes Care* 29 (2006): 254–58; G. Libby et al., "New Users of Metformin Are at Low Risk of Incident Cancer: A Cohort Study

346 NOTAS

among People with Type 2 Diabetes", *Diabetes Care* 32 (2009): 1620– 25; D. Li et al., "Antidiabetic Therapies Affect Risk of Pancreatic Cancer", *Gastroenterology* 137 (2009): 482–88; G. W. Landman et al., "Metformin Associated with Lower Cancer Mortality in Type 2 Diabetes: ZODIAC-16", *Diabetes Care* 33 (2010): 322–26.

30. M. Bodmer et al., "Long-Term Metformin Use Is Associated with Decreased Risk of Breast Cancer", *Diabetes Care* 33 (2010): 1304–8.

31. P. J. Goodwin et al., "Insulin-Lowering Effects of Metformin in Women with Early Breast Cancer", *Clinical Breast Cancer* 8 (2008): 501–5.

32. S. Yoshizawa et al., "Antitumor Promoting Activity of epigallocatechin Gallate, the Main Constituent of 'Tannin' in Green Tea", *Phytotherapy Research* 1 (1987): 44–47.

33. I. J. Chen et al., "Therapeutic Effect of High-Dose Green Tea Extract on Weight Reduction: A Randomized, Double-Blind, Placebo-Controlled Clinical Trial", *Clinical Nutrition* 35, no. 3 (junho de 2016): 592–99, doi: 10.1016/j.clnu.2015.05.003; A. G. Dulloo et al., "Efficacy of a Green Tea Extract Rich in Catechin Polyphenols and Caffeine in Increasing 24-h Energy Expenditure and Fat Oxidation in Humans", *American Journal of Clinical Nutrition* 70, no. 6 (dezembro de 1999): 1040–45; S. Rudelle et al., "Effect of a Thermogenic Beverage on 24-Hour Energy Metabolism in Humans", *Obesity* 15 (2007): 349–55.

34. T. Nagao et al., "A Catechin-Rich Beverage Improves Obesity and Blood Glucose Control in Patients with Type 2 Diabetes", *Obesity* 17, no. 2 (fevereiro de 2009): 310–17, doi: 10.1038/oby.2008.505.

35. P. Bogdanski et al., "Green Tea Extract Reduces Blood Pressure, Inflammatory Biomarkers, and Oxidative Stress and Improves Parameters Associated with Insulin Resistance in Obese, Hypertensive Patients", *Nutrition Research* 32, no. 6 (junho de 2012): 421–27, doi: 10.1016/j. nutres.2012.05.007.

36. H. Iso et al., "The Relationship between Green Tea and Total Caffeine Intake and Risk for Self-Reported Type 2 Diabetes among Japanese Adults", *Annals of Internal Medicine* 144, no. 8 (18 de abril de 2006): 554–62.

37. K. Nakachi et al., "Preventive Effects of Drinking Green Tea on Cancer and Cardiovascular Disease: Epidemiological Evidence for Multiple Targeting Prevention", *Biofactors* 13, nos. 1–4 (2000): 49–54.

38. H. Fujiki et al., "Cancer Prevention with Green Tea and Its Principal Constituent, EGCG: From Early Investigations to Current Focus on Human Cancer Stem Cells", *Molecules and Cells* 41, no. 2 (2018): 73–82.

NOTAS 347

39. M. Shimizu et al., "Green Tea Extracts for the Prevention of Metachronous Colorectal Adenomas: A Pilot Study", *Cancer Epidemiology, Biomarkers, and Prevention* 17 (2008): 3020–25.

40. S. Bettuzzi et al., "Chemoprevention of Human Prostate Cancer by Oral Administration of Green Tea Catechins in Volunteers with High-Grade Prostate Intraepithelial Neoplasia: A Preliminary Report from a One-Year Proof-of-Principle Study", *Cancer Research* 66 (2006): 1234–40.

Capítulo 23: Imunoterapia

1. S. A. Hoption Cann, J. P. van Netten e C. van Netten, "Acute Infections as a Means of Cancer Prevention: Opposing Effects to Chronic Infections?", *Cancer Detection and Prevention* 30 (2006): 83–93.

2. S. J. Oiseth et al., "Cancer Immunotherapy: A Brief Review of the History, Possibilities, and Challenges Ahead", *Journal of Cancer Metastasis and Treatment* 3 (2017): 250–61.

3. P. Kucerova e M. Cervinkova, "Spontaneous Regression of Tumour and the Role of Microbial Infection: Possibilities for Cancer Treatment", *AntiCancer Drugs* 27 (2016): 269–77.

4. Hoption Cann, van Netten e van Netten, "Acute Infections as a Means of Cancer Prevention", 83–93.

5. Jerome Groopman, "The T-Cell Army", *New Yorker*, 16 de abril de 2012, https://www.newyorker.com/magazine/2012/04/23/the-t-cell-army.

6. W. B. Coley, "The Treatment of Malignant Tumors by Repeated Inoculations of Erysipelas: With a Report of Ten Original Cases", *American Journal of the Medical Sciences* 105, no. 5 (maio de 1893): 3–11.

7. P. Ehrlich, "Über den jetzigen Stand der Karzinomforschung", *Ned Tijdschr Geneeskd* 5 (1909): 273–90.

8. F. M. Burnet, "The Concept of Immunological Surveillance", *Progress in Experimental Tumor Research* 13 (1970): 1–27.

9. D. Ribatti, "The Concept of Immune Surveillance Against Tumors: The First Theories", *Oncotarget* 8, no. 4 (2017): 7175–80.

10. L. A. Loeb, "Human Cancers Express Mutator Phenotypes: Origin, Consequences and Targeting", *Nature Reviews Cancer* 11 (2011): 450–57.

11. N. S. Bajaj et al., "Donor Transmission of Malignant Melanoma in a Lung Transplant Recipient 32 Years after Curative Resection", *Transplant Immunology* 23, no. 7 (2010): e26–e31, doi: 10.1111/j.1432-2277.2010.01090.x.

12. R. Pearl, "Cancer and Tuberculosis", *American Journal of Hygiene* 9 (1929): 97–159.

348 NOTAS

13. A. Morales, D. Eidinger e A. W. Bruce, "Intercavitary Bacillus CalmetteGuerin in the Treatment of Superficial Bladder Tumors", *Journal of Urology* 116, no. 2 (agosto de 1976): 180–83.

14. A. Morales, "Treatment of Carcinoma In Situ of the Bladder with BCG: A Phase II Trial", *Cancer Immunology, Immunotherapy* 9, nos. 1–2 (1980): 69–72.

15. G. Redelman-Sidi, M. S. Glickman e B. H. Bochner, "The Mechanism of Action of BCG Therapy for Bladder Cancer: A Current Perspective", *Nature Reviews Urology* 11, no. 3 (março de 2014): 153–62.

16. Heidi Ledford, "The Killer Within", *Nature* 508 (2014): 24–26.

17. Charles, Graeber, "Meet the Carousing, Harmonica-Playing Texan Who Won a Nobel for his Cancer Breakthrough", *Wired*, 22 de outubro de 2018, https://www.wired.com/story/meet-jim-allison-the-texan-who-just-won-a-nobel-cancer-breakthrough/.

18. D. R. Leach, M. F. Krummel e J. P. Allison, "Enhancement of Antitumor Immunity by CTLA-4 Blockade", *Science* 271 (1996): 1734–36.

19. D. Schadendorf et al., "Pooled Analysis of Long-Term Survival Data from Phase II and Phase III Trials of Ipilimumab in Unresectable or Metastatic Melanoma", *Journal of Clinical Oncology* 33 (2015): 1889–94.

20. Nobel Assembly at Karolinska Institutet, comunicado de imprensa, outubro de 2018, https://www.nobelprize.org/uploads/2018/10/press-medicine2018.pdf.

21. J. D. Wolchok et al., "Overall Survival with Combined Nivolumab and Ipilimumab in Advanced Melanoma", *New England Journal of Medicine* 377 (2017): 1345–56, doi: 10.1056/NEJMoa1709684.

22. "FDA D.I.S.C.O.: First FDA Approval of a CAR T-cell Immunotherapy", Food and Drug Administration, 23 de fevereiro de 2018, https://www.fda.gov/drugs/resources-information-approved-drugs/fda-disco-first-fda-approval-car-t-cell-immunotherapy.

23. M. A. Postow et al., "Immunologic Correlates of the Abscopal Effect in a Patient with Melanoma", *New England Journal of Medicine* 366 (2012): 925–31.

24. R. H. Mole, "Whole Body Irradiation: Radiobiology or Medicine?", *British Journal of Radiology* 26, no. 305 (maio de 1953): 234–41.

25. G. Ehlers et al., "Abscopal Effect of Radiation in Papillary Adenocarcinoma", *British Journal of Radiology* 46 (1973): 222–24.

26. N. Dagoglu et al., "Abscopal Effect of Radiotherapy in the Immunotherapy Era: Systematic Review of Reported Cases", *Cureus* 11, no. 2 (fevereiro de 2019): e4103.

NOTAS 349

27. E. B. Golden et al., "Local Radiotherapy and Granulocyte-Macrophage Colony-Stimulating Factor to Generate Abscopal Responses in Patients with Metastatic Solid Tumours: A Proof-of-Principle Trial", *Lancet Oncology* 16 (2015): 795–803.

28. M. T. Yilmaz et al., "Abscopal Effect, from Myth to Reality: From Radiation Oncologists' Perspective", *Cureus* 11, no. 1 (janeiro de 2019): e3860, doi: 10.7759/cureus.3860.

29. C. Vanpouille-Box et al., "DNA Exonuclease Trex1 Regulates Radiotherapyinduced Tumour Immunogenicity", *Nature Communications* 8 (9 de junho de 2017): 915618, doi: 10.1038/ncomms15618.

30. W. S. M. E. Theelen et al., "Effect of Pembrolizumab After Stereotactic Body Radiotherapy vs Pembrolizumab Alone on Tumor Response in Patients with Advanced Non-Small Cell Lung Cancer: Results of the PEMBRO-RT Phase 2 Randomized Clinical Trial", *JAMA Oncology* 5, no. 9 (11 de julho de 2019): 1276–82: doi: 10.1001/jamaoncol.2019.1478.

31. R. A. Gatenby, "Population Ecology Issues in Tumor Growth", *Cancer Research* 51, no. 10 (15 de maio de 1991): 2542–47.

32. Roxanne Khamsi, "A Clever New Strategy for Treating Cancer, Thanks to Darwin", *Wired*, 25 de março de 2019, https://www.wired.com/story/cancer-treatment-darwin-evolution/.

33. J. Zhang et al., "Integrating Evolutionary Dynamics into Treatment of Metastatic Castrate-Resistant Prostate Cancer", *Nature Communications* 8, no. 1 (28 de novembro de 2017): 1816, doi: 10.1038/s41467-017-01968-5.

34. T. Fojo et al., "Unintended Consequences of Expensive Cancer Therapeutics: The Pursuit of Marginal Indications and a Me-Too Mentality that Stifles Innovation and Creativity", *JAMA Otolaryngology—Head and Neck Surgery* 140, no. 12 (2014): 1225–36.

ÍNDICE

A

aborígenes, 86

ácido fólico, 188–189

ácido lático, 232–233

ácidos ribonucleicos (RNA), 131–132. *Consulte também* origem da vida

adenosina trifosfato (ATP), 225

Alexander Fleming, 6, 141, 233–234

amianto, 44–47

anaplasia, 140

anemia aplásica. *Consulte* radiação

angiogênese

definição, 34

anticorpo monoclonal, 301

apoptose, 219–220, 296

definição, 31

mecanismos de supressão do câncer, 174

mitocôndria, 132–133

atavismo, 145, 162–166, 251

Atlas do Genoma do Câncer (TCGA), 10, 100, 124

Atlas do Genoma Humano (TCGA), 92–94

ATP, 36

autossemeadura tumoral, 242–244

B

Barack Obama, 11

benigno vs maligno, 17

betacaroteno, 187–188

bevacizumabe

câncer de mama metastático, 114

BRCA1. *Consulte* gene BRCA1

C

cadeia de eventos da SMT, 73

campanhas antifumo, 261

câncer cervical, 265–266. *Consulte também* papilomavírus humano (HPV)

câncer colorretal, 266–268, 283

regorafenib, 118

câncer da nasofaringe. *Consulte* vírus de Epstein-Barr (EBV)

352 ÍNDICE

câncer de bexiga, 299

câncer de cólon, 284

câncer de estômago. *Consulte* H.
pylori

câncer de fígado, 263. *Consulte
também* hepatite viral

câncer de mama, 268–275. *Consulte
também* HER2/neu

câncer de próstata, 274–276

câncer de pulmão, 263
  crizotinibe, 109

câncer de tireoide, 277–278

câncer escrotal
  história, 42–44

cancerígenos, 41–52
  amianto, 44–47
  benzopireno, 44
  drogas de quimioterapia, 174
  fuligem, 42–43
  irritantes crônicos subletais, 173
  radiação, 47–51
  rapé, 42
  tabaco, 41–42

câncer viral, 55–57

caquexia, 194, 285–286
  definição, 143

características do câncer, 29–38
  angiogênese, 34
  apoptose, 31–32
  crescimento, 29–30
  efeito Warburg, 37
  limite de Hayflick, 32–34
  metástase, 35
  sistema imunológico, 38–39

características emergentes, 36

carcinogênese, 6, 172, 253
  características, 29
  cirurgia, 19
  cronicidade, 172
  dano celular, 172
  dano crônico subletal, 172
  história, 16
  mortalidade, 10
  paradigma, 25
  pesquisas, 8
  remédios, 11
  teste de papanicolau, 7
  tratamentos, 12

carcinoma ductal in situ (DCIS), 273

Carol Greider, 33

CAR-T. *Consulte* receptor quimérico
  de antígeno (CAR-T)

causa-raiz, 101–105

causas imediatas, 101–105

células
  apoptose, 219
  autonomia, 141
  competição, 143
  crescimento, 135–136
  crescimento exponencial, 142
  desdiferenciadas, 169
  diversidade genética, 144
  especialização, 139, 140
  geração da energia, 138–139
  imortalidade, 136
  movimento, 136–138
  natural killers (NK), 170
  primitivas, 169
  renovação, 31

ÍNDICE 353

células de tumor circulantes (CTCs), 240–241, 243, 252

células HeLa, 34

células T, 299–302

Charles Darwin, 27

ciclofosfamida, 24

cirurgia
    como tratamento, 19–21
    complicações, 20
    de bypass gástrico, 283

citocinas inflamatórias, 286

clorambucila, 24

competição por recursos, 143

COSMIC (Catalogue of Somatic Mutations in Cancer), 168

crescimento, 205–207

crescimento exponencial das células, 142

cromossomo Filadélfia, 76–78, 95
    semente, 122

cronicidade, 172

CTCs. *Consulte* células de tumor circulantes (CTCs)

custo do tratamento, 116–118

D

dano celular, 171
    radiação, 174
    subletal crônico, 249, 296

dasatinibe
    custo, 116

desdiferenciação, 166

desfechos substitutos, 112–115

diabetes mellitus, 200

diabetes tipo 2, 5, 200–202, 282

insulina, 6

dietas cetogênicas, 284

diminuição da taxa basal metabólica (BMR), 286–287

diversidade genética, 245

doenças autoimunes, 300

droga quimioterápica
    definição, 25

drogas de terapia-alvo, 109. *Consulte também* tratamento de precisão

E

efeito abscopal, 304–305

efeito de Warburg, 227, 230–234

efeito gargalo, 245

Elizabeth Blackburn, 33

Emil Frei, 25

Emil Freirich, 25

Emil Grubbe, 21

encurtamento do telômero, 174

epigenética, 123–124

equações Lotka-Volterra, 306

esôfago de Barrett, 173

especiação, 170–171

estudos clínicos, 110, 112

estudos de revisão por pares, 125

etiologia, 101

everolimo
    câncer de mama metastático, 114

evolução em cadeia ramificada, 152–154, 156, 250

evolução tumoral, 152–166, 306

extravasão
    definição, 237

354 ÍNDICE

F

fatores mutagênicos, 87

fator indutor de hipóxia (HIF1), 231

fator induzível por hipóxia 1 (HIF1), 251

fibra, 183–184

fosfoinositídeo 3-quinase (PI3K), 207–210

fosforilação oxidativa (OxPhos), 225
  definição, 36, 138
  mitocôndria, 132–133

fotossíntese, 138

Frank Burnet, 295

Friedrich Fehleisen, 293

fumo passivo, 125

G

Galeno, 16

Garotas do Radium, 48–49

gêmeos, 84

gene BRCA1, 159, 169

genes supressores de tumores, 30, 135, 168, 248
  definição, 70
  metilação do DNA, 123
  p53, 169, 230

genética
  definição, 69

glicólise, 138
  aeróbica, 37, 228
  definição, 36

glutamina, 231

gordura, 184–186

Gregor Mendel, 69

H

Henri Becquerel, 21

hepatite viral, 58–60

HER2/neu, 78–80

heterogeneidade intratumoral (ITH), 151–152, 244, 250

hiperinsulinemia, 201, 210, 282

Hipócrates, 16

hipótese de Knudson, 94

hipóxia, 231–232, 237

Hiroshima, 50–51

história da vida na Terra, 131–148

história do câncer, 15–26

HPV. *Consulte também* papilomavírus humano (HPV)

H. pylori, 62–65, 263

I

imatinibe, 76–78, 157. *Consulte também* leucemia mieloide crônica (CML)
  custo, 116

Imhotep, 293

imigrantes
  câncer em,, 89–90

imortalidade, 172

imunoterapia, 293
  efeitos colaterais, 303
  e radiação, 304
  moderna, 299
  surgimento, 298

inibidor da quinase do linfoma anaplásico (ALK), 109

insulina, 201, 202–204, 207–212

interleucina-2 (IL-2), 299

ÍNDICE 355

intravasão, 236
ipilimumab, 301
isolamento geográfico, 211
isoniazida, 298

J

James Allison, 299
James Watson, 11
jejum, 286–287
Johannes Müller, 19
John Bailar III, 7

K

karkinos, 16

L

Leonard Hayflick, 32
lesão crônica subletal
 esôfago de Barrett, 173
leucemia mieloide aguda (AML), 140
leucemia mieloide crônica
 (CML), 76, 95, 109. *Consulte*
 também cromossomo Filadélfia
 cromossomo Filadélfia, 122
limite de Hayflick
 definição, 33
 mecanismos de supressão do
 câncer, 174
linfoma
 África do Sul, 54
 cinturão do, 54
 e malária, 56
linfoma de Burkitt, 55–57. *Consulte*
 também EBV e malária
linfoma MALT. *Consulte* H. pylori

linhagem celular, 136
lipoma, 235

M

maligno vs benigno, 17
mamografia, 271, 273
Marie Curie, 21, 47
mecanismos anticâncer, 147, 273
mecanismos de supressão do câncer,
 174
 apoptose, 174
 encurtamento do telômero, 174
 limite de Hayflick, 174
 modificações epigenéticas, 174
 reparo do DNA, 174
 supervisão do DNA, 174
medicamentos, 111–112
mesotelioma
 amianto, 105
mesotelioma pleural. *Consulte* amianto
metaplasia, 173
metástase, 12, 143, 235–245, 252–253
 definição, 236
 e imunoterapia, 303
metformina, 203, 287
metilação do DNA, 123
 Atlas do Genoma do Câncer
 (TCGA), 124
micrometástase, 253
 definição, 238
mieloma múltiplo
 talidomida, 117
Min Chiu Li, 24
mitocôndria, 132–133, 221–222
mitofagia, 221

356 ÍNDICE

modelo evolutivo, 272, 278

modificações epigenéticas, 174

mTor, 213–218

mutação genética, 104, 144

mutações genéticas, 87–92, 99–101, 107–108, 151, 155, 158, 160, 168

   diferenças, 97

   semente, 121

N

nanismo, 211–212

necrose, 31

nutrição, 126, 182–198

O

obesidade, 4, 193–198, 282. *Consulte também* hiperinsulinemia

oncogenes, 135, 169, 248

   definição, 70

   myc, 230

   PI3K, 207

oncos, 16

oncotaxia inflamatória, 174

organismos multicelulares, 134–140

Organização Mundial da Saúde (OMS), 46

origem da vida, 131–132

Otto Warburg, 37

OxPhos. *Consulte* fosforilação oxidativa (OxPhos)

P

palbociclib

   câncer de mama, 114

papanicolau, exame, 265

papilomavírus humano (HPV), 60–61, 122, 265

paradigma do câncer 1.0, 254–255, 291–292

paradigma do câncer 2.0, 71, 254–255

paradigma do câncer 3.0, 245

penicilina, 6, 141, 233–234

PET scan, 227

PI3K. *Consulte* fosfoinositídeo 3-quinase (PI3K)

Pierre Curie, 21

plágio de medicamentos, 111

pólipo adenomatoso, 266–267

postulados básicos da SMT, 74

preço do tratamento, 116–118

pressão seletiva, 158–159, 253

prevenção, 261

problema lumper-splitter, 27–28

Projeto Genoma Humano, 9, 92–94

proteína antígeno prostático específico (PSA), 274–277

proteína quinase ativada por AMP (AMPK), 216

proto-oncogenes, 30

PSA. *Consulte também* proteína antígeno prostático específico (PSA)

Q

quimioterapia, 23–26, 189, 216

   ácido fólico, 24

   gás mostarda, 23–24

   medicamentos, 25

quimiprevenção, 287–288

R

radiação, 47–51
  bomba atômica, 50
  como tratamento, 21–22
  dano celular crônico subletal, 174
rapamicina, 213–216
receptor quimérico de antígeno (CAR-T), 302
regorafenib
  câncer colorretal metastático, 118
  custo, 118
reparo do DNA, 174
resistência à droga, 156
retinoblastoma, 31
revisão por pares, 127
revlimid
  custo, 117
Richard Nixon, 7
Robert Carswell, 19
Robert Gatenby, 306

S

sarcoma, 49. *Consulte também* radiação; *Consulte também* vírus do sarcoma de Rous (RSV)
seleção artificial, 150
seleção natural, 150, 250
semente
  câncer como,, 121
senescência, 33
sensor de nutriente insulina/IGF-1, 283
sensores de nutrientes, 207–211, 251, 286–287
  AMPK, 216

mTor, 213–218
Serratia marcescens, 294
Sidney Farber, 24
sigmoidoscópio, 266
síndrome de Cowden, 210
Sir Percivall Pott, 42–44
sistema imunológico, 300
  memória, 302
sistema mTOR, 209
sobrevida global, 112
sobrevida livre de progressão (PFS)
  definição, 112
sociedades indígenas, 86
solo
  onde o câncer cresce, 122–130
Streptococcus pyogenes, 294
supervisão do DNA, 174

T

tabaco, 41–42
tabagismo, 262
talidomida
  mieloma múltiplo, 117
  Revlimid, 117
taxa de resposta (RR)
  definição, 112
telomerase, 33
telômero, 136
teoria da fleuma, 18–19
teoria da mutação genética, 151
teoria da mutação somática, 69–81, 91–97, 104–108, 127, 158, 229, 238
teoria do blastema, 19
teoria humoral, 18–19

358 ÍNDICE

terapia adaptativa, 307

terapia-alvo, 155

teste de sangue oculto nas fezes (FOBT), 267

toxinas de Coley, 294

trastuzumabe, 79, 157

tratamento de precisão, 110

tratamento do câncer, 155

triagem, 264

tumor
definição, 16

V

vacina BCG, 298–299

vacinação, 61, 263

variação genética, 143–144

vigilância imune, 295

Vincent DeVita Jr., 9

vírus
e câncer, 55–57

vírus de Epstein-Barr, 88

vírus de Epstein-Barr (EBV), 55–57
e câncer da nasofaringe (NPC), 56
e malária, 56

vírus do sarcoma de Rous (RSV), 55, 70

vitaminas, 187–192
ácido fólico, 188–189
betacaroteno, 187–188
vitamina C, 190–191
vitamina D, 190–191
vitamina E, 191

W

Wilhelm Busch, 293

Wilhelm Röntgen, 21

William Coley, 294

William Halsted, 20–21

Women's Health Initiative, 186

Projetos corporativos e edições personalizadas
dentro da sua estratégia de negócio. Já pensou nisso?

Coordenação de Eventos
Viviane Paiva
viviane@altabooks.com.br

Assistente Comercial
Fillipe Amorim
vendas.corporativas@altabooks.com.br

A Alta Books tem criado experiências incríveis no meio corporativo. Com a crescente implementação da educação corporativa nas empresas, o livro entra como uma importante fonte de conhecimento. Com atendimento personalizado, conseguimos identificar as principais necessidades, e criar uma seleção de livros que podem ser utilizados de diversas maneiras, como por exemplo, para fortalecer relacionamento com suas equipes/ seus clientes. Você já utilizou o livro para alguma ação estratégica na sua empresa?

Entre em contato com nosso time para entender melhor as possibilidades de personalização e incentivo ao desenvolvimento pessoal e profissional.

PUBLIQUE SEU LIVRO

Publique seu livro com a Alta Books.
Para mais informações envie um e-mail
para: autoria@altabooks.com.br

 /altabooks /alta-books /altabooks /altabooks /altabooks

CONHEÇA OUTROS LIVROS DA **ALTA BOOKS**

Todas as imagens são meramente ilustrativas.